KERNBEREICHE

Karl Lahmer · Johann Bruckner · Gertraud Sachs

ETHIK 1

Entwürfe zum Leben

E. DORNER

Mit Bescheid des Bundesministeriums für Bildung, Wissenschaft und Kultur, GZ BMBWK-48.454/0001-V/9/2004 vom 17. Mai 2005, zur Aufnahme in den Anhang zur Schulbuchliste für die allgemein bildenden höheren Schulen für die 8. Klasse im Unterrichtsgegenstand Psychologie und Philosophie, für die Handelsakademien für den V. Jahrgang im Unterrichtsgegenstand Philosophischer Einführungsunterricht, für die Höheren Lehranstalten für wirtschaftliche Berufe im Unterrichtsgegenstand Psychologie und Philosophie, für die Bildungsanstalten für Kindergartenpädagogik und für die Bildungsanstalten für Sozialpädagogik für die 3.–5. Klasse im Unterrichtsgegenstand Pädagogik empfohlen.

Aktualisiert für die allgemein bildenden höheren Schulen, für die Höheren Lehranstalten für wirtschaftliche Berufe, für die Bildungsanstalten für Elementarpädagogik und für die Bildungsanstalten für Sozialpädagogik mit GZ BMBF 5.091/0017-IT/3/2016 vom 20. Juli 2016.

Buch-Nr. 125 814

Karl Lahmer u.a.
Kernbereiche der Ethik 1
Entwürfe zum Leben

Hainburger Str. 33, 1030 Wien
Tel.: 01 533 56 36, Fax: 01 533 56 36-15
E-Mail: service@westermanngruppe.at
www.westermanngruppe.at

ISBN 978-3-7055-**2210**-7

Der Verlag E. DORNER verweist auf Seiten im Internet. Da der Verlag keinerlei Einfluss auf die Gestaltung und die Inhalte dieser Seiten hat, kann er weder direkt noch indirekt für Schäden oder Probleme verantwortlich gemacht werden, die infolge des Gebrauchs oder Missbrauchs von Informationen aus diesen Seiten entstehen können.

Aktualisierung 2016
6. Auflage, 2017

Umschlaggestaltung, Layout: Dietmar Stiedl, Wien
Illustrationen, Grafiken: Dietmar Stiedl, Wien
Druck: Westermann Druck Zwickau GmbH

Bildquellenverzeichnis
123RF.com / Hongkong: 97.2
akg-images GmbH / Berlin: 12.1, 23.1, 68.1, 75.1, 175.1
Beltz & Gelberg in der Verlagsgruppe Beltz / Weinheim Basel: 85.1 (aus: Leo Lionni, Fisch ist Fisch)
fotolia.com / New York: 14.1, 22.1, 43.1, 48.1, 49.1, 50.1, 50.2, 54.1, 54.2, 61.1, 61.2, 66.1, 67.1, 77.1, 84.1, 84.2, 97.1, 115.1, 138.1, 151.1, 156.1, 157.1, 161.1, 165.1, 165.2, 174.1, 174.2, 177.1, 189.1, 192.1
Getty Images / München: U1, 24.1, 62.1
Greiderer Wolfgang / Spielfeld: 15.1
iStockphoto.com / Calgary: 10.1, 52.1, 166.1
Kunsthistorisches Museum / Wien: 20.1
mauritius images GmbH / Mittenwald: 162.1
Picture-Alliance GmbH / Frankfurt a.M.: 70.1, 79.1
Süddeutsche Zeitung – Photo / München: 78.1
wikipedia.commons: 18.3, 138.2, 160.1
Zimmermann, Stefan / Göttingen: 44.1

Im Falle freier Werknutzung – Schulbuchrechte: © VBK, Wien

Es war uns nicht in allen Fällen möglich, die Inhaber der Rechte ausfindig zu machen und um Abdruckgenehmigung zu bitten. Berechtigte Ansprüche werden selbstverständlich im Rahmen der üblichen Konditionen abgegolten.

INHALTSVERZEICHNIS

INHALTSVERZEICHNIS

Liebe Schülerinnen und Schüler!

Im Ethikunterricht haben Sie die Möglichkeit, eine Menge über ethische und moralische Fragestellungen zu erfahren, Ihre individuelle Entwicklung gedanklich nachzuvollziehen, den Umgang mit dem Fremden zu erweitern und vieles mehr. Der Ethikunterricht oder der Unterricht in Pädagogik und Philosophie bietet Ihnen eine Fülle von Möglichkeiten, Ihre Bildung zu erweitern und Ihre Persönlichkeit zu entwickeln.

Aufbau der Kapitel

Mindmap: Zu Beginn jedes Kapitels finden Sie eine Übersicht in Form einer Mindmap.

Übersicht, Struktur

Vorkenntnisse aktivieren: Die Aktivierung des Vorwissens als motivationaler Faktor scheint unbestritten. Vorkenntnisse unterstützen den Wissenserwerb.

Vorwissen ist die halbe Miete.

Information: Moderationstexte führen in eine Thematik ein.
Vertiefung: Genauere Informationen, Erklärungen und Originaltexte sind durch einen Rahmen gekennzeichnet.

Themengebiete kennenlernen und vertiefen

In den *Randbemerkungen* finden Sie Zusatzinformationen, Erklärungen, wichtige Aussagen und Ergänzungen.
Aufgaben bieten die Möglichkeit des Wiederholens, Vertiefens und Weiterfragens. Sie werden aufgefordert, persönlich Stellung zu beziehen. Die Aufgabenstellungen sind im Anforderungsniveau folgendermaßen gegliedert:

- *Reproduktion von Wissen:* Wichtiges muss als Verfügungswissen verstanden werden. Beispiele: *nennen, definieren, zusammenfassen, beschreiben …*
- *Transfer von Wissen:* Bei diesem Übungstyp geht es darum, Wissen anzuwenden. Beispiele: *vergleichen, auswerten, zuordnen, gegenüberstellen, unterscheiden, strukturieren …*
- *Reflexion und Problemlösung:* Dieser Übungstyp fordert Sie zum Nachdenken, zu Kreativität auf. Beispiele: *beurteilen, bewerten, erörtern, Stellung nehmen, Hypothesen entwickeln (= Vermutungen anstellen), begründet diskutieren, kritisieren, interpretieren, gestalten …*
- *Wiederholung mit Aufgaben zur Selbsteinschätzung:* Am Ende eines Kapitels werden wichtige Informationen wiederholt und durch Aufgabenstellungen vertieft. Einige Aufgaben fordern Sie zur Selbsteinschätzung auf. So werden Sie schrittweise vorbereitet, Maturaaufgaben lösen zu können.
- *Lösungshinweise* finden Sie auf www.westermanngruppe.at.

Bei den Aufgabenstellungen werden häufig auch Methoden angeführt.

Folgender Methodentyp ist für kompetenzorientierten Unterricht empfehlenswert:
1. Einzelarbeit
2. Partner- oder Gruppenarbeit
3. Präsentation der Ergebnisse

Kapitel 1: Moral und Ethik

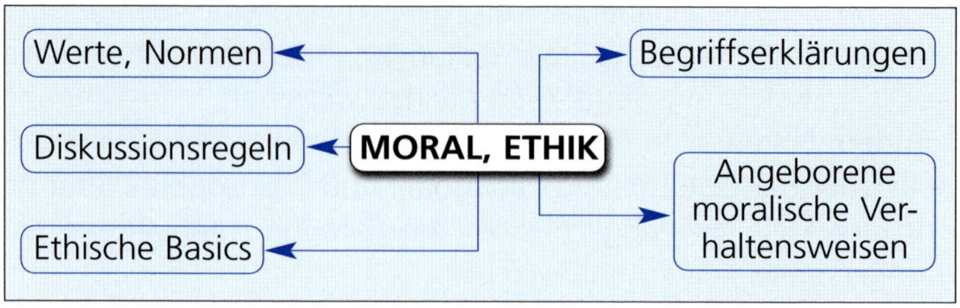

VORKENNTNISSE AKTIVIEREN

1. Welche Voraussetzungen brauchen wir, um die folgenden Fragen stellen zu können? Diskutieren Sie mit Ihrer Partnerin/Ihrem Partner. Notieren Sie stichwortartig die Voraussetzungen, um solche Fragen stellen zu können.
   - Soll ich billige Kleidung kaufen, die unter menschenverachtenden Bedingungen produziert wird?
   - Darf ich das Fleisch von Hühnern aus Massentierhaltung essen?
   - Soll die Lehrperson einen Schüler, der momentan unter der Trennung seiner Eltern sehr leidet, anders beurteilen als die Mitschülerin?

2. Formulieren Sie Ihre Vorstellung von Moral, indem Sie Vergleiche finden. Begründen Sie Ihre Vergleiche. Diskutieren Sie die Ergebnisse in der Klasse.
   - Moral ist für mich wie ein Spiegel …
   - Moral ist für mich wie eine Weggabelung …
   - Moral ist für mich wie ein Zwang …
   - Moral ist für mich wie JESUS/MOHAMMED/BUDDHA …
   - Moral ist für mich wie …
   - Moral ist für mich wie …

3. Stellen Sie Vermutungen an, wie die Begriffe *Moral* und *Ethik* unterschieden werden könnten. Ergänzen Sie den Lückentext, indem Sie *Moral* oder *Ethik* eintragen.
   - ____________ ist eine Sammlung von Werten, die sich auf menschliche Haltungen und Handlungen beziehen.
   - ____________ hat die Aufgabe, die moralischen Prinzipien, die unserem Handeln zugrunde liegen, zu prüfen und eventuell zu korrigieren.

Experiment
Kinder wurden zu Halloween getestet. Wenn sie um Süßigkeiten fragten, wurden sie auf einen Korb verwiesen, der vor dem Haus stand. Sie durften sich daraus je drei Süßigkeiten nehmen.
Zudem wurden zwei Gruppen im Vergleich getestet: Bei der einen Gruppe stand ein Korb mit Süßigkeiten bereit, bei der anderen Gruppe ein Korb mit Süßigkeiten und zusätzlich ein Spiegel, sodass sich die Kinder darin sahen.
Welche Gruppe war ehrlicher? Warum?

1 Begriffsklärung: Moral und Ethik

Die Begriffe *Moral* und *Ethik* werden heute in sehr vielen Zusammenhängen verwendet:

- Ist es moralisch/ethisch vertretbar, Tiere zu klonen?
- Ist es moralisch/ethisch vertretbar, aktive Sterbehilfe zu leisten?
- Ist es moralisch/ethisch vertretbar, Flüchtlingen kein Asyl zu gewähren, Minderheiten zu diskriminieren?

Im Alltag werden die Begriffe *Ethik* und *Moral*, *ethisch* und *moralisch* nicht scharf differenziert.

Moral kommt vom lateinischen Wort *mores* (*mos, moris*) und heißt *Brauch, Sitte, Verhalten*. Der Begriff *Moral* beschreibt ein System von Werten und deren Umsetzung im täglichen Leben. Unter Moral verstehen wir das konkrete subjektive Handeln, das sich am Gewissen, an gesellschaftlichen Werten und Normen orientiert. Ethik kommt vom griechischen Wort *ẹthos* und heißt ebenfalls *Brauch, Sitte, Verhalten*. Unter Ethik verstehen wir die Wissenschaft von der Moral. Ethik hat also die Aufgabe, Konzepte des moralischen Handelns vernünftig zu begründen.

Moral = das konkrete subjektive Handeln, das sich am Gewissen, an gesellschaftlichen Normen orientiert

Ethik ist die Wissenschaft von der Moral.

Warum sollen wir uns mit Fragen der Moral und Ethik auseinandersetzen? Dazu eine kleine Geschichte: Ein Stachelschwein vergnügte sich im Sommer und dachte nicht an die Zukunft, das heißt: den kalten Winter. Die Maulwürfe gruben in mühsamer Arbeit ihre Löcher in die Erde. Als es Winter wurde, fror natürlich das Stachelschwein; es bat nun die Maulwürfe um Hilfe. Die meisten Maulwürfe argumentierten: *Wer nicht gearbeitet hat, hat auch kein Recht, die Höhle zu benutzen. Außerdem sticht das Stachelschwein*. Einige Maulwürfe, die sich mit moralischen Fragen auseinandergesetzt hatten, argumentierten kreativ, fürsorglich und flexibel: *Wir können nicht nur stur auf das Recht pochen. Wir können das Stachelschwein nicht frieren lassen; wir könnten ja in eine ähnliche Situation kommen. Wir binden ihm einfach eine Decke um, dann sticht es nicht mehr.*[1]

Wert als Zielorientierung: Solidarität, Mitgefühl

Norm als konkrete Handlungsorientierung: Wir sollen helfen!

Moral = praktizierte Sitten und Gebräuche in einer Gemeinschaft

Die Beschäftigung mit ethischen Konzepten soll uns zu einem kreativen, fürsorglichen und flexiblen Umgang mit moralischen Problemen hinführen. Wir können eigene Überzeugungen mit anderen Standpunkten vergleichen und gegebenenfalls ändern.

Ethik = Reflexion und Begründung der moralischen Sitten, Gebräuche und Regeln

[1] Vgl. Carol GILLIGAN, Die andere Stimme. Lebenskonflikte und Moral der Frau, München: Piper 1999 und Gertrud NUNNER-WINKLER, Der Mythos von den Zwei Moralen. In: Deutsche Zeitschrift fur Philosophie 42/1994-2, S. 237–254.

AUFGABEN

1. Moral oder Ethik

Ergänzen Sie den Lückentext, indem Sie *Moral* oder *Ethik* eintragen.
__________ ist ein System von Handlungsregeln und Werten, die in alltäglichen Konfliktsituationen ein verantwortungsbewusstes Handeln ermöglichen.
Unter __________ versteht man ein Normensystem, dessen Gegenstand menschliches Verhalten ist und das einen Anspruch auf Gültigkeit erhebt.
Weil unser Handeln das Wohlergehen anderer Menschen beeinträchtigen kann, brauchen wir eine __________ als Gesamtheit der Normen, die das Zusammenleben regeln.
__________ fragt als wissenschaftliche Disziplin und Lehre von der __________ nach allgemein gültigen Normen der individuellen und sozialen Lebensführung.
__________ kann als Nachdenken über __________ bezeichnet werden. __________ ist die Theorie der __________. __________ ist ein Teilbereich der Philosophie.

2. Ethik und Fragen der individuellen und sozialen Lebensgestaltung

Fügen Sie die Begriffe passend in die Tabelle ein, indem Sie in Kleingruppen darüber diskutieren. Bedenken Sie, dass es bei ethischen Fragestellungen selten eindeutige Antworten gibt. Es geht darum, dass Sie Ihre Zuordnung vernünftig begründen können.
Gewissen, Gerechtigkeit, Freiheit, Verantwortung, Wert des Lebens, Hilfsbereitschaft, Glück, Anspruch der Allgemeingültigkeit, Ratschläge für persönliche Lebensführung

Zwei ethische Perspektiven (Sichtweisen)	
individuelle Lebensgestaltung (Individualethik)	soziale Lebensgestaltung (Sozialethik)

3. Warum soll ich überhaupt moralisch handeln?

Sie finden auf einem Event, an dem über 500 Personen teilnehmen, einen tollen MP3-Player. Ein Bekannter hat vor Kurzem 40 Euro gefunden und diese behalten. Nun stellen Sie sich die Frage: „Soll ich den MP3-Player im Fundbüro abgeben? Wieso soll ich überhaupt moralisch sein?" Sammeln Sie für sich Argumente. Vergleichen Sie Ihre Argumente in der Kleingruppe.

4. Ethische Fragestellungen

Formulieren Sie drei bis fünf ethische Fragestellungen, die Ihnen aus Ihrer Lebenspraxis bekannt sind. Beispiel: *Soll ich meine Kolleginnen/Kollegen bei der Schularbeit abschreiben lassen?*

5. Differenzierungen

Welche der folgenden Fragestellungen haben Ihrer Meinung nach moralische oder ethische Bedeutung? Lesen Sie die Angaben leise durch, entscheiden Sie sich für eine Antwort. Diskutieren Sie anschließend in Kleingruppen.

Frage	Ja	Nein	Begründung
Ist der Mensch ein Egoist?			
Beeinflusst das Gewissen unser Verhalten maßgeblich?			
Darf ich die Lehrerin/den Lehrer belügen, um mir dadurch einen Vorteil zu verschaffen?			
Warum glauben so viele Menschen an Gott?			
Gibt es das Nichts?			
Soll ich für die Gruppenarbeit die Verantwortung übernehmen?			
Hat der Mensch das Recht, Tiere zu quälen?			
Was ist Glück?			

6. Werte und Normen: Maulwürfe und Stachelschwein

Lesen Sie die Geschichte von den Maulwürfen und dem Stachelschwein auf S. 7. Ergänzen Sie die Tabelle: Von welchen Werten, Normen und Begründungen gehen wohl die beiden Gruppen von Maulwürfen aus?

Begriffe	Egoistische Gruppe	Hilfsbereite Gruppe
Werte: allgemeine Zielorientierung		
Normen: konkrete Handlungsorientierung		
Moral: praktizierte Sitten und Regeln einer Gemeinschaft		
Ethik: Reflexion und Begründung der moralischen Sitten und Regeln		

2 Am Anfang war Moral

Vielleicht denken Sie, Fragen der Moral seien etwas Altmodisches und noch dazu überflüssig. Heute reicht es doch aus, dass Gesetze das Zusammenleben der Menschen regeln. Offensichtlich nicht. Es scheint ein Charakteristikum des Menschen zu sein, sich mit Fragen der Moral zu beschäftigen, um dann Entscheidungen für sein Leben treffen zu können, heute genauso wie vor 60 000 Jahren.

2.1 Bestattung

Neandertaler lebten etwa um 60 000 v. Chr. in Europa, Afrika und Asien. Ihren Namen haben sie nach dem Fundort „Neandertal" in der Nähe von Düsseldorf.

Der früheste Vertreter des Homo sapiens, des *weisen Menschen*, wie sich der Mensch selbst bezeichnet, war der Neandertaler. Der Neandertaler war der erste Mensch, der seine Toten zum Zeichen der Ehrfurcht und Verehrung bestattete. Er lebte in einer rauen Umwelt. Die Welt stand noch im Bann der Eiszeit. Mit primitiven Waffen mussten Mammuts erlegt werden. Die Felle wurden zu Kleidung verarbeitet. Hätte der Neandertaler nicht nützlichere Dinge zu tun gehabt, als seine Toten zu bestatten? Wäre es nicht ökonomischer gewesen, die Grabbeigaben für das tägliche Überleben zu verwenden? Das sind Fragen, auf die es keine eindeutigen Antworten gibt:

- Ein Charakteristikum von Zivilisation war der Gebrauch von Werkzeugen: Die Verwendung des Feuers ermöglichte die Herstellung von Werkzeugen, die Werkzeuge ermöglichten das Überleben einer Gruppe.
- In einer Gruppe musste sich einer auf den anderen verlassen können. Gegenseitiger Respekt und Kooperation stärkten das soziale Gefüge.
- Das Wir-Gefühl wurde durch Rituale über das Nützliche hinaus gestärkt. Wenn Menschen unter härtesten Umweltbedingungen die Rituale der Bestattung pflegten, so wollten sie wohl auf einer geistigen und sozialen Ebene das Fortbestehen ihrer Gemeinschaft feierlich begehen. Durch die Bezeugung von Ehre und Dankbarkeit der/dem Verstorbenen gegenüber wurden auch Ehrgefühl und Verlässlichkeit innerhalb der Gemeinschaft verstärkt: *Wir können uns auch in gefährlichen Situationen aufeinander verlassen.*

Bestattungsrituale verstärkten das Wir-Gefühl.

Wir sagen heute noch: „Dem Verstorbenen die letzte Ehre erweisen."

Menschen vor 4 000 Jahren auf der Jagd: Sie mussten sich aufeinander verlassen können.

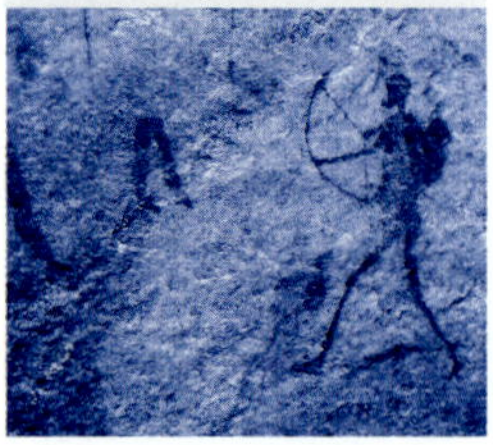

Eine ausführliche Darstellung zur Entwicklung von Kultur und Zivilisation finden Sie in dem lesenswerten Buch von Yuval Noah HARARI, Eine kurze Geschichte der Menschheit. München: DVA 2013.

Die Frage der Bestattung hat die Menschen seit Beginn ihrer Geschichte beschäftigt, das zeigen auch die Mythen. Im griechischen Mythos *Antigone* wird die Frage gestellt, ob einem Menschen das Recht auf Bestattung verweigert werden darf.

In den Mythen spiegelt sich bildhaft der Erfahrungsschatz der Menschheitsgeschichte.

Antigone war die Tochter des Königs Ödipus. Sie begleitete ihren Vater ins Exil, nachdem dieser aus seiner Heimatstadt verbannt worden war. Antigone kehrte nach dem Tod ihres Vaters nach Theben zurück. In Theben herrschte ihr Bruder Eteokles. Sein Zwillingsbruder Polyneikes, der ebenfalls in Theben König sein wollte, griff mit einem Heer die Stadt an. Im Kampf um die Herrschaft töteten einander die beiden Brüder. Kreon, der Onkel von Antigone, wurde nun der neue König. Er ließ den Leichnam des Eteokles, der für die Stadt Theben gekämpft hatte, ehrenvoll begraben, ordnete aber an, dass der tote Polyneikes, den er als Verräter betrachtete, dort liegen bleiben sollte, wo er gefallen war. Antigone bestattete gegen den Willen des Königs ihren Bruder. Sie hielt das Recht auf Bestattung für einen so hohen Wert, dass sie in Kauf nahm, mit dem Tode bestraft zu werden. Kreon ließ Antigone lebendig in eine Gruft einmauern, weil sie sein Gesetz übertreten hatte.[2]

SOPHOKLES, der im 5. Jh. v. Chr. in Athen lebte, schrieb die Tragödie *Antigone*.

Soll man eher den Gesetzen des Staates gehorchen oder den ungeschriebenen Gesetzen, die die Menschenwürde in den Mittelpunkt stellen?

AUFGABEN

Bestattungsrituale zeigen in der Geschichte der Menschheit die ersten Ansätze zur Entwicklung einer Zivilisation. Die Menschen erwiesen den Toten die letzte Ehre, nicht um ökonomischen Nutzen daraus zu ziehen, sondern wegen der Menschenwürde und zur Förderung der Gemeinschaft.

1. Lesen Sie die Geschichte über Antigone. Zeichnen Sie anschließend einen Cartoon: Antigone vertritt die Ansicht, das Recht auf Bestattung habe jeder Mensch, egal, was er im Leben getan hat. Kreon vertritt die Ansicht, das von ihm erlassene Gesetz des Bestattungsverbots sei für alle verbindlich.
2. Diskutieren Sie folgendes Fallbeispiel. Wie würden Sie entscheiden?

Die RAF (Rote-Armee-Fraktion) war eine terroristische Gruppierung, deren Hauptakteurinnen/Hauptakteure Andreas BAADER und Ulrike MEINHOF waren. Im Untergrund führten sie in den 1970er-Jahren ihren bewaffneten Kampf gegen das imperialistische System der Bundesrepublik Deutschland, gegen die NATO und den Kapitalismus allgemein. BAADER, MEINHOF und Gudrun ENSSLIN wurden für eine Serie von Bomben- und Brandanschlägen verantwortlich gemacht und im Juni 1972 verhaftet. Die Gewalt eskalierte: Führende Vertreterinnen/Vertreter von Wirtschaft und Politik wurden ermordet. Ulrike MEINHOF nahm sich im Mai 1976 das Leben. Der damalige Stuttgarter Oberbürgermeister Manfred ROMMEL musste nun entscheiden, ob Ulrike MEINHOF auf einem öffentlichen Friedhof neben unbescholtenen Bürgerinnen/Bürgern bestattet werden dürfe.

[2] Vgl. SOPHOKLES, Antigone.

2.2 Feuer und Höhlenmalerei

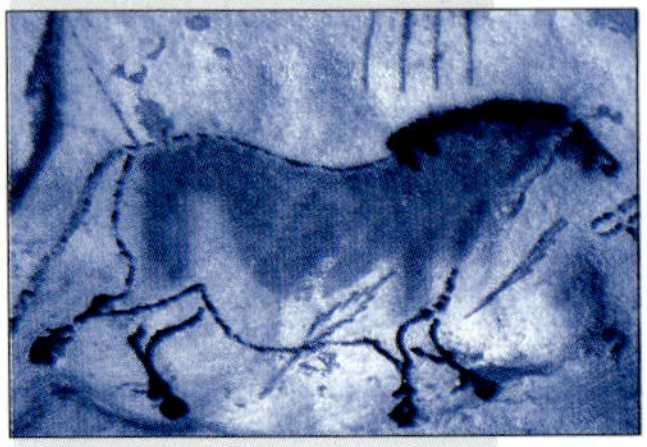

Höhlenmalerei des Cro-Magnon-Menschen aus Südfrankreich, ca. 16 000 Jahre alt

Der Cro-Magnon-Mensch stellte vor etwa 16 000 Jahren erstklassige Werkzeuge her: Messer, Bogenschaber, Bohrer, Harpunen und auch Geräte zum Gravieren. Mit ihrer Hilfe gestaltete er Ornamente und Verzierungen. In den Höhlen bei Lascaux (Südfrankreich) kann man den hohen Standard des handwerklichen Könnens dieser Menschen bewundern.

Was hat Höhlenmalerei mit Moral zu tun? Mehr, als man zunächst vermuten würde. Das Leben der damaligen Menschen kann man so beschreiben:

- Die besten Schützen und schnellsten Läufer waren zwei bis drei Stunden pro Tag auf der Jagd, das ergibt eine Wochenjagdzeit von etwa 15 bis maximal 20 Stunden. Sie versorgten die Gruppe der Höhlenbewohnerinnen/Höhlenbewohner mit Nahrung.
- Die Höhle bot – im Gegensatz zum Leben im Freien – Schutz und Sicherheit. Sie gestattete es der Gemeinschaft, sich nicht nur um das Notwendige fürs Überleben zu kümmern. Menschen, die nicht jagen konnten, hörten die Erzählungen der Jäger und malten diese an die Wände.
- Mit der Höhle begann die Zivilisation der Menschheit. Unter Zivilisation versteht man die Stufe menschlicher Entwicklung, in der technische, soziale und kulturelle Fähigkeiten erlangt sind, die über die Interessen des Überlebens hinausgehen.
- Die technischen Fähigkeiten sind vor allem durch die Beherrschung des Feuers gegeben. Zuerst beobachteten die Menschen das Feuer in der Natur, z. B. in Bäumen, die der Blitz entzündet hatte. Dann holten sie sich Feuer natürlichen Ursprungs und nutzten es als Licht- und Wärmequelle sowie zum Schutz vor Feinden. Im dritten Stadium lernten sie, selbst Feuer zu machen. Sehr viel später schmolzen sie mithilfe des Feuers Metall oder brannten Ton und entwickelten daraus eine Vielzahl von technischen Nutzungsmöglichkeiten. Die kontrollierte Verwendung des Feuers trug dazu bei, dass der Mensch sesshaft wurde.
- Wahrscheinlich gehörte es zu den sozialen Fähigkeiten, Schwächere in die Gemeinschaft zu integrieren und ihnen eine Aufgabe in dieser Gemeinschaft zuzuteilen. Eine dieser Aufgaben war vermutlich die Höhlenmalerei, eine andere die mündliche Überlieferung von großen Heldentaten. Beide kulturellen Leistungen trugen zu einer Stärkung der Gemeinschaft bei.[3]

Zu einer zivilisierten Gesellschaft gehört die Integration von Randgruppen und Schwächeren. Neben den sozialen Fähigkeiten spielen dafür auch emotionale Bindungen eine wichtige Rolle. Die ersten kulturellen Leistungen, wie Höhlenmalereien, scheinen auf diesen Zivilisationsprozess in der Geschichte der Menschheit hinzuweisen.

3 Vgl. Carl Amery, Die Botschaft des Jahrtausends. Von Leben, Tod und Würde, München u. a.: List 1994.

Der Umgang mit dem Feuer war eines der wichtigsten Hilfsmittel für den menschlichen Fortschritt. Feuer ist ein ambivalentes Symbol: Es wärmt und leuchtet, es kann aber auch Schmerz und Tod bringen. Bei den alten Griechinnen/Griechen stand das Feuer primär für den Fortschritt – PROMETHEUS stahl das Feuer vom Göttervater ZEUS, um den Menschen das Leben auf der Erde zu erleichtern. Bei den Römerinnen/Römern symbolisierte das Feuer das Häusliche und Friedliche – das Herdfeuer wurde von den Jungfrauen der Göttin VESTA bewacht.

ambivalent = doppeldeutig

Bei den Christinnen/Christen symbolisiert das Feuer Inspiration, in Gestalt von Flammenzungen begeisterte es beim ersten Pfingstfest die Apostel. Andererseits hat es auch den negativen Aspekt des Höllenfeuers, der Zerstörung und Bestrafung.

In den Anfängen der Menschheit, vor Jahrtausenden, markierte die Zähmung des Feuers den Beginn der Kultur.

AUFGABEN

1. Schreiben Sie alle Wortzusammensetzungen, die Ihnen zu „Feuer" einfallen (z. B. *Fegefeuer, Lagerfeuer* etc.), auf ein Blatt Papier. Versuchen Sie anschließend, die Begriffe zu ordnen (z. B. positive und negative Aspekte).

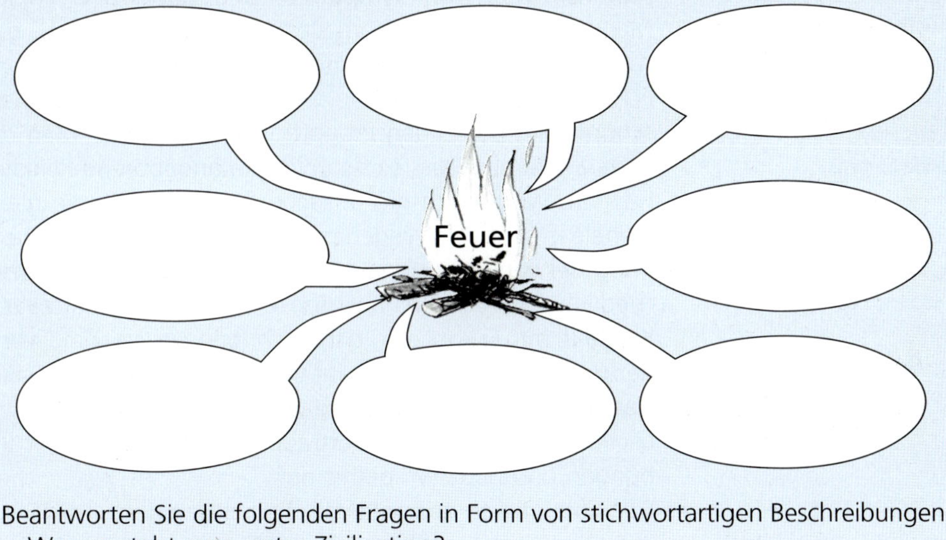

2. Beantworten Sie die folgenden Fragen in Form von stichwortartigen Beschreibungen:
   - Was versteht man unter Zivilisation?
   - Welche Vorteile ergaben sich aus der Beherrschung des Feuers?
   - Wozu trugen die kulturellen Leistungen (Höhlenmalerei, Mythenerzählungen) wahrscheinlich bei?
   - Was symbolisierte das Feuer bei den Griechinnen/Griechen? Bei den Römerinnen/Römern? Bei den Christinnen/Christen?

2.3 Angeborene moralische Verhaltensweisen

Das Bild zeigt zwei evolutionäre Stationen menschlicher Entwicklung. Es provoziert die Schlussfolgerung, dass der Homo sapiens nichts anderes als ein weiterentwickelter Affe sei. Wenn Tiere etwas „Gutes" tun, machen sie diese „gute" Handlung instinktiv. Wenn Menschen etwas „Gutes" tun, kommt neben dem Gefühl und der Intuition noch etwas hinzu, nämlich die bewusste Absicht, eine „gute" Handlung auszuführen.

Wir stellen uns die Frage, ob es beim Menschen angeborene Veranlagungen zu moralischem Verhalten gibt. Aufgrund von Studien aus der Verhaltensforschung kann man von folgenden Veranlagungen zu moralischem Verhalten ausgehen:[4]

- Gut ist, was für die Arterhaltung vorteilhaft ist. Schlecht ist, was sich für die Arterhaltung nachteilig auswirkt. Heute noch gibt es den wichtigen moralischen Grundsatz: *Schade niemandem!* Dieser Grundsatz dient als Aufforderung oder Handlungsanweisung: Wer ihn befolgt, handelt moralisch richtig.

Aggressionen werden gehemmt durch Demutshaltungen, Kindchenschema (große Augen, hohe Stirn etc.), Lächeln.

Kindchenschema

- Aggressionshemmende Faktoren wie Demutshaltungen und Kindchenschemata lösen Mitleid und Mitgefühl aus; sie wirken tötungshemmend. Das Kindchenschema ist ein Schlüsselreiz; es weckt im Menschen ein angeborenes, instinktives Verhaltensmuster von Sympathie, Betreuung und Fürsorge. Merkmale, die das Fürsorgeverhalten auslösen, sind: großer Kopf und sehr kurze Extremitäten, kleines Gesicht und rundliche Stirn, Pausbacken. In Cartoons werden niedliche Geschöpfe mit derartigen Proportionen dargestellt. Man denke etwa an Bambi. Dass es sich hier um angeborene Reaktionen handelt, wird durch die Tatsache gestützt, dass die gleichen Signale in sehr verschiedenen Kulturen wirksam sind. Die Wirkung der Kindchensignale benutzt man dazu, Mitmenschen friedlich zu stimmen: Suchten eingeborene Australier den Kontakt mit Europäern, dann schoben sie ein Kind vor sich her und legten die Hände auf dessen Schultern. In westlichen Nationen werden Staatsgäste von einem Kind begrüßt.
- Lächeln wirkt ebenfalls vertrauenerweckend. Es löst Spannungen und baut Sympathie auf.

Brutpflege führt zum Aufbau von Freundschaft und Liebe. Das Gefühl für die Gemeinschaft wird gestärkt.

- Den Säugetieren ist Kontaktstreben angeboren. Hand in Hand mit dem Kontaktstreben und der Entwicklung der Brutpflege entstanden individualisierte Verbände von zwei oder drei Individuen zum Zweck einer Verteidigungsgemeinschaft. Dies

[4] Vgl. Irenäus Eibl-Eibesfeldt, Liebe und Hass. Zur Naturgeschichte elementarer Verhaltensweisen, München: Piper 2001.

war der Ausgangspunkt für die Entwicklung individualisierter Beziehungen, d. h. für Freundschaft und Liebe. Die Liebe wurzelt stammesgeschichtlich nicht in der Sexualität, bedient sich ihrer jedoch zur Stärkung der Gemeinschaft.
- Als gesichert gilt die angeborene Bereitschaft zum Gehorsam. Wenn die Steinzeitmenschen auf der Jagd waren, mussten sie sich aufeinander verlassen können; Gehorsam und Loyalität waren überlebensnotwendig.

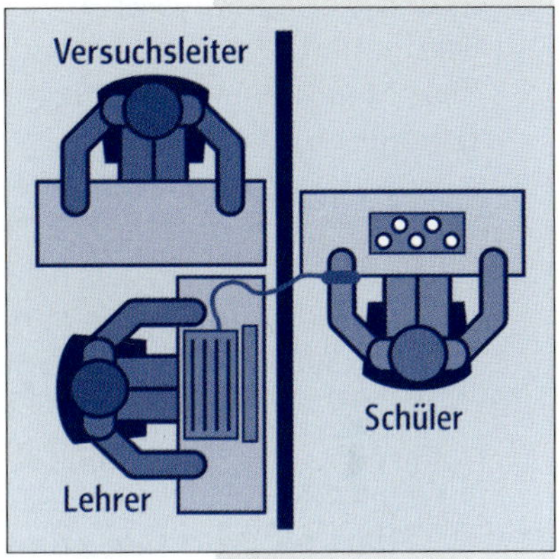

Den „Lehrern" wurde gesagt, es ginge bei dem Experiment um eine neue Form des Lernens: Bewirkt Bestrafung eine wesentliche Steigerung der Merkfähigkeit?

Dass sich unter besonderen Bedingungen die Gehorsamsbereitschaft gegenüber dem Mitleid durchsetzt, zeigte das MILGRAM-Experiment. Der amerikanische Psychologe Stanley MILGRAM (1933–1984) führte das folgende psychologische Experiment durch: Einem „Schüler" wurden Wortpaare wie *Tag – blau*, *Nacht – Wald* vorgelesen, insgesamt 26 Stück. Der „Schüler" sollte sich die Wortpaare so einprägen, dass er beim nachfolgenden Abfragen in der Lage sein würde, aus vier Alternativen die richtige Ergänzung herauszufinden, also z. B. *blau* aus den Alternativen *blau, gelb, grün, rot* zum Reizwort *Tag*. Der „Lehrer" sollte eine richtige Antwort bestätigen; bei einer falschen Antwort musste er den „Schüler" mit einem Elektroschock bestrafen. Der „Schüler" war in das Experiment eingeweiht und angewiesen, falsche Antworten zu geben, um herauszufinden, um wie viel der sogenannte „Lehrer" die Elektroschocks erhöhen würde. Der „Lehrer" wurde angewiesen, mit sehr leichten Schocks (15 Volt) zu beginnen und diese bis 450 Volt (unmittelbare Lebensgefahr) zu erhöhen. Er bekam vor Beginn des Versuchs einen Probeschock von 45 Volt, damit er sich eine konkrete Vorstellung davon machen konnte, wie seine Bestrafungen wirkten. Die Schülerantworten waren manipuliert, kamen also von einem vorbereiteten Band, das die Reaktionen des „Schülers" auf die Bestrafungen wiedergab, von leichtem Stöhnen in der Anfangsphase über lautes Schimpfen und Bitten, doch aufzuhören, bis hin zu apathischem Röcheln und schließlich Stille in der Endphase. All das konnte der „Lehrer" hören.

In Wirklichkeit ging es in diesem Experiment um die Frage, wie weit Menschen in ihrem blinden Gehorsam gehen: Die Leute tun zu einem erheblichen Teil, was ihnen gesagt wird, ungeachtet des Inhalts der Handlung und ohne Gewissensbeschränkungen, solange sie den Befehl von einer legitimierten Autorität erhalten, die ihnen die Verantwortung abnimmt.

AUFGABEN

1. Figuren zeichnen

Mitgefühl und Hilfestellungen für die Mitglieder einer Gruppe sicherten das Überleben der menschlichen Spezies. Lächeln und das sogenannte Kindchenschema lösen ein fürsorgliches Verhalten aus und hemmen gleichzeitig die Aggression.
Zeichnen Sie einige Figuren, bei denen das Kindchenschema gut erkennbar ist. Denken Sie dabei an Kleinkinder, junge Tiere, Puppen, Comicfiguren etc.

2. Experiment analysieren

Wie haben sich die „Lehrer" im MILGRAM-Experiment verhalten? Kreuzen Sie die Ihrer Meinung nach richtige Lösung an und diskutieren Sie Ihre Entscheidung in der Gruppe.

a. Wie viele „Lehrer" verabreichten die Schocks bis 450 Volt?
○ 45 % ○ 65 % ○ 85 %

b. Wie viele „Lehrer" weigerten sich, die Schocks ab 200 Volt fortzusetzen?
○ 15 % ○ 25 % ○ 45 %

c. Warum verabreichten die „Lehrer" die Schocks bis zur unmittelbaren Lebensgefahr?
○ Weil sie gehorsam sein wollten.
○ Weil sie ihrer Meinung nach für die „Todesfälle" keine Verantwortung hatten.
○ Weil sie böse Menschen waren, ohne moralisches Bewusstsein.

3. Wofür trage ich Verantwortung?

Menschen sind soziale Wesen. Im Grunde wollen wir mit unseren Handlungen Anerkennung, Wertschätzung finden und geben:

- Als Individuum trage ich Verantwortung für mich.
- Ich lebe in einer Gemeinschaft und bin für meine Gruppe verantwortlich, auch für meine Handlungen.
- Für meine Handlungen muss ich mich z. B. vor der Lehrperson oder vor dem Staat (Gesetze) verantworten.

Reflektieren Sie, in welchen Bereichen Sie ganz konkret Verantwortung übernehmen.

Bereich	Beispiel	Meine Bereiche
für mich	gesund jausnen	
zu Hause	für Oma einkaufen	
Schule	Fest organisieren	
Umwelt	Müll trennen	
Sonstiges	Feuerwehr unterstützen	

4. **Experiment**[5]
Treffen Sie zu folgendem Experiment eine Entscheidung. Es handelt sich um ein sogenanntes *ethisches Dilemma*. Unter einem ethischen Dilemma versteht man eine moralische Entscheidungssituation: Entscheidet man sich für die eine Situation, nimmt man Nachteile für die andere Situation in Kauf.

Situation 1: Ein Waggon rast führerlos auf fünf Gleisarbeiter zu. Die Männer könnten gerettet werden, würde man eine Weiche umstellen. Aber auf dem anderen Gleis steht auch ein Gleisarbeiter, der durch das Umstellen der Weiche ums Leben käme. Allerdings nur ein Einziger. Würden Sie die Weiche umstellen? Warum? Warum nicht?

Situation 2: Ein Waggon rast führerlos auf fünf Gleisarbeiter zu. Die Männer könnten gerettet werden, würden Sie einen Mann von einer Brücke auf die Gleise stoßen. Der Mann ist schwer genug, den Waggon zu stoppen. Auch in diesem Fall wären die fünf Gleisarbeiter gerettet. Ein Mann käme ums Leben. Würden Sie den Mann von der Brücke auf die Gleise stoßen? Warum? Warum nicht?

---

5. **Analyse des Experiments**
Mehr als 300 000 Menschen haben sich diesen beiden ethischen Dilemmata gestellt. Die Fragen wurden von Menschen auf der ganzen Welt beantwortet. Die Antworten waren fast immer gleich – unabhängig von Religion, Alter, Geschlecht, Ausbildung oder Herkunftsland.

Situation 1: Fast alle Befragten würden die Weiche umstellen. Sie würden den Tod von einem Mann in Kauf nehmen, um das Leben von fünf Männern zu retten.
Stellen Sie Vermutungen an, welche Gründe für diese Entscheidung ausschlaggebend sein könnten.

Situation 2: Nur jede/jeder Sechste würde den gewichtigen Mann von der Brücke stoßen, um das Leben der fünf Männer zu retten. Die Mehrheit würde es nicht tun.
Stellen Sie Vermutungen an, welche Gründe für diese Entscheidung ausschlaggebend sein könnten.

---

[5] Vgl. Vince EBERT, Denken Sie selbst! Sonst tun es andere für Sie, Reinbek bei Hamburg: Rowohlt 2013, S. 108f.; Richard David PRECHT, Wer bin ich – und wenn ja, wie viele? Eine philosophische Reise, München: Goldmann 2007, S. 171–174.

3 Ethische Basics

Gleichnis
Ein Inder wurde gefragt, worauf die Welt stehe. Er antwortete: „Die Welt wird von einem großen Elefanten getragen." Als er darauf gefragt wurde, worauf der Elefant stehe, gab er die Antwort: „Auf einer großen Schildkröte." Auf weiteres Drängen um Auskunft darüber, was der Schildkröte zur Stütze diene, erwiderte er: Irgendetwas, er wisse nicht, was.[6]

Solche Basisannahmen heißen Axiome. Axiome sind Lehrsätze, die gleichsam das Fundament einer Theorie bilden. Wenn wir uns auf keine Basis einigen, dann fehlt uns die Grundlage für eine Verständigung. Zur Verdeutlichung: Der eine spricht von Äpfeln und meint Kartoffeln, der andere spricht von Kartoffeln und meint Hamster.

Dieses Gleichnis hat eine Grundaussage: Wir brauchen eine Basis, ein Fundament, von dem aus wir die Welt und ihre Sachverhalte beurteilen. Ob jetzt die Schildkröte von irgendetwas oder von einer Ratte getragen wird, ist letztlich egal. Jede Theorie geht von einer Basis, einem Fundament aus. Die Theorie vom Urknall geht davon aus, dass am Beginn unser Universum auf einen (mathematisch) kleinsten Punkt zusammengepresst war und sich seit diesem Zeitpunkt permanent ausdehnt. Wie in der Naturwissenschaft jede Theorie von einer oder mehreren Basisannahmen ausgeht, so ist auch in Fragen der Moral eine Basis nötig, von der aus die Gesprächsteilnehmerinnen/Gesprächsteilnehmer diskutieren.
Im Folgenden beschäftigen wir uns mit einigen wichtigen Prinzipien (Grundannahmen) bedeutender Philosophen. Welche Orientierungspunkte waren ihnen wichtig?

3.1 Sokrates: Motivation zum Denken

Der griechische Philosoph Sokrates ging bei ethischen Fragestellungen von der Annahme aus, dass jeder Mensch von Natur aus das Gute wolle. Böse handle der Mensch nur deshalb, weil ihm das richtige Wissen über die entsprechenden Sachverhalte fehle. Daher sei es eine wichtige Aufgabe der Erziehung, den jungen Menschen das unbewusste moralische Wissen bewusst zu machen. Sokrates konzentrierte sich aufgrund seiner Basisannahme in Fragen der Moral primär darauf, wie er Menschen zum Denken motivieren könne. Er ging täglich auf den Marktplatz von Athen und stellte den jungen Leuten Fragen wie: *Was ist Gerechtigkeit? Was ist Freundschaft? Was ist Zivilcourage? Was ist Liebe?* Alle sollten zum Nachdenken angespornt werden.

Sokrates (5. Jh. v. Chr.)

[6] Vgl. John Locke, Versuch über den menschlichen Verstand, Berlin: Edition Holzinger 2013, S. 245.

Gespräch über die Freundschaft: Sokrates und Lysis[7]

Mich interessiert leidenschaftlich, was Freundschaft ist. Mein lieber Lysis, sag mir, wer wird vom anderen ein Freund, der Liebende vom Geliebten oder der Geliebte vom Liebenden?

Sokrates, das macht doch keinen Unterschied. Darüber habe ich noch nicht nachgedacht.

Denk nach. Kann man von Freundschaft sprechen, wenn nur einer liebt und der andere nur geliebt wird?

Ich glaube, beide müssen einander lieben, um von Freundschaft sprechen zu können.

Überlege jetzt Folgendes. Ich weiß, du magst Hunde. Bist du kein Hundefreund, wenn dich die Hunde nicht lieben?

Ich bin trotzdem ein Hundefreund, auch wenn mich einer nicht mag. Das ist doch wie mit Kindern. Die Mutter liebt das kleine Kind, unabhängig davon, ob das Kind die Mutter liebt oder hasst.

Der Liebende ist also der Freund, der Geliebte ist aber nicht Freund. Dieses Ergebnis ist nicht schlüssig. Wir müssen einen anderen Weg einschlagen. Bei den Dichtern heißt es: Gleich und Gleich gesellt sich gern.

Das ist die Lösung: Das Ähnliche ist mit dem Ähnlichen in Freundschaft verbunden und nützt sich.

Stimmt das wirklich? Wenn zwei böse Menschen einander näher kommen, umso feindseliger werden sie: Sie beleidigen einander, schlagen einander etc.

Die Dichter meinen vielleicht nur die Guten.

Damit hast du vielleicht recht. Aber wie kann sich Ähnliches nützen? Nehmen wir zwei hilflose Menschen: Wie sollen die beiden einander Hilfe gewähren? Das Ähnliche ist im Zusammenhang der Freundschaft eine nebensächliche, aber keine primäre Bedingung.

?

[7] Vgl. Platon, Lysis.

3.2 Aristoteles: Goldene Mitte

Aristoteles (4. Jh. v. Chr.)

Der griechische Philosoph Aristoteles ging bei ethischen Fragestellungen von der Überzeugung aus, dass jeder Mensch nach Glück strebt. Dieses Glück erreicht man am ehesten dann, wenn man Werte und Tugenden zu verwirklichen sucht, die einen Mittelweg zwischen zwei negativen Extremen darstellen:

- Tapferkeit ist die Mitte zwischen Feigheit und Tollkühnheit.
- Großzügigkeit ist die Mitte zwischen Geiz und Verschwendung.

Die goldene Mitte ist kein statistischer Durchschnitt, sondern ein Orientierungsrahmen, anhand dessen ich meine ethischen Entscheidungen prüfen kann.

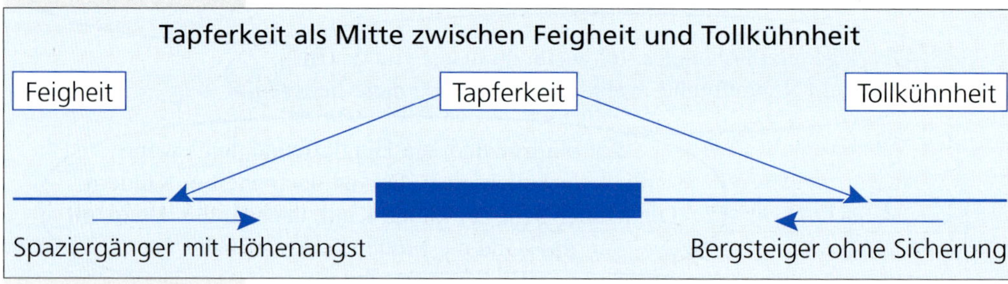

Es gibt viele Güter, die du in deinem Leben anstrebst, z. B. Gesundheit, Reichtum, Freundschaft, aber auch gutes Essen und Trinken, Spaß. All diese Dinge strebst du an, um glücklich zu werden. Das Glück des Menschen besteht aber nicht im Ziel, sondern in der Tätigkeit – der Weg ist das Ziel. Das heißt: Du musst nicht auf das Glück warten, du kannst jeden Moment deines Lebens durch eine Tätigkeit, die deiner Seele entspricht, glücklich werden. Der menschlichen Seele entsprechen vor allem Tätigkeiten, die mit dem Denken zu tun haben: Fragen stellen, Informationen kritisch beleuchten, über den Kosmos, die Gesellschaft oder den Menschen nachdenken, das sind Tätigkeiten, die der Seele des Menschen im Besonderen entsprechen.
Wenn ich das Denken jetzt so betont habe, so heißt das nicht, dass du auf Genuss, Spaß und Fun verzichten sollst – entscheidend ist das richtige Maß: genussvoll essen und trinken, aber nicht maßlos fressen und saufen. Eine wichtige Tugend ist eben das Maßhalten. Um diese Tugend zu trainieren, brauchst du Zeit, um in aller Ruhe nachdenken zu können. Nimm dir Zeit zum Nachdenken! Lang andauerndes Glück hat sehr viel mit der Freude am Denken zu tun.[8]

[8] Vgl. Aristoteles, Nikomachische Ethik, 2,5 und 10,5.

AUFGABEN

1. Tabelle

Ergänzen Sie in der Tabelle die Grundpositionen und Schlussfolgerungen.

	Sokrates	Aristoteles
Annahme, Grundposition		
Schlussfolgerung für ethisches Handeln		

2. Ansporn zum Selbstdenken

Lesen Sie das Gespräch über die Freundschaft auf S. 19.

a. Denken Sie den Dialog in Partnerarbeit weiter. Was ist Freundschaft für mich?

b. Schreiben Sie einen kurzen Dialog mit offenem Ausgang zu einem Wert, z. B. Liebe, Zivilcourage, Gerechtigkeit.

3. Tabelle

Ergänzen Sie die folgende Tabelle.

Negativer Wert	Positiver Wert	Negativer Gegenwert
	Freundschaft	
Geiz		
	Selbstverwirklichung	
		Misstrauen
	Ehrlichkeit	
	Mitgefühl	

4. Blütenspiel

Die folgende Aufgabe können Sie als Einzel- oder Partnerarbeit durchführen. In der Mitte steht ein Beruf. In die Blütenblätter sollen Sie die Werte und Tugenden hineinschreiben, die Sie für diesen Beruf für besonders wichtig halten. Nachfolgend ist eine Liste von Werten bzw. Berufen angeführt, die Sie verwenden können.

Werte: *Fürsorglichkeit, Gerechtigkeit, Unbestechlichkeit, Verlässlichkeit, Verantwortung, Ehrlichkeit, Höflichkeit, Mitgefühl, Kreativität, Nachsicht, Ordnung, Pflichtbewusstsein, Weisheit, Zärtlichkeit …*

Berufe: *Köchin / Koch, Unternehmerin / Unternehmer, Kindergartenpädagogin / Kindergartenpädagoge, Ärztin / Arzt, Talkmasterin / Talkmaster, Schülerin / Schüler, Lehrerin / Lehrer …*

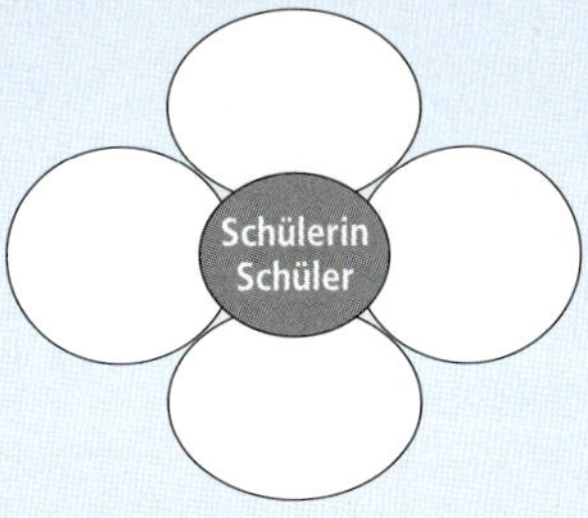

3.3 Immanuel KANT: Gesinnung

Immanuel KANT (1724–1804)

Der deutsche Philosoph Immanuel KANT ging bei ethischen Fragestellungen von dem Grundsatz aus, dass ausschließlich der Mensch Gesetzgeber der Moral sei und nicht etwa Naturgesetze oder Ähnliches für Fragen der Moral herangezogen werden könnten. Der einzelne Mensch müsse sich immer die Frage stellen, ob sein persönlicher moralischer Grundsatz auch zu einem allgemeinen Gesetz erhoben werden könnte.

- *Persönlicher Grundsatz:* Ich soll ein Versprechen halten.
- *Frage:* Kann ich wollen, dass dieser Grundsatz für alle gilt?
- *Antwort:* Ja, denn ich füge der Menschheit durch diesen persönlichen Grundsatz (= Maxime) sehr wahrscheinlich keinen Schaden zu.

Beispiel
Daniela hilft Markus bei der Mathematikschularbeit, indem sie ihn eine Aufgabe abschreiben lässt, als die Lehrperson gerade etwas unaufmerksam die Klasse beobachtet. Bei der Korrektur merkt die Lehrperson Lösungsähnlichkeiten; sie fragt Daniela, ob sie Markus bei der Lösung geholfen hat. Handelt Daniela moralisch richtig, wenn sie die Lehrperson anlügt?

Die Frage, vor der Daniela steht, lautet: Ist es erlaubt, zu lügen? Lüge ist die bewusste Vertauschung des Richtigen mit dem Falschen. Nach KANT hat Daniela die Pflicht, die Wahrheit zu sagen, weil sie sonst die gesamte Rechtsquelle der Menschheit (man denke an Gerichtsverfahren, die ja auf die Wahrheit von Zeuginnen und Zeugen angewiesen sind) verletzen würde. Daniela kann also nicht wollen, dass die Rechtsquelle der Menschheit unbrauchbar würde. Folglich muss sie der Lehrperson die Wahrheit sagen, auch dann, wenn sie damit Markus einen Schaden zufügt, beispielsweise dadurch, dass er nun die Klasse wiederholen muss.

Bei moralischen Entscheidungen darf ich also nicht meinem Bauchgefühl folgen, sondern ich muss meine Wünsche und Interessen dahingehend prüfen, ob sie wirklich vernünftig sind. Es kommt zunächst nicht auf die Folgen, sondern auf das Motiv meines Handelns an. Dieses Motiv, diese Gesinnung soll perfekt sein.

Die ethische Richtung, die von KANT vertreten wird, nennt man Gesinnungs- oder Pflichtethik (deontologische Ethik).[9]

KANT vertritt eine deontologische Ethik: Gesinnungs- oder Pflichtethik.

[9] Vgl. DIETMAR MIETH, Kleine Ethikschule, Freiburg: Herder 2004, S. 174–180.

3.4 John Stuart Mill: Folgen

Der englische Philosoph John Stuart Mill ging bei ethischen Fragestellungen von dem Grundsatz aus, dass vor allem der Nutzen für eine möglichst große Zahl von Beteiligten berücksichtigt werden müsse.

Ein Beispiel: Hat der Mensch das Recht, das Fleisch von Tieren zu essen? Aus moralischer Sicht hat der Mensch das Recht, das Fleisch eines Tieres zu essen, wenn das Tier artgerecht gehalten sowie stress- und schmerzfrei getötet wurde; die Interessen des Tieres wie des Menschen sind in ausgewogener Weise berücksichtigt.

John Stuart Mill (1806–1873)

Die von Mill vertretene ethische Richtung wird *Utilitarismus* genannt.

Diejenige Handlung ist moralisch richtig, deren Folgen für das Wohlergehen aller Betroffenen optimal sind.

AUFGABEN

1. **Tabelle**
   Wenn wir handeln, müssen wir unsere ethischen Entscheidungen entweder mehr nach den Motiven (Gesinnungsethik) oder mehr nach den Folgen (Utilitarismus) ausrichten. Fügen Sie in die Tabelle die vorgegebenen Begriffe passend ein: *Mill, Kant, Maxime, Nutzen, Gewissen, Zweck, Absicht*

Aspekte einer Handlung	
Motive:	Folgen:
Vertreter:	Vertreter:

2. **Entscheidungen**
   Wie soll sich Jochen entscheiden, wenn er nach den ethischen Grundsätzen von Kant bzw. von Mill zu handeln versucht? Soll Jochen den Job annehmen oder nicht? Lesen Sie die folgende Geschichte:

Jochen erhält im Schlachthof nach längerer Arbeitslosigkeit ein Jobangebot; er ist gelernter Fleischhauer, seine Einstellung zum Schlachten von Tieren hat sich jedoch in den letzten Jahren völlig verändert. Er kritisiert vor allem die stressigen Transporte und auch das teilweise qualvolle Sterben der Tiere. Seine Familie ist über den Job froh, weil insgesamt die finanzielle Situation erträglicher würde, seine Frau nicht so viel auswärts arbeiten müsste und mehr Zeit für die Kinder hätte, was ihr gerade jetzt sehr wichtig wäre, weil die kleine Karin nach dem Kindergarten mehr Zuwendung bräuchte.

Gesinnungsethische Argumente: ______________________________

Utilitaristische Argumente: ______________________________

4 Allgemeine Diskussionsregeln

Negativbeispiele für Diskussionen brauchen Sie nicht lange zu suchen, Sie können diese am Nachmittag auf den verschiedenen Fernsehsendern, nicht nur den privaten, sehen. Charakteristisch für eine Unkultur in der Diskussion sind:

- Jede Form von Höflichkeit und guter Sitte wird bewusst außer Acht gelassen. Beschimpfungen schaffen eine emotionale Spannung, intimste Geheimnisse werden ausgeplaudert.
- Die Diskussionsteilnehmerinnen/Diskussionsteilnehmer werden in ihrer Rede ständig unterbrochen. Der Grund hierfür liegt u. a. am Medium Fernsehen; nur ein schneller Kamerawechsel (im Schnitt 3,5 Sekunden) hält die Zuschauerinnen/Zuschauer „bei der Stange". Nachdenken ist nicht gefragt.
- Auch die Diskussionspunkte verlangen von der Zuschauerin bzw. vom Zuschauer kein Denken. Themen wie „Ich bin fremdgegangen", „Mein Freund rülpst beim Essen" etc. brauchen weder Bildung noch Wissen.
- Die Moderatorinnen/Moderatoren manipulieren die Diskussion in eine ganz bestimmte Richtung, z. B. derart, dass es immer eine Böse/einen Bösen und eine Gute/einen Guten gibt. Das Publikum wird durch Schilder hinter der Kamera zum Manipulationsapplaus aufgefordert.

Während in politischen Debatten strategische Rationalität (Vernunft) wichtig ist oder wichtig zu sein scheint, geht es bei ethischen Diskursen (Diskussionen) vor allem um *kommunikative Rationalität.* Zu den moralischen Grundsätzen kommunikativer Rationalität gehören „der Respekt gegenüber dem Gesprächspartner, seine Anerkennung als gleichberechtigter Partner in der Kommunikation und die Bereitschaft, Argumente zu prüfen und im Falle eines positiven Ergebnisses diese anzunehmen, auch wenn sie der eigenen Interessenlage zuwiderlaufen."
(Julian NIDA-RÜMELIN, Philosophie einer humanen Bildung, Hamburg: edition Körber Stiftung 2013, S. 46)
Menschenwürde zeigt sich vor allem in der kommunikativen Rationalität.

In den verschiedenen Menschenrechtskonventionen heißt es: *Die Würde des Menschen ist unantastbar!* Dieser Grundsatz sollte auch bei jeder Diskussion gelten.

1. Sei deine eigene Gruppenleiterin/dein eigener Gruppenleiter, übernimm Verantwortung in der Gruppe, schiebe die Verantwortung nicht auf die anderen ab. Die Verantwortung für sinnvolle Ergebnisse einer Gruppendiskussion hat jede/jeder Einzelne.
2. Störungen haben Vorrang: Unterbrich das Gespräch, wenn du nicht mehr folgen kannst oder wenn du eine Pause brauchst, weil du dich ärgerst, irritiert oder überfordert fühlst.
3. Es kann immer nur eine/einer sprechen. Unterlasse Seitengespräche. Rede zu einer Thematik nicht zu lange. Versuche zuzuhören, wenn es auch manchmal schwerfällt.
4. Sprich die andere/den anderen direkt an. Blickkontakt ist dabei wichtig.
5. Geh von deinen persönlichen Erfahrungen aus. Sag ICH statt MAN oder WIR. Sprich von dir selbst, dann wissen die anderen viel besser, was in der Gruppe los ist.
6. Vermeide Killerphrasen wie *Du bist ein Trottel, halt den Mund, verzieh dich; was gemacht wird, bestimme ich*. Die Kreativität der Gruppe soll nicht durch Killerphrasen beschnitten werden.

Die Ergebnisse einer Diskussion sollten auch schriftlich fixiert werden. Mündlichkeit zeichnet sich durch Nähe und Spontaneität aus, Schriftlichkeit durch Distanz und logische Klarheit. Sie können dies selbst ausprobieren. Wenn Sie sich gemeldet haben, eine Diskussion zu protokollieren, werden Sie wesentlich distanzierter die Gespräche verfolgen. Ihre Notizen ermöglichen es Ihnen auch, die verschiedenen Diskussionsbeiträge zu gliedern und zu ordnen.

AUFGABEN

1. Der kontrollierte Dialog

Die Grundidee zum kontrollierten Dialog stammt vom amerikanischen Psychologen Carl ROGERS, dem Begründer der Gesprächspsychotherapie. Bilden Sie Dreiergruppen. In jeder Gruppe übernimmt ein Mitglied die Rolle des Beobachters, die anderen diskutieren zu einem Thema (Beispiele für Diskussionsthemen siehe Randspalte). Für die Diskussion gelten folgende Regeln:

- Person A äußert ihre Meinung zum Thema.
- Person B fasst mit eigenen Worten zusammen, was A gesagt hat; anschließend äußert sie ihre eigene Meinung.
- Beobachterin/Beobachter C greift in das Gespräch dann ein, wenn die Zusammenfassungen von A bzw. B nicht korrekt waren.
- Nach einigen Minuten werden innerhalb der Gruppe die Rollen getauscht, eventuell auch die Themen.

Wehrpflicht oder Zivildienst?
Sollen für eine Mopedfahrerin/einen Mopedfahrer 0 ‰ gelten?
Ist die „gesunde Ohrfeige" ein geeignetes Erziehungsmittel?
Hat Schummeln etwas mit Betrug zu tun?
Sollten die Noten abgeschafft werden?
Welche Schulfächer würde ich abwählen, wenn ich die Möglichkeit dazu hätte?

2. Selbstbild und Fremdbild

Wie schätze ich mich in der Kommunikation ein? Wie schätzt mich meine Nachbarin/mein Nachbar bzw. meine Freundin/mein Freund ein?

	Selbstbild	Fremdbild	
spontan, impulsiv	3 2 1 1 2 3	3 2 1 1 2 3	beherrscht, kontrollierend
offen, kontaktbereit	3 2 1 1 2 3	3 2 1 1 2 3	zurückhaltend, verschlossen
anpassungsfähig	3 2 1 1 2 3	3 2 1 1 2 3	stur
unentschlossen	3 2 1 1 2 3	3 2 1 1 2 3	schnell entscheidend
gewissenhaft	3 2 1 1 2 3	3 2 1 1 2 3	großzügig
dominierend	3 2 1 1 2 3	3 2 1 1 2 3	gemeinschaftsorientiert
aufopfernd, selbstlos	3 2 1 1 2 3	3 2 1 1 2 3	überheblich, egozentrisch
verständnisvoll	3 2 1 1 2 3	3 2 1 1 2 3	auf Konfrontation aus

3. Zuhören

Ein Gruppenmitglied beginnt ein fiktives Telefongespräch mit einer bekannten Person/einem anderen Gruppenmitglied. Die anderen sollen die Person erraten.

4. Welcher Kommunikationstyp bin ich?[10]

	Eher ja	Eher nein
1. Ich suche öfters das Alleinsein.	○	○
2. Ich brauche das Vertraute; ich fühle mich wohl, wenn ich mich auskenne.	○	○
3. Ich möchte oft anderen Menschen nahe sein.	○	○
4. Ich mag mich nicht gerne festlegen.	○	○
5. Man soll die anderen nicht mit den eigenen Problemen belasten.	○	○
6. Ich werde öfters ausgenutzt.	○	○
7. Einmal ist keinmal.	○	○
8. Zuerst die Arbeit, dann das Spiel.	○	○
9. Oft bin ich unsicher, was die/der andere denkt.	○	○
10. Ich kann schwer Nein sagen.	○	○
11. Ich kann mich stark kontrollieren.	○	○
12. Irgendwie kriege ich die Dinge meistens hin.	○	○
13. Auf etwas zu warten, fällt mir schwer.	○	○
14. Zu viel Risiko ist mir unangenehm.	○	○
15. Oft bin ich zu gutgläubig.	○	○
16. Meine Gefühle zeige ich nicht so schnell.	○	○
17. Ich kann mich gut einfühlen.	○	○
18. Ich bin eine gute Beobachterin/ein guter Beobachter.	○	○
19. Ich lebe gerne im Augenblick und genieße.	○	○
20. Ich kann eisern und konsequent sein.	○	○
21. Der Mensch ist ein Einzelwesen.	○	○
22. Veränderungen finden erst statt, wenn Gesetze verändert werden.	○	○
23. Gefühle sind der Motor der Welt.	○	○
24. Auf Reisen entdeckt man sich selbst und vergrößert den Horizont.	○	○
25. Ich fühle mich ständig verantwortlich.	○	○
26. „Das tut man nicht" beschäftigt mich oft.	○	○
27. Ein Gefühlsüberschwang ist mir unangenehm.	○	○
28. Ich unterhalte Menschen gerne.	○	○
29. Es tut gut, unabhängig zu sein.	○	○
30. Die Veränderung der Welt fängt bei der Veränderung der/des Einzelnen an.	○	○
31. Treue ist mir ein sehr wichtiger Teil.	○	○
32. Am schönsten ist immer wieder der Anfang.	○	○
33. Mit Gesetzen nehme ich es nicht so genau.	○	○
34. Ich kann gut organisieren.	○	○
35. Ich lese gern, weil man in Büchern viel über das Leben erfahren kann.	○	○
36. Bei Konflikten möchte ich die andere/den anderen nicht verletzen.	○	○

[10] Vgl. Fritz RIEMANN, Grundformen der Angst, München: Reinhardt 2003; Christoph THOMANN/Friedemann SCHULZ VON THUN, Klärungshilfe, Reinbek: Rowohlt TB 2003.

5. Konstruktives Diskutieren in die Tat umsetzen

Teamwork funktioniert am besten, wenn sich jedes Gruppenmitglied seiner eigenen Stärken und Schwächen bewusst ist, um so die Stärken und Schwächen der anderen kennenlernen zu können.

Wählen Sie aus den Anregungen zu einer fairen Diskussion die Punkte aus, die Sie in Ihrer Gruppe in nächster Zeit besonders beachten wollen. Erstellen Sie ein Lernplakat. Charakteristika eines Lernplakats sind:

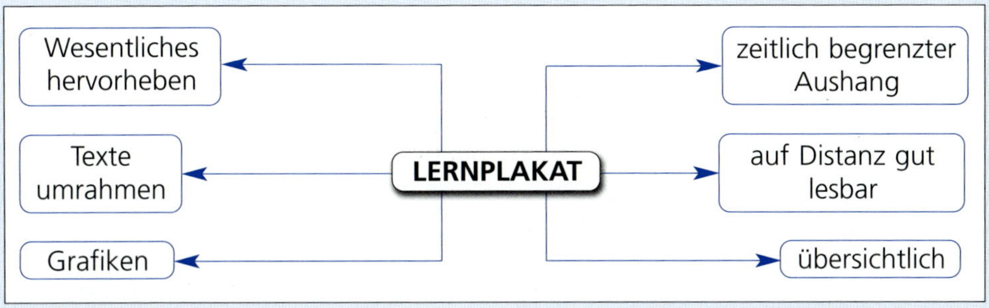

Folgende Punkte können Sie für das Lernplakat auswählen bzw. verwenden:
aktiv zuhören; freundlich und fair miteinander umgehen; auf andere eingehen, sie beachten, bestärken; Blickkontakt mit der Sprecherin / dem Sprecher halten; vernichtende / destruktive Kritik vermeiden; andere Meinungen und Vorschläge akzeptieren; mich und andere kennenlernen wollen; in der Ich-Form sprechen; fair und höflich bleiben; andere ausreden lassen, nicht unterbrechen; beim Thema bleiben; an Vorrednerinnen / Vorredner anknüpfen; Killerphrasen vermeiden (z. B.: „Du spinnst. Von wem hast du diesen Unsinn?“); unnötige Störungen und Nebengespräche vermeiden; Signale der Körpersprache beachten; Behauptungen begründen

6. Kommunikative Rationalität

Menschenwürde zeigt sich vor allem in der kommunikativen Rationalität. Ergänzen Sie wichtige Aspekte kommunikativer Rationalität in der Mindmap.

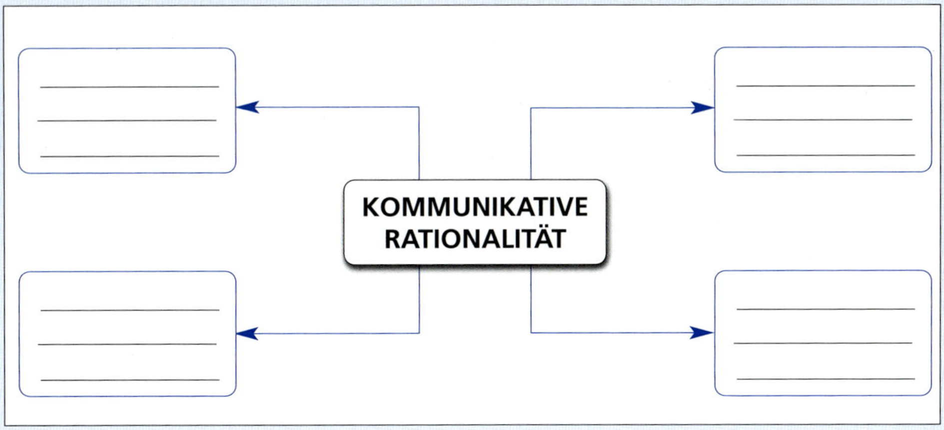

4.1 Kreativität ist gefragt

Brainstorming ist eine bekannte Methode, die innerhalb einer Gruppe Prozesse in Gang bringen kann, um neue Ideen zu entwickeln. Die Grundregeln beim Brainstorming lauten:

Alle Ideen sind gleich wichtig, Kritik wird zurückgestellt.

- Stellen Sie die Kritik zurück. Es ist verlockend, auf jeden neuen Vorschlag mit Kritik zu reagieren. Im Brainstorming sollen wir uns aber mit neuen Ideen auseinandersetzen, diese zunächst nicht kritisch betrachten.

Große unrealistische Visionen provozieren kleine realistische Schritte.

- Lassen Sie Visionen zu. Wir stellen uns vor, wie die perfekte Lösung wäre, auch wenn die Realisierung in der perfekten Form unmöglich sein wird. Anschließend können wir Zwischenlösungen finden, die realistisch erscheinen. Kurz gesagt, machen Sie zuerst einen sehr großen, kühnen Schritt, sonst werden Sie vielleicht überhaupt nie einen Schritt tun.

Die Quantität von Ideen ist wichtig.

- Fordern Sie viele Ideen. Eine weitere übliche Regel des Brainstormings ist, dass die Anzahl von Assoziationen und Ideen wichtig ist. Manche Gruppen setzen Quoten für neue Ideen fest und erlauben keine Kritik, bis die Quote erreicht ist.

Neue Stimulationen durch *random association* suchen.

- Üben Sie freies Assoziieren. Sollten Sie bei der Ideensuche nicht weiterkommen, nehmen Sie ein Wörterbuch oder ein anderes Buch. Sie schlagen eine beliebige Seite auf, wählen blind ein Wort aus – jedes Wort ist geeignet. Dann prüfen Sie, welche Assoziationen dieses Wort hervorruft. Das Denken in der Gruppe wird neu stimuliert.

Bevor Sie aber resignieren und sagen: „Da gibt es keine Alternative!", ist es wesentlich produktiver, mit verrückten Ideen Lösungen zu suchen oder *sich umzuhören und zu informieren*.

Es ist in jedem Fall besser, für Probleme Lösungen zu suchen, als Probleme einzufrieren.

Wenn Sie mit einem Problem konfrontiert sind, hören Sie sich um. Anderen zuzuhören oder andere um Rat zu fragen, ist eine einfache und effektive Methode. Man kann nie wissen, was andere Menschen vielleicht wissen. Im Laufe der Menschheitsgeschichte hat sich durch Nachdenken so viel Wissen angesammelt, dass es dumm wäre, diese Ressourcen brachliegen zu lassen.
Genauso können wir uns die Frage stellen, ob es nicht möglich ist, Probleme erst gar nicht aufkommen zu lassen. Warum können wir nicht versuchen zu verhindern, dass das Problem überhaupt auftritt? Eine nach wie vor heftig umstrittene Frage im ethischen Bereich ist *Abtreibung bzw. Schwangerschaftsabbruch*. Prävention bedeutet hier: Welche Informationen brauchen Jugendliche, um angstfrei Zugang zu Verhütungsmitteln zu bekommen? Fehlen für die werdenden Mütter die entsprechenden Unterstützungen? Führen soziale Probleme (Geldnot etc.) zum Schwangerschaftsabbruch?

4.2 Kompromisse sind nötig

Wenn bei ethischen Fragen Werte polarisiert werden, sind Kompromisse versperrt. Betrachten wir die Polarisierung von Werten bei der Abtreibungsfrage.

- Ungeborenes Leben hat ein Recht auf Leben, auch wenn der Fötus kein voll ausgebildeter Mensch ist. Wir müssen uns um das Leben des Fötus sorgen, weil er ein potenzieller Mensch ist. Vehemente Abtreibungsgegnerinnen und Abtreibungsgegner stellen die Frage: Warum bremsen wir für Kröten und retten Singvögel vor dem Aussterben, haben aber kein Problem mit der Abtreibung?
- Selbstbestimmung ist ein hohes Gut. Das Recht zu entscheiden, was in und mit unserem Körper geschieht, ist einer der grundsätzlichsten Werte. „Mein Bauch gehört mir", lautet der bekannte Spruch der feministischen Bewegung. Jede Schwangerschaft, die eine Frau nicht abbrechen darf, ist nach dieser Argumentation eine *erzwungene Schwangerschaft* und widerspricht somit dem Recht auf Selbstbestimmung.

In Österreich ist der Schwangerschaftsabbruch durch das Strafrecht verboten. Unter bestimmten Bedingungen wird die Tat jedoch nicht bestraft:
- wenn der Schwangerschaftsabbruch innerhalb der ersten drei Monate erfolgt (Fristenlösung);
- bei Vorliegen einer Indikation.

Medizinische Indikation: wenn durch die Schwangerschaft das Leben der Mutter gefährdet ist.

Eugenische Indikation: wenn die Gefahr besteht, dass das Kind geistig oder körperlich schwer geschädigt sein wird.

Unmündigkeit der Schwangeren.

Die Gesetzgebung in Österreich ist also ein Kompromiss, sie schlägt einen Mittelweg ein: Sowohl der Wert „Schutz des Lebens" als auch lebenspraktische Umstände einer betroffenen Frau werden berücksichtigt.

Beide Positionen sind moralisch zu rechtfertigen. Sowohl *Schutz des Lebens* als auch *Recht auf Selbstbestimmung* sind hohe moralische Werte. Bei der Polarisierung von Werten geht es fast immer um *Richtig gegen Richtig*. Es geht also darum, welcher der Werte als wichtiger beurteilt wird. Während in der theoretischen Diskussion der Streit der Positionen vehement weitergeführt wird, lassen sich in konkreten Situationen verschiedene Werte sehr wohl harmonisieren, Mittelwege werden beschritten.

- Auch Abtreibungsgegnerinnen und Abtreibungsgegner gestehen einer Frau aus moralischer Sicht eine Abtreibung zu, wenn die Schwangerschaft durch Vergewaltigung entstanden ist. Es gibt in diesem Fall gewichtigere Gründe, z. B. die psychische Verfassung der Frau, die als wichtiger beurteilt wird als das Recht des Fötus zu leben.
- Die Position „Mein Bauch gehört mir" kann ebenfalls entschärft werden. Abgesehen von der Tatsache, dass es Verhütungsmittel gibt, ist die Argumentation nicht schlüssig. Wir vergleichen die Argumentation mit der einer Diebin/eines Diebes: Ein armer Mensch bricht bei reichen Leuten ein und stiehlt ihr Geld; dies wird als Gesetzesübertretung geahndet. Gegen dieses Gesetz könnte man nun argumentieren: Jeder Einbruch, den eine Diebin/ein Dieb nicht begehen darf, ist eine erzwungene Armut (vgl. jede Schwangerschaft, die eine Frau nicht abbrechen darf, ist eine erzwungene Schwangerschaft).

- Die Frage der Abtreibung lässt sich vor allem durch präventives Denken entschärfen. Beratungsstellen für schwangere Frauen weisen darauf hin, dass Frauen fast ausschließlich aus finanzieller Not, nicht vorhandener Unterstützung oder psychischer Überforderung eine Abtreibung in Erwägung ziehen, nicht jedoch, weil der Bauch ihnen gehört.

AUFGABEN

1. Teilsätze

Ergänzen Sie die folgenden Teilsätze:

- Brainstorming ist eine Methode, um …
- Prävention bedeutet, ein Problem …
- Bei moralischen Kompromissen geht es häufig darum, die Polarisierung …

2. Kreativität

Entwickeln Sie kreative Lösungsansätze für die unten angeführten Problemsituationen (a, b, c). Lesen Sie zunächst die Abschnitte *4.1 Kreativität ist gefragt* und *4.2 Kompromisse sind nötig*. Anschließend bilden Sie Dreier- oder Vierergruppen. Jede Gruppe benötigt einen Papierbogen. Jede Gruppe wählt eine Problemsituation und schreibt auf die Mitte des Papierbogens das Thema: *Scheidung, Lärmbelästigung* oder *Kindergarten*. Die Gruppenmitglieder schreiben einen Satz zum Thema auf den Papierbogen. Zu bereits geschriebenen Sätzen können Sie z. B. Gegenpositionen schreiben. Es wird nur geschrieben, nicht gesprochen. Ziel des Schreibgesprächs ist es, konzentriert mitzudenken und so effektiv zu kommunizieren.

a. Nach der Scheidung leben die beiden Kinder, neun und zwölf Jahre, bei ihrer Mutter. Die Eltern haben sich im Streit getrennt, die Freundin des Vaters erwartet ein Baby. Die Mutter möchte den Kindern den Kontakt zum Exmann untersagen, weil sie dadurch immer wieder an seine Kränkungen und Untreue erinnert wird. Außerdem kommen ihrer Meinung nach die Kinder immer wieder irritiert vom Besuch beim Vater nach Hause. Beim Jüngeren stellt sie seit Kurzem Bettnässen fest. Daher stellt die Mutter einen Antrag auf Untersagung des Besuchsrechts.

b. In einer Siedlung am Stadtrand spielen Jugendliche in einer Sackgasse Fußball und Basketball. Nach einigen Beschwerden von Nachbarinnen und Nachbarn halten sie die vorgesehenen Ruhezeiten (Mittag und Abend) ein, dennoch werden sie von einem in der Siedlung wohnenden älteren Herrn wegen „Lärmbelästigung" angezeigt.

c. Hubert ist geistig und körperlich schwer behindert. Seine Eltern möchten, dass er halbtags in den Gemeindekindergarten geht, weil es für ihn gut wäre, mit Gleichaltrigen zu spielen. Außerdem könnte seine Mutter wieder berufstätig sein, was die finanzielle Situation der Familie entschärfen würde. Eine Sonderkindergärtnerin wurde gefunden, der Bürgermeister lehnt jedoch die Finanzierung ab.

3. Diskussion mit einem Stuhl an der Stirnseite und einem Knäuel Papier

Stellen Sie die Stühle in Form eines Hufeisens auf, einen Stuhl an die Stirnseite. Das Gruppenmitglied, das an der Stirnseite sitzt, liest eine der vorgegebenen Meinungen vor und nimmt dazu Stellung. Anschließend wirft die Person das Papier einer /einem anderen zu; diese Person gibt nun ihre Stellungnahme ab. Die freie Diskussionsrunde ist damit eröffnet. Jedes Gruppenmitglied hat das Recht, den eigenen Standpunkt darzulegen. Niemand darf im eigenen Beitrag die Standpunkte anderer als falsch, dumm, naiv etc. bezeichnen, auch wenn sie/er selbst eine andere Auffassung vertritt.

Meinungen – das Gruppenmitglied am Podium wählt aus:

Kindererziehung

1. Ich möchte meine Kinder möglichst frei leben lassen, ihnen möglichst wenig dreinreden.

Gleichberechtigung

2. Es ist meiner Meinung nach so, dass es in der Privatwirtschaft Frauen noch immer schwer gemacht wird. Ich verstehe natürlich das Argument eines Firmenchefs, der einen Mann und eine Frau mit gleicher Qualifikation zur Auswahl hat. In den nächsten Jahren geht diese Frau in Karenz und dann muss eine andere Person eingeschult werden.

Gleichberechtigung

3. Die gibt es nicht, die Gleichberechtigung in der Gesellschaft, weil eine Frau mit denselben Fähigkeiten noch immer nicht gleich bezahlt wird wie ein Mann. Und die Frau bekommt auch nicht problemlos einen Job, weil sie eben schwanger werden und Kinder kriegen kann. Das ist eine Frechheit – ohne Wenn und Aber.

Vorurteile gegen andere

4. Man muss grundsätzlich zu seinen Gefühlen stehen. Mir persönlich sind Menschen, die mit sogenannten Kampfhunden die Gegend unsicher machen, nicht sonderlich sympathisch. Man muss doch zu seinen Gefühlen stehen. Die Frage ist nur: Wie gehe ich mit Sympathie und Antipathie um?

Vorurteile gegen andere

5. Ausländer, das ist so wie mit den Drogensüchtigen. Sie können sehr nett sein, aber auch das Gegenteil. Ich hatte negative Erfahrungen mit ihnen, ich hatte auch positive. Das Problem dabei ist, dass die negativen Erfahrungen immer stärker bewertet und verallgemeinert werden als die positiven.

Sexualität

6. Den Mädchen mit vierzehn die Pille geben, das geht zu weit. Da bleibt ja dann auch überhaupt kein Geheimnis, keine Spannung, nichts an Gefühlen und Freude mehr übrig. Außerdem sind die Jugendlichen mit vierzehn emotional überfordert.

Strafvollzug

7. Der Strafvollzug in Österreich ist viel zu liberal. Was passiert denn einem Mörder bei uns? Nach 15 Jahren ist doch ohnehin jeder Schwerverbrecher wieder aus dem Gefängnis!

5 Werte, Normen und Rechte

Werte, ethische Prinzipien und Normen (Gebote) treten als allgemeine Sollensforderungen auf, als regulative Leitideen, auch als allgemeine Ratschläge und Empfehlungen.

Werte	Prinzipien	Normen	Rechte
allgemeine Leitvorstellungen	allgemeine Grundsätze	konkrete Handlungsregeln	berechtigte und anerkannte Ansprüche
Freiheit	Handle so, dass du die Freiheit der anderen nicht beeinträchtigst!	Zwinge niemanden mit Gewalt, etwas zu tun!	Recht auf Freiheit
Wohltätigkeit, Hilfsbereitschaft	Sei stets hilfsbereit!	Gib einer/einem Hungernden zu essen!	Recht auf Hilfe [11]

Normen und Gebote können von Einzelnen als Hilfe zur Orientierung verstanden werden: Nur ein vernünftiges und zum Denken fähiges Wesen hat die Möglichkeit, nach bestimmten Prinzipien und Geboten zu handeln. Normen und Gebote können aber auch als Einengung und Zwangsjacke empfunden werden. Wir alle können uns daran erinnern, dass uns unsere Eltern immer wieder gut gemeinte Ratschläge gegeben haben, die wir aber oft als Zwang interpretiert haben.

AUFGABE

Welche der folgenden Grundsätze halten Sie für gut (= G), zweifelhaft (= Z) bzw. nicht gut (= NG)? Analysieren Sie die Thesen zunächst in Einzelarbeit. Tauschen Sie anschließend Ihre Urteile in Partner- oder Gruppenarbeit aus.

	G	Z	NG
1. Ehrlich zu sich selbst sein.	○	○	○
2. Höflich sein.	○	○	○
3. Anderen vergeben.	○	○	○
4. Immer die Wahrheit sagen.	○	○	○
5. Anderen nicht wehtun.	○	○	○
6. Eigene Ideale verwirklichen.	○	○	○
7. Nach eigenen Bedürfnissen leben.	○	○	○
8. Nicht Gleiches mit Gleichem vergelten.	○	○	○
9. Bescheiden und demütig sein.	○	○	○
10. Sich durchsetzen, auch wenn andere darunter leiden.	○	○	○
11. Eigenen Vorteil zurückstellen.	○	○	○
12. Leben schützen.	○	○	○
13. Sich selbst verwirklichen.[12]	○	○	○

[11] Vgl. Dagmar Fenner, Ethik. UTB Basics, Tübingen: A. Francke 2008, S. 172.
[12] Vgl. Gerhard Schmidtchen, Ethik und Protest. Moralbilder und Wertkonflikte junger Menschen, Opladen: Leske und Budrich 1993, S. 202.

5.1 Die Zehn Gebote

Historisch haben sich Werte und Normen als Gebotslisten konstituiert und ganz wesentlich die Rechtssysteme mitbestimmt. Die in unserem Kulturkreis bekannteste und wichtigste Gebotsliste ist in den Zehn Geboten Gottes zusammengefasst.

1. Du sollst keine anderen Götter haben neben mir. Du sollst dir kein Bildnis noch irgendein Gleichnis machen, weder von dem, was oben im Himmel, noch von dem, was im Wasser unter der Erde ist. Bete sie nicht an und diene ihnen nicht.
2. Du sollst den Namen des Herrn, deines Gottes, nicht missbrauchen: Denn der Herr wird den nicht ungestraft lassen, der seinen Namen missbraucht.
3. Gedenke des Sabbattages (Feiertages), dass du ihn heiligst. Sechs Tage sollst du arbeiten und alle deine Werke tun. Aber am siebten Tag ist der Sabbat des Herrn, deines Gottes. Da sollst du keine Arbeit tun, auch nicht dein Sohn, deine Tochter, dein Knecht, deine Magd, dein Vieh, auch nicht der Fremdling, der in der Stadt wohnt.
4. Du sollst deinen Vater und deine Mutter ehren, auf dass du lange lebest in dem Lande, das dir der Herr, dein Gott, geben wird.
5. Du sollst nicht töten.
6. Du sollst nicht ehebrechen.
7. Du sollst nicht stehlen.
8. Du sollst nicht falsch Zeugnis reden wider deinen Nächsten.
9. Du sollst nicht begehren deines Nächsten Haus.
10. Du sollst nicht begehren deines Nächsten Weib, Knecht, Magd, Rind, Esel noch alles, was dein Nächster hat.

Du sollst deinen Nächsten lieben wie dich selbst!

konstituieren = bilden, zugrunde legen

Die Zehn Gebote (Ex 20 und Lev 19,18) werden im Fachausdruck als *Dekalog* (griechisch: *deka* = zehn, *logos* = Wort, Gebot) bezeichnet.

Gebote 1–3 regeln die Beziehung zwischen Mensch und Gott.

Gebot 3 zeigt, dass Gebote den Menschen nicht nur unterdrücken, sondern auch die Funktion haben, den Menschen zu schützen.

Gebote 4–10 regeln das Zusammenleben der Menschen.

AUFGABE

Analysieren Sie die Zehn Gebote des Dekalogs nach folgenden Gesichtspunkten:

a. Welches der Gebote soll den Zusammenhalt der Familie sichern und die individuelle Entwicklung der Menschen gewährleisten?
b. In welchem Gebot wird der Schutz des Lebens als eines der wichtigsten Menschenrechte festgeschrieben?
c. Welche Gebote schützen die Rechte von Frauen und Kindern?
d. Welche Gebote sprechen allen sozialen Gruppen der Gesellschaft Rechte zu? Welche Rechte sind das?
e. Welche Gebote schützen die schwächeren Mitglieder einer Gesellschaft vor den Übergriffen der Stärkeren?
f. Welches Gebot schützt die Menschen vor Verleumdung und Mobbing?

5.2 Menschenrechte

Die Allgemeine Erklärung der Menschenrechte ist von der UN-Generalversammlung als Resolution verabschiedet worden. Sie ist kein völkerrechtlich verbindlicher Vertrag, doch geeignet, positiv auf die Entwicklung sozialer Grundrechte einzuwirken. 1994 richtete die UNO ein Kommissariat für Menschenrechte ein, um der Einhaltung von Menschenrechten mehr Nachdruck zu verleihen.

Der Begriff der *Menschenrechte* bezeichnet jene grundlegenden Rechte der Person, die jedem Menschen allein aufgrund der Tatsache seines Menschseins zukommen. Sie sind angeboren und nicht erworben, unveräußerlich und unverlierbar, allgemein und gleich, immer und überall gültig. Sie schützen die Einzelne bzw. den Einzelnen vor staatlicher Willkür und sichern gesellschaftliche Freiräume selbstbestimmten Handelns. Sie garantieren Möglichkeiten der politischen, wirtschaftlichen und gesellschaftlichen Mitbestimmung. Sie beschreiben verbindliche Zielorientierungen des staatlichen und politischen Handelns. Ihr übergeordnetes Prinzip findet sich im Schutz der *Menschenwürde*: der Würde des Menschen als Person, die zu vernünftiger Selbstbestimmung in Freiheit berufen ist.

Menschenrechte formulieren nicht nur ethische Appelle, sie haben auch Rechtscharakter. Sie begründen Rechte und Pflichten der/des Einzelnen, die gerichtlich einklagbar sind. Über diesen Rechtscharakter hinaus beinhalten die Menschenrechte aber auch eine Reihe ethischer, rechtlich nicht einklagbarer Pflichten: Dazu gehören z. B. das Eintreten für diejenigen, die in ihren elementaren Rechten beeinträchtigt werden, die Überwindung aller Formen von Benachteiligung und Diskriminierung sowie die aktive Wahrnehmung politischer Mitwirkungsmöglichkeiten.

Auszüge aus der UN-Menschenrechtsresolution

Freiheit, Gleichheit, Brüderlichkeit

Artikel 1: Alle Menschen sind frei und gleich an Würde und Rechten geboren. Sie sind mit Vernunft und Gewissen begabt und sollen einander im Geist der Brüderlichkeit begegnen.

Verbot der Diskriminierung

Artikel 2: Jeder hat Anspruch auf die in dieser Erklärung verkündeten Rechte und Freiheiten, ohne irgendeinen Unterschied, etwa nach Rasse, Hautfarbe, Geschlecht, Sprache, Religion, politischer und sonstiger Überzeugung [...].

Recht auf Leben und Freiheit

Artikel 3: Jeder hat das Recht auf Leben, Freiheit und Sicherheit der Person.

Gleichheit vor dem Gesetz

Artikel 7: Alle Menschen sind vor dem Gesetz gleich und haben ohne Unterschied Anspruch auf gleichen Schutz durch das Gesetz. Alle haben Anspruch auf gleichen Schutz gegen jede Diskriminierung, die gegen diese Erklärung verstößt, und gegen jede Aufhetzung zu einer derartigen Diskriminierung.

Recht auf Privatsphäre

Artikel 12: Niemand darf willkürlichen Eingriffen in sein Privatleben, seine Familie, seine Wohnung und seinen Schriftverkehr oder Beeinträchtigungen seiner Ehre und seines Rufes ausgesetzt werden. [...]

Artikel 14: Jeder hat das Recht, in anderen Ländern vor Verfolgungen Asyl zu suchen und zu genießen. Dieses Recht kann nicht in Anspruch genommen werden im Falle einer Strafverfolgung, die tatsächlich auf Grund von Verbrechen nichtpolitischer Art oder auf Grund von Handlungen erfolgt, die gegen die Ziele und Grundsätze der Vereinten Nationen verstoßen.

Asylrecht

Artikel 18: Jeder hat das Recht auf Gedanken-, Gewissens- und Religionsfreiheit. [...]

Gewissens- und Religionsfreiheit

Artikel 19: Jeder hat das Recht auf Meinungsfreiheit und freie Meinungsäußerung; dieses Recht schließt die Freiheit ein, Meinungen ungehindert anzuhängen sowie über Medien jeder Art und ohne Rücksicht auf Grenzen Informationen und Gedankengut zu suchen, zu empfangen und zu verbreiten.

Meinungs- und Informationsfreiheit

Artikel 26: Jeder hat das Recht auf Bildung. Die Bildung ist unentgeltlich, zum mindesten der Grundschulunterricht und die grundlegende Bildung. Der Grundschulunterricht ist obligatorisch. Fach- und Berufsschulunterricht müssen allgemein verfügbar gemacht werden, und der Hochschulunterricht muss allen gleichermaßen entsprechend ihren Fähigkeiten offenstehen.[13]

Recht auf Bildung

obligatorisch = verpflichtend

AUFGABEN

1. Die folgenden Piktogramme stellen verschiedene Menschenrechte dar: Recht auf *Religionsfreiheit, Wahlen, Gleichheit vor Gericht, Asyl, Nahrung, Arbeit, Meinungsfreiheit, Leben, Bildung, Gesundheit, Demonstrationsfreiheit, Freiheit*. Ordnen Sie diese Begriffe richtig zu.

 ____________
 ____________
 ____________
 ____________

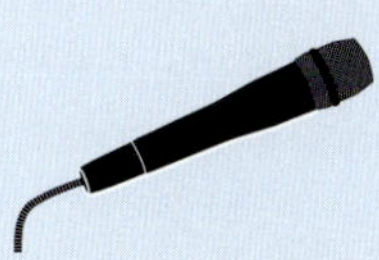 ____________
 ____________
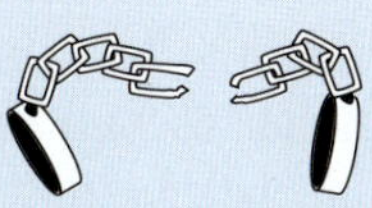 ____________
 ____________

 ____________
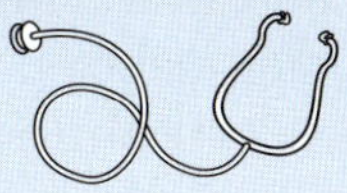 ____________
 ____________
 ____________

[13] Allgemeine Erklärung der Menschenrechte. Online verfügbar: http://de.wikisource.org/wiki/Allgemeine_Erkl%C3%A4rung_der_Menschenrechte (13. 2. 2017).

2. Tagesablauf und Menschenrechte

Ergänzen Sie die Tabelle. In die linke Spalte schreiben Sie Ihren Tagesablauf; in die rechte Spalte schreiben Sie jeweils dazu, welches Menschenrecht Sie ganz konkret verwirklicht haben.

Mein Tagesablauf	Menschenrechte, die verwirklicht sind
Frühstücken	
Zeitung lesen	
Schule gehen	

3. Ein Schritt nach vorne[14]

Erstellen Sie zunächst Rollenkarten: *arbeitslose, alleinerziehende Mutter; Tochter arabischer strenggläubiger Muslime; Jugendlicher im Rollstuhl; 24-jähriger Flüchtling aus Afghanistan; Tochter des deutschen Botschafters in Wien; Model aus Indien; Obdachloser; Lesbe, die in einem Bergdorf wohnt; Sohn eines Unternehmensberaters; 20-jährige Angehörige der Roma ohne Hauptschulabschluss; Mensch mit Seh- und Hörbehinderung …*

Sie stellen sich in einer Reihe auf. Ein Gruppenmitglied liest die folgenden Statements vor. Wenn das Statement zutrifft, tritt die Person einen Schritt nach vorne.

- Sie haben nie finanzielle Schwierigkeiten.
- Ihre Religion und Kultur wird in der Gesellschaft, in der Sie leben, respektiert.
- Sie haben keine Angst, in eine Polizeikontrolle zu geraten.
- Sie wissen, wohin Sie sich wenden können, wenn Sie Rat und Hilfe brauchen.
- Sie hatten nie das Gefühl, dass Sie aufgrund Ihrer Herkunft diskriminiert werden.
- Ihre sozialen und medizinischen Bedürfnisse werden ausreichend abgedeckt.
- Sie können einmal im Jahr verreisen und Urlaub machen.
- Sie sind zuversichtlich, was Ihre Zukunft betrifft.
- Sie haben das Gefühl, Sie können studieren und Ihren Wunschberuf ergreifen.
- Sie können mindestens einmal pro Woche ins Kino oder ins Theater gehen.
- Sie haben keine Angst um die Zukunft Ihrer Kinder.
- Sie können alle drei Monate neue Sachen zum Anziehen kaufen.
- Sie können sich verlieben, in wen Sie wollen.
- Sie haben Zugang zum Internet und profitieren davon.

[14] Vgl. http://kompass.humanrights.ch, Gruppenübungen – Übung 15 (13. 2. 2017).

4. Lebensqualität[15]

Von den 14 Nennungen zum Thema Lebensqualität sind die sechs unwichtigsten zu streichen, die restlichen acht sind in eine Reihung zu bringen (1 = sehr wichtig, 8 = nicht so wichtig).

Übungsablauf:

1. Runde (3 min): Die TN (= Teilnehmerinnen und Teilnehmer) wählen einzeln die acht wichtigsten Elemente aus dem Fragebogen aus, ordnen diesen Elementen die Rangziffern 1–8 zu und tragen diese Ziffern in die entsprechenden Kästchen ein, ohne mit anderen zu reden. In dieser ersten Phase muss Ruhe herrschen, die TN dürfen bei ihren Überlegungen nicht gestört werden.
2. Runde (5 min): Je zwei (= Tandem) tauschen untereinander ihre Ergebnisse aus und versuchen, ein gemeinsames Ergebnis zu bekommen. Jede/jeder soll ihre/seine eigene Lösung begründen und verteidigen, solange sie/er nicht überzeugt wird.
3. Runde (7 min): Es werden Gruppen von jeweils 4–6 TN gebildet. Jede einzelne Kleingruppe soll versuchen, die anderen von ihrer Lösung zu überzeugen, aber auch bereit sein, sich die Argumente der anderen anzuhören.
4. Runde (10 min): Es wird ein Diskussionskreis gebildet. Ein Mitglied aus jeder Gruppe der 3. Runde soll jeweils die eigene Auswahl aus der 3. Runde durchsetzen. Ziel ist, durch Diskussion zu einem einzigen Gruppenergebnis zu kommen. Andersdenkende sollten überzeugt werden.

	Runde 1	Runde 2	Runde 3	Runde 4
Gesundheit				
intakte Umwelt				
Freundinnen / Freunde / Bekannte				
sportliche Betätigung				
sinnvolle, befriedigende Arbeit				
Möglichkeit für Freizeit und Erholung				
Schutz vor Bedrohung und Angst				
eigene Wohnung				
ausreichende, schmackhafte Nahrung				
Bildung, Grundbildung				
ausreichendes Einkommen				
Teilnahme an kulturellen Angeboten				
Freizügigkeit, Bewegungsfreiheit				
gute Verkehrsverbindungen				

[15] Vgl. Günther Gugel, Methoden-Manual I „Neues Lernen", Weinheim: Beltz 2000, S. 172.

6 Wiederholung

Was versteht man unter Moral?

Der Begriff *Moral* bezeichnet ein System von Werten und Normen sowie deren Umsetzung im täglichen Leben. Moralische Haltungen müssen überwiegend gelernt werden, sie haben eine Filterfunktion, um unsere spontanen Neigungen und Bedürfnisse zu dämpfen.

Was versteht man unter Ethik?

Unter *Ethik* verstehen wir die Wissenschaft von der Moral. Ethik hat also die Aufgabe, Konzepte des moralischen Handelns vernünftig zu begründen.

Was hat Zivilisation mit Moral zu tun?

Die ersten kulturellen Leistungen wie Bestattung und Höhlenmalerei scheinen auf den Zivilisationsprozess in der Geschichte der Menschheit hinzuweisen. Zu den sozialen Fähigkeiten gehörte es, Schwächere in die Gemeinschaft zu integrieren und ihnen eine Aufgabe in dieser Gemeinschaft zuzuteilen. Eine dieser Aufgaben war die Höhlenmalerei, eine andere die mündliche Tradierung (Überlieferung) von großen Heldentaten. Beide kulturellen Leistungen trugen zu einer Stärkung der Gemeinschaft bei.

Welche angeborenen moralischen Verhaltensweisen gibt es?

Zu den angeborenen moralischen Verhaltensweisen gehören aggressionshemmende Faktoren wie Demutshaltungen und Kindchenschemata. Sie lösen Mitleid und Mitgefühl aus; sie wirken tötungshemmend. Das Kindchenschema ist ein Schlüsselreiz, es weckt im Menschen ein angeborenes, instinktives Verhaltensmuster von Sympathie, Betreuung und Fürsorge. Merkmale, die das Fürsorgeverhalten auslösen, sind: großer Kopf und sehr kurze Extremitäten, kleines Gesicht und rundliche Stirn, Pausbacken. Als gesichert gilt die angeborene Bereitschaft zu Gehorsam. Wenn die Steinzeitmenschen auf der Jagd waren, mussten sie sich aufeinander verlassen können, Gehorsam und Loyalität waren überlebensnotwendig.

Müssen moralische Verhaltensweisen gelernt werden?

Moralisch handeln heißt, spontane Impulse zu überdenken und nur solche Handlungen auszuführen, die mit moralischen Überzeugungen verträglich sind. Moralische Haltungen werden in lang andauernden Lernprozessen des Beobachtens und Nachahmens aufgebaut. Die Fähigkeit zur Unterscheidung zwischen „gut" und „böse", „falsch" und „richtig" ist ein Ergebnis von Erziehung und Sozialisation.

Wir merken uns zunächst einen kulturübergreifenden moralischen Orientierungspunkt: Schade *niemandem!* Die Handlungsanweisung besagt, dass man im Rahmen einer moralischen Lebensführung niemanden körperlich und seelisch verletzen soll.

Bei ethischen Diskussionen ist es wichtig zu wissen, welche Werte als Orientierung für die Entscheidung dienen. Im Laufe der Menschheitsgeschichte haben Philosophen dazu Stellung genommen.

Von welchen ethischen Grundsätzen gehen berühmte Philosophen aus?

- SOKRATES geht von der Annahme aus, dass jeder Mensch von Natur aus das Gute will. Böse handelt der Mensch nur deshalb, weil ihm das richtige Wissen fehlt.
- ARISTOTELES geht von der Überzeugung aus, dass jeder Mensch nach Glück strebt. Dieses Glück erreicht man am ehesten dann, wenn man Werte und Tugenden zu verwirklichen sucht, die einen Mittelweg zwischen zwei negativen Extremen darstellen.
- Immanuel KANT geht von dem Grundsatz aus, dass ausschließlich der Mensch Gesetzgeber der Moral ist. Der einzelne Mensch müsse sich immer die Frage stellen, ob sein persönlicher, moralischer Grundsatz auch zu einem allgemeinen Gesetz erhoben werden könne.
- John Stuart MILL geht von dem Grundsatz aus, dass vor allem der Nutzen für eine möglichst große Zahl von Beteiligten berücksichtigt werden muss: Diejenige Handlung ist moralisch richtig, deren Folgen für das Wohlergehen aller Betroffenen optimal sind.

Diskussionen über ethische Fragen müssen nach Regeln geführt werden, die konstruktive Ideen und Argumente unterstützen und zur Entfaltung bringen. Die wichtigsten Regeln sind:

Welche Diskussionsregeln fördern konstruktive Ideen und Argumente?

- Übernimm bei der Diskussion Verantwortung.
- Höre aktiv zu und sprich in der Ich-Form.
- Unterlasse Killerphrasen.
- Erstelle während oder nach jeder ernsthaften Diskussion ein schriftliches Protokoll. Schriftlichkeit fördert logische Klarheit.

Ethische Fragen sind oft sehr komplex und nicht eindeutig zu beantworten. Daher ist bei der Lösung ethischer Probleme auch Kreativität gefragt: *Visionen zulassen, Kompromisse eingehen und präventiv denken.*

Welche Methoden des kreativen Argumentierens gibt es?

Werte sind allgemeine Leitvorstellungen darüber, was gut oder erstrebenswert ist. Normen oder Gebote sind konkrete Handlungsregeln. Die in unserem Kulturkreis bekannteste Gebotsliste ist in den Zehn Geboten zusammengefasst.

Was sind Werte?
Was sind Normen/Gebote?

Die wichtigsten Menschenrechte sind *Recht auf Leben, Recht auf Privatsphäre, Asylrecht, Gewissens- und Religionsfreiheit, Meinungs- und Informationsfreiheit, Recht auf Bildung.*

Was sind die wichtigsten Menschenrechte?

AUFGABEN zur Wiederholung und Vertiefung

1. Sortieraufgabe

Setzen Sie hinter jeden Begriff, den Sie einer anderen Person nicht erklären können, ein Minuszeichen (–); hinter jeden Begriff, den Sie erklären können, setzen Sie ein Pluszeichen (+). Fragen Sie anschließend Ihre Sitznachbarin bzw. Ihren Sitznachbarn, ob sie/er beim Begriff bzw. bei Begriffen mit Minuszeichen weiterhelfen kann.

Wert	Norm	Moral
Ethik	Individualethik	Sozialethik
Zivilisation	Kindchenschema	MILGRAM-Experiment
Dilemma	Goldene Mitte	Maxime
Deontologische Ethik	Utilitarismus	Prinzip

2. Lernreflexion

Am Ende eines jeden Kapitels werden Sie dazu aufgefordert, über das bisher Gelernte nachzudenken und zu reflektieren. Lernen ist ein Prozess, der ein Leben lang stattfindet. Es ist sinnvoll, nach einer gewissen Zeit über Lernfortschritte nachzudenken. Die folgenden Fragen sollen für Sie lediglich eine Anregung sein, Sie brauchen die Fragen nicht Punkt für Punkt zu beantworten:

- Welche Themen haben mich angesprochen?
- Welche Themen haben mich nicht so sehr interessiert?
- Welche Ideen habe ich zu den Themen beigetragen?
- Welche Methoden sagen mir im Unterricht besonders zu (Vortrag, Arbeiten am Computer, Gruppenarbeit, offene Lernformen, Diskussion ...)?
- Gibt es Inhalte, die meine bisherigen Ansichten verändert haben?

3. Zuordnung, Transfer

Ordnen Sie die Begriffe in der Tabelle passend zu: *Wert, Norm, Moral, Ethik*

Begriffe	Beschreibung
	Reflexion und Begründung der moralischen Sitten und Regeln
	konkrete Handlungsregeln, Handlungsorientierung
	praktizierte Sitten und Regeln einer Gemeinschaft
	allgemeine Leitorientierungen

4. Goldene Mitte

Sammeln Sie zunächst stichwortartig Pro- und Kontra-Argumente zum Thema *Abtreibung*. Versuchen Sie, diese Polarisierungen durch Kompromissvorschläge zu erweitern. Schreiben Sie dazu einen kurzen Essay.

5. Entscheidungen treffen, Urteile fällen

Es gibt viele Situationen, in denen man unangenehme Entscheidungen treffen muss. Begründen Sie Ihre Entscheidungen.

a. Ayşe hat ihrer jüngeren Schwester Fatma versprochen, sie zu einem Fest mitzunehmen. Die Eltern verbieten es. Soll Ayşe trotzdem Fatma zum Fest mitnehmen?
b. Thomas will via Internet an einer Spiele-Session teilnehmen, die ab 18 Jahren freigegeben ist. Thomas ist 14 Jahre alt. Soll er mit falschen Personendaten am Spiel teilnehmen?

6. Sartre-Dilemma

> Ein Pariser Student steht während des Zweiten Weltkriegs vor folgendem Problem: Soll er nach England in den Widerstand gegen die Deutschen gehen, was seiner Überzeugung entspricht, oder soll er seine Mutter zuhause pflegen? Die Mutter ist vollständig auf seine Hilfe angewiesen. Sein Weggang würde sie in Verzweiflung stürzen. Trotzdem fühlt er sich verpflichtet, sich den Widerstandskämpfern in England anzuschließen. Wie soll er handeln?[16]

Bei Ihrer Entscheidungsfindung könnten Sie folgende Überlegungen berücksichtigen:

- Welche Prinzipien stehen im Widerstreit? Differenzieren Sie gesinnungsethische und utilitaristische Aspekte.
- Höherrangige Prinzipien sind vorzuziehen.
- Bei gleichwertigen Prinzipien muss ein Kompromiss gefunden werden, der alle Betroffenen berücksichtigt.

7. Ist Suizid legitim?

> Thomas ist 26 Jahre alt, war immer sehr kreativ und hat gerne gezeichnet, ist auch gerne tanzen gegangen. Es gab immer wieder Phasen, die düster und hoffnungslos waren, eine Berg-und-Tal-Fahrt. Nach einigen Suizidversuchen, Klinikaufenthalten und verschiedenen ambulanten Therapien hat er sich nun das Leben genommen.

Reflektieren Sie die folgenden Fragen:

- Ist Suizid aufgrund des Prinzips der Selbstbestimmung ethisch legitim?
- In welchem Verhältnis stehen einerseits das Prinzip „Selbstbestimmung" und andererseits das Prinzip „Schutz des Lebens"?
- Handelt es sich bei Thomas' Lebenssituation um eine ausweglose?
- Spekulieren Sie, wie sich die Angehörigen von Thomas nach dem Suizid fühlen.

[16] Vgl. Jean-Paul Sartre, Der Existentialismus ist ein Humanismus. Und andere philosophische Essays 1943–1948, Reinbek bei Hamburg: rororo 2000, S. 17. Sartre (1905–1980) war ein französischer Existenzphilosoph.

Kapitel 2: Entwicklung und Identität

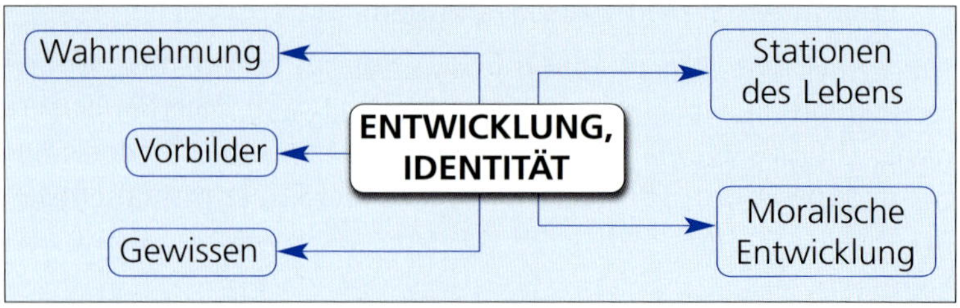

VORKENNTNISSE AKTIVIEREN

1. Der österreichische Wirtschaftsforscher Ernst FEHR (geb. 1953) führte folgendes Experiment durch: Kinder im Alter zwischen drei und acht Jahren wurden aufgefordert, Süßigkeiten, die sie erhalten hatten, mit anderen zu teilen. Diese anderen waren jedoch nur auf einem Foto zu sehen.
   Wie teilten die Vierjährigen? Wie teilten die Achtjährigen? Stellen Sie Vermutungen an.

2. Vierjährige Kinder werden gefragt: „Darf ein Mensch die Süßigkeiten heimlich nehmen?"
   Was antworten die Kinder? Stellen Sie Vermutungen an.

3. Vierjährige Kinder werden gefragt: „Wie fühlt sich ein Mensch, wenn er die Süßigkeiten stiehlt?"
   Was antworten die Kinder? Stellen Sie Vermutungen an.

4. Formulieren Sie Ihre Vorstellung von Gewissen, indem Sie bildhafte Vergleiche finden. Begründen Sie Ihre Vergleiche. Diskutieren Sie die Ergebnisse in der Klasse.
   - Gewissen ist für mich wie …
   - Gewissen ist für mich wie …
   - Gewissen ist für mich wie …

5. *Das bin ich!* Zeichnen Sie einen Baum und ergänzen Sie stichwortartig.
   - Wurzeln: was ich zum Leben brauche (Familie, Wohnung)
   - Stamm: Name, Spitzname (Bedeutung meines Namens)
   - Äste: meine Stärken und Fähigkeiten, Interessen und Hobbys
   - Blätter und Blüten: Wünsche und Träume für die Zukunft

Experiment
Acht Monate alten Babys wurde Folgendes gezeigt: Eine Holzfigur versucht, einen Berg hochzuklettern, scheitert aber. Ein gelbes Gesicht hilft der Holzfigur, den Berggipfel zu erreichen. Ein blaues Gesicht hingegen stößt die Holzfigur in den Abgrund.
Die Babys durften wählen, welches Gesicht sie haben wollten, das blaue oder das gelbe.
Welches Gesicht wählten die Babys?
Was lässt sich daraus möglicherweise ableiten?

1 Stationen des Lebens

Das Leben beginnt vor der Geburt. Der Fötus ist vom Fruchtwasser umgeben, die Nahrung wird durch die Nabelschnur zugeführt, das wichtigste akustische Dauersignal ist der mütterliche Herzschlag. Der beruhigende Rhythmus des Herzens stellt eine der wichtigsten Gegebenheiten seiner Welt dar. Der Fötus schläft beim Klang des Herzens ein, wacht damit auf und ruht in seinem Rhythmus. Da der menschliche Geist schon im Mutterleib mit Symbolen arbeitet, versieht der Fötus den Herzschlag allmählich mit einer symbolischen Bedeutung. Das stetige Schlagen bedeutet für das Ungeborene Ruhe, Sicherheit und Geborgenheit, es bedeutet emotionale Bindung.
Bindung spielt auch in der weiteren Entwicklung eines Menschen *die* entscheidende Rolle.[1]

Darüber, wann das Leben genau beginnt, gibt es verschiedene Ansichten. Ausführliche Informationen diesbezüglich siehe Kernbereiche Ethik 2, S. 24.

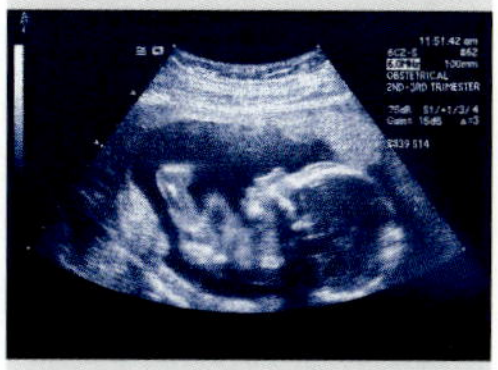

1.1 Bindung schafft Vertrauen (0–2 Jahre)

Wenn ein Baby schreit, so macht es das nicht, um seine Eltern zu ärgern oder seinen Willen durchzusetzen. Es schreit – vorausgesetzt, es ist gesund und hat keine Schmerzen –, weil es gefüttert werden will und weil es Nähe, Berührung und Wärme spüren möchte. Vor allem Berührungen lassen eine starke gefühlsmäßige Bindung entstehen, Ängste werden dadurch vermindert. Die Liebesbeziehung zwischen Mutter (oder Bezugsperson) und Kind ist eine notwendige Bedingung zur Befriedigung des Bedürfnisses nach Berührung. Treten Störungen in früher Kindheit auf, so führt das später zu Entwicklungsstörungen, die sich in gestörtem Sozialverhalten und Tendenzen zur Selbstvernichtung (Autoaggression) äußern können. Sichere Bindungen sind das Ergebnis befriedigend verlaufender Sozialkontakte des Kindes mit seiner Mutter sowie mit anderen Personen seiner Umgebung. Ein Kind mit sicherer Bindung hat erfahren, dass es sich auf andere verlassen kann. Das so entwickelte Vertrauen gestattet dem Kind, sich zuversichtlich neuen Situationen zuzuwenden. Das Wichtigste ist die Gewissheit, dass man ihm Zuwendung schenkt. Der Säugling durchlebt gleichsam eine Krise zwischen **Vertrauen** und **Misstrauen**. Die Beschaffenheit des Lebens während des Säuglingsalters – Liebe, Beachtung, körperlicher Kontakt, Ernährungsverhältnisse, kurz: das Umsorgtwerden – übt einen Einfluss darauf aus, ob sich beim Kind fundamentale Gefühle des Vertrauens oder des Misstrauens entwickeln.

Es gibt drei Kräfte, die die psychische Entwicklung eines Kindes steuern: seine angeborenen Begabungen, die Dauereinwirkung der Umgebung, in der es lebt, und Aspekte der Selbststeuerung (das Kind als aktives Wesen, das in die Umwelt hinein agiert).

[1] Struktur der Abschnitte nach Erik H. ERIKSON, Kindheit und Gesellschaft, Stuttgart: 1984.

Alter/Krise	entwicklungsfördernd	entwicklungshemmend
0–2 Jahre: Vertrauen / Misstrauen	stabiles Sicherheitsbewusstsein durch Geborgenheit, angemessenes Bindungsverhalten	Unsicherheit, Angst durch Vernachlässigung

Besonders in den ersten Jahren brauchen Kinder Schutz, Bindung und Zuwendung, damit ein „Urvertrauen" entwickelt wird. Entscheidend sind:

- Nähe
- Warmherzigkeit
- Kontinuität in der Betreuung

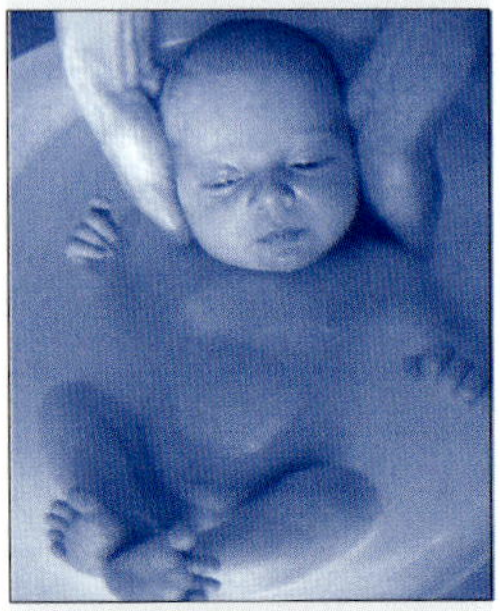

Folgende Methoden werden angewendet, um Fähigkeiten von Säuglingen experimentell zu überprüfen:

- Messen der Zeitdauer, wie lange ein Objekt beobachtet wird
- Messen der Saugaktivität am Schnuller (Aufmerksamkeit)
- Messen der Pulsfrequenz bei Überraschungseffekten (ein Gesicht wird gezeigt, die Stimme wird von einer anderen Stelle zugespielt)

Neugeborene kommen mit verschiedenen angeborenen Verhaltensweisen (Lächeln, Schreien etc.) auf die Welt, die sie automatisch nutzen, um eine Beziehung zur Bezugsperson aufzubauen. Bis zum Alter von drei Monaten ist es sehr wichtig, dass auf die Signale des Kindes unmittelbar reagiert wird. Der Säugling lernt über Interaktionen, seine Bezugspersonen zu unterscheiden.

Mit etwa acht Monaten beginnt das Kleinkind, die Nähe zur Bezugsperson aufrechtzuerhalten, indem es probiert, zu dieser hinzukrabbeln oder durch Rufen, Weinen oder Klammern die Nähe wiederherzustellen. Auf der anderen Seite entwickelt sich nun der Drang zum Erkundungsverhalten. Im Alter von zehn Monaten wird das Kind immer mobiler, es steigt das Interesse an der Umwelt. Das Kind steht nun im Spannungsfeld zwischen „Nähe zur Bezugsperson und dem Wunsch nach Selbstständigkeit". In diese Zeit fällt auch das sogenannte Fremdeln (Trennungs- und Fremdenangst).

Im Alter von ein bis zwei Jahren bleiben Nähe/Abhängigkeit und Distanz/Selbstständigkeit weiterhin wichtig und müssen gleichsam trainiert werden. Dabei hat die Bezugsperson eine wichtige unterstützende Funktion.[2]

Fähigkeiten und Fertigkeiten

Im Gegensatz zu früheren Vermutungen spricht man heute vom kompetenten Säugling. Säuglinge kommen nicht als unbeschriebenes Blatt auf die Welt, sie besitzen bereits viele entwickelte Fähigkeiten:

- Neugeborene können nach wenigen Stunden das Gesicht der Mutter gleichsam wiedererkennen – sie schauen es länger an als das Gesicht einer fremden Person.
- Säuglinge können Farben unterscheiden und verfügen über ein zeitlich begrenztes Gedächtnis: *aus den Augen, aus dem Sinn!*
- Nahsinne wie Tasten, Riechen und Schmecken entwickeln sich als erste. Durch den Kontakt mit Menschen, auch unterschiedlichen Materialien, kann vor allem der Tastsinn gefördert werden.
- Fernsinne wie Hören und Sehen beanspruchen viele Hirnteile, vor allem Gesehenes muss selektiert und bewertet werden.

[2] Literaturhinweis: Remo H. LARGO, Babyjahre. Die frühkindliche Entwicklung aus biologischer Sicht. München: Piper 2007.

Kurz nach der Geburt beginnt die Zahl der Synapsenverbindungen zwischen den Gehirnzellen rasch zuzunehmen, sodass ihre Zahl im Gehirn eines Kleinkindes schließlich weit höher ist als die Zahl der Verbindungen im erwachsenen Gehirn. Viele dieser überschüssigen Verbindungen müssen wieder rückgängig gemacht werden, und dieses Rückgängigmachen – das *Pruning* – ist ein ebenso wichtiger Entwicklungsschritt wie die ursprüngliche Zunahme. Japanische Babys können z. B. anfangs *la* und *ra* differenzieren; diese Fähigkeit verschwindet mit etwa einem Jahr, wenn sie nicht durch Umwelteinflüsse aktiviert wird.

Synapse = Übergang von einer Nervenzelle zu einer anderen

Veränderungen im Gehirn treten im Allgemeinen in Abhängigkeit von der Nutzung ein: *use it or lose it* (was nicht benutzt wird, geht verloren).

Kleinkinder entwickeln bis zum Alter von zwei Jahren eine Vielzahl von weiteren Fertigkeiten und Fähigkeiten:

- Die motorischen Fähigkeiten entwickeln sich über das Sitzen, Krabbeln und selbstständige Gehen. Die Greiffunktionen der Hand verfeinern sich bis hin zur Verwendung der einzelnen Finger, zum differenzierten Greifen.
- Verschiedene soziale Kommunikationsformen entwickeln sich, z. B. das Signalschreien (ca. mit 1 Monat), das soziale Lächeln (ca. mit 2 Monaten), das Nachahmen von einfachen Gesten (z. B. Winken, ca. mit 12 Monaten).
- Die Sprache entwickelt sich zunächst über die Nachahmung, es werden sogenannte Ein-Wort-Sätze verwendet (*Ham = Essen*, *Wau-Wau = Tier* etc.), später werden Zwei-Wort-Sätze gebildet (*Ham nicht = Ich mag das nicht essen).*

All diese Fertigkeiten und Fähigkeiten, die das Kleinkind durch Veranlagung und seine Umgebung lernt, verdichten sich zum sogenannten „Selbst". Das Selbst beschreibt die Person in seiner Ganzheit.

Selbst = die Gesamtheit der Person

- Bis zum Alter von zwei Monaten nimmt das Kind Objekte und Ereignisse vorwiegend durch Gefühle, Stimmungen und Berührungen wahr.

Welt der Gefühle

- Bis zum Alter von acht Monaten lernt das Kind, dass es durch eigene Handlungen etwas bewirken kann, es stellt aktiv soziale Beziehungen her. Es lächelt und die Mutter lächelt zurück.

Welt der Kontakte

- Bis zum Alter von 18 Monaten entdeckt das Kind, dass es Gedanken und Gefühle anderen mitteilen kann, indem es seine Sprache verwendet.

Welt der Gedanken

AUFGABEN

1. Zusammenfassung

Lesen Sie Abschnitt *1.1 Bindung schafft Vertrauen*. Fassen Sie die wichtigsten Aspekte übersichtlich zusammen.

2. Bindungsverhalten

Mary AINSWORTH (1913–1999), US-amerikanische Entwicklungspsychologin, hat mit ihrem Team das Bindungs- und Explorationsverhalten (Erkundungsverhalten) junger Kinder zwischen 12 und 20 Monaten in einer Laborsituation untersucht. Daraus sind verschiedene Bindungsqualitäten entwickelt worden. Wählen Sie aus den angeführten Verhalten diejenigen aus, die auf eine sichere Bindungsqualität schließen lassen.

Verhalten	sicher	unsicher
a. Kind sucht Kontakt und Nähe zur Bezugsperson. b. Kind zeigt offen seine Gefühle (z. B. Protest, Trauer bei Trennung von Mutter). c. Kind zeigt Ausdruck von Ärger und Zorn gegenüber der Bezugssperson. d. Kind beruhigt sich in der Nähe der Bezugsperson. e. Kind zeigt eine übermäßige Anhänglichkeit, lässt sich nur schwer von der Bezugsperson beruhigen. f. Bezugsperson unterbricht das kindliche Spiel, weil sie den Wunsch hat, zum Kind zärtlich zu sein. g. Bezugsperson reagiert für das Kind vorhersehbar.		

3. Affengesichter

Säuglinge unter sechs Monaten können sehr gut zwischen allen möglichen Gesichtern unterscheiden – sie können sogar Unterschiede zwischen Affengesichtern erkennen, die für Erwachsene nicht voneinander zu unterscheiden sind. Nach sechs Monaten nimmt diese Fähigkeit wieder ab, bis die Säuglinge nach und nach nur noch ganz schlecht zwischen Affengesichtern unterscheiden können, aber noch immer sehr gut zwischen Menschengesichtern. Wie erklären Sie das Phänomen?

4. Kognitive (geistige) Entwicklung

Nach Jean PIAGET (1896–1980), Schweizer Entwicklungspsychologe, verläuft die kognitive Entwicklung stufenförmig. Die erste Stufe (etwa 0 bis 2 Jahre) wird *sensumotorisch* genannt. Das Kind erfährt die Umwelt überwiegend durch sinnliche Kontaktaufnahme wie Begreifen (= Angreifen), Sehen, Hören und Fühlen. Gegenstände werden ertastet, Erfahrungen werden gesammelt, Konzepte des Raumes werden beispielsweise durch Krabbeln entdeckt.

Ergänzen Sie die folgende Tabelle durch konkrete Beispiele.

Abstrakte Beschreibung	Beispiele
Der Säugling lernt allmählich, sich getrennt von der Umwelt wahrzunehmen.	*Der Säugling sieht die Flasche, greift nach ihr.*
Mit vier Monaten beginnt das Kind, eigene Handlungen zu initiieren, die zu interessanten Ergebnissen führen.	
Mit acht Monaten entwickelt das Kind ein Objektkonzept: Objekte verschwinden also nicht, wenn sie versteckt werden.	

5. Identitätsanamnese (bis zum Alter von zwei Jahren)

Identität kommt aus dem Lateinischen und heißt etwa *derselbe sein*. Identität beschreibt das Wesen einer Person einschließlich der gesamten individuellen Entwicklung. Anamnese heißt *sich wiedererinnern*. Füllen Sie den folgenden Fragebogen mithilfe Ihrer Eltern und Verwandten aus.

a. Wann sind Sie geboren (Uhrzeit)? Wo sind Sie geboren?
b. Wer war bei Ihrer Geburt anwesend? Wie lange dauerte sie?
c. Wie oft musste Ihre Mutter in der Nacht aufstehen, um Sie zu füttern/zu stillen?
d. Wurden Sie gestillt?
e. In welchem Alter konnten Sie sitzen, krabbeln, gehen?
f. Was waren Ihre ersten Worte? Welche Wortkreationen waren besonders witzig?
g. Welche Tätigkeiten machten Ihnen am meisten Spaß?
h. Sehen Sie sich Ihre Babyfotos an. Können Sie charakteristische Merkmale erkennen?

6. Erziehungssäule „emotionale Wärme als Grundbedürfnis“

Kinder bis zum Alter von zwei Jahren brauchen vor allem emotionale Wärme. Diese äußert sich in einer wohlwollenden Atmosphäre, in Form von Körperkontakt, Lächeln etc.

Erstellen Sie auf einem Plakat (oder am PC) die Erziehungssäule „emotionale Wärme“, indem Sie links die entwicklungsfördernden Maßnahmen auflisten, rechts die entwicklungshemmenden Maßnahmen („emotionale Kälte“).

emotionale Wärme

____
____
____
____

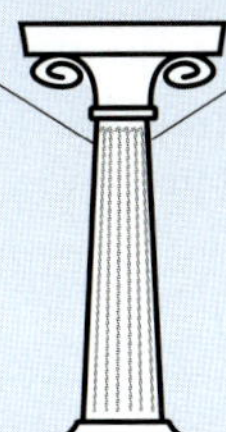

emotionale Kälte

____
____
____
____

1.2 Loslassen führt zu Autonomie (2–6 Jahre)

Voraussetzungen für ein autonomes Leben sind letztlich Urteilskraft und Entscheidungsfähigkeit.

Das Kind testet seine Eltern sowie seine Umwelt und lernt dabei, worüber es Kontrolle ausüben kann und worüber nicht. Beim Kind muss das Gefühl entstehen können: *Ich habe einen freien Willen*. Übermäßige Kontrolle durch die Eltern führt beim Kind zu anhaltenden Zweifeln über seine Fähigkeiten und zu Scham über seine Bedürfnisse. Das Gefühl der Autonomie führt in ersten Ansätzen zur Emanzipation von der Mutter. Autonomie heißt nicht, tun und lassen zu können, was man will, sondern primär Wahlmöglichkeiten zu haben und so selbstbestimmt leben zu können: die Fähigkeit, ein Leben nach eigenen Regeln, frei und verantwortlich zu führen.

Erfährt das Kind durch seine Umgebung Vertrauen und Geborgenheit, kann es Entschlusskraft entwickeln. Es kann selbstständig unbekannte Orte aufsuchen und seiner Neugier freien Lauf lassen. Die Eltern reagieren zum Teil auf den ungezügelten Forschungsdrang des Kindes dadurch, dass sie ihm die Erlaubnis versagen, bestimmte Dinge zu tun. Auf diese Weise lernt das Kind, welche Bedeutung das Wort „nein" hat. Übertritt das Kind diese Verbote, tatsächlich oder in der Vorstellung, erlebt es Schuldgefühle. Eltern oder Erzieherinnen/Erzieher, die die Initiative des Kindes – aus welchen Gründen auch immer – zu häufig hemmen, können dadurch erreichen, dass das Kind primär Schuldgefühle im Sinne von Hemmungen entwickelt. Tadeln die Eltern oder Erzieherinnen/Erzieher das Kind zu selten, kann dies dazu führen, dass sich im Kind kein voll ausgebildetes Gewissen entwickelt.

Alter/Krise	entwicklungsfördernd	entwicklungshemmend
2–6 Jahre: Autonomie, Initiative/ Zweifel, Schuld	Das Kind fühlt sich fähig, Geschehnisse zu verursachen. Vertrauen auf Initiative und Kreativität	Zweifel an eigenen Fähigkeiten fehlendes Selbstwertgefühl

Mit drei Jahren beginnt das Kind, die Eltern mit „Warum-Fragen" zu überhäufen. Das eigentliche Interesse des Kindes gilt weniger dem *Warum* einer Sache als vielmehr dem *Wozu*. Wenn das Kind fragt: *Warum fährt das Auto?*, brauchen die Eltern keine technische Erklärung über Fahrzeugkonstruktion und Motorfunktion zu liefern; es genügt die Antwort: *Damit wir Oma besuchen können*.

Mit drei Jahren ist das Kind auch fähig, sprachlich richtige Sätze hervorzubringen, die es vorher noch nie gehört hat. Diese Fähigkeit der Sprachkompetenz beruht auf einer angeborenen Veranlagung, die die Menschen befähigt, nach bestimmten (unbewussten) Regeln kreativ mit Sprache umzugehen. Wenn Sie die Möglichkeit haben, drei- oder vierjährige Kinder zu beobachten, werden Sie feststellen, dass des Öfteren ganz witzige Wortschöpfungen kreiert werden: *Ich gehte* (= *ging*) etc. Die Handhabung der Sprache ermöglicht es dem Kind auch, Gedanken über nicht gegenwärtige Gegenstände oder Ereignisse mitzuteilen.

Kinder haben aufgrund ihrer geistigen Entwicklung noch eine sehr ich-orientierte Sicht der Wirklichkeit. Alles, was nicht wirklichen Charakter hat und zeitlich weit entfernt liegt, kann vom Kind geistig nicht verarbeitet werden. Dazu Beispiele:

- *Stell dir vor, wir wären in Paris* ist eine nicht wirkliche Formulierung, mit der das Kind nichts anfangen kann. Das Kind lebt primär im Hier und Jetzt: *Jetzt gehen wir zum Baumhaus.*
- *In zwei Wochen besuchen wir Großmutter* überfordert das Kind in der Zeitantizipation. Die vom Kind verstandenen Zeitunterschiede erstrecken sich auf *vorher – jetzt – nachher: Jetzt essen wir Eis, nachher zeichnen wir das Bild fertig.*
- *Willst du Schokolade, Eis oder Kekse?* ist eine zu komplexe sprachliche Formulierung, mit der das Kind nichts anfangen kann. Grenzziehung heißt, das Kind nicht mit Vorstellungen von der Freiheit eines Erwachsenen zu überfordern. Die richtige Formulierung für das Beispiel wäre: *Jetzt gibt es Schokolade. Oder: Willst du einen Apfel oder eine Banane?*

Antizipation = Vorwegnahme

Welt der Moral

Im Alter von vier Jahren zeigen Kinder ganz deutliche Verhaltensweisen, die auf Moral hindeuten. Dreijährige bringen z. B. ihrer Mutter, wenn sie weint, ein Stofftier; sie trösten andere Kinder, wenn sie sich verletzt haben, sie teilen ihr Jausenbrot etc. Kinder verfügen über ein angeborenes Mitgefühl. Kinder im Alter von vier Jahren haben bereits ein Wissen über moralische Normen entwickelt. Die Psychologin Gertrud NUNNER-WINKLER[3] führte folgende Experimente durch: Eine Bildergeschichte wird im Kindergarten vorgelegt und erzählt. Der Held der Geschichte kommt in Versuchung, heimlich Süßigkeiten zu stehlen. Die Kinder werden gefragt: „Darf er das? Darf er das nicht? Warum?

Mitgefühl wird auch *Empathie* genannt.

[3] Vgl. Gertrud NUNNER-WINKLER, Nicht mal der liebe Gott darf andere schlagen. In: Psychologie heute 12/2000, S. 48ff.

Warum nicht?" 98 % der Kinder gaben zur Antwort, dass er das nicht darf, weil man nicht stehlen darf.
Kinder kennen also einfache moralische Normen, dass man nicht stehlen darf, dass man helfen soll, dass man die Wahrheit sagen soll etc. Auch die Begründungen der Kinder sind interessant. Sie sagen nicht: *Stehlen darf man nicht, weil man bestraft wird*, also mit unangenehmen Folgen konfrontiert wird. Selten sagen sie: *Stehlen darf man nicht, weil der andere dann traurig ist*, also aus Mitgefühl. Die meisten Kinder sagen: *Stehlen darf man nicht, weil es böse ist, weil es Diebstahl ist*. Aus der Sicht der Kinder beziehen die moralischen Normen nicht aus den Konsequenzen ihre Gültigkeit, moralische Normen haben eine verbindliche Gültigkeit.

Theory of Mind

Sich in die Gefühle und das Denken anderer hineinversetzen zu können, ist ein wesentlicher Entwicklungsschritt. Mit drei Jahren können Kinder zwischen einer physisch-materiellen und einer mentalen (vorgestellten, gedachten) Welt unterscheiden: *Einen echten Hund muss ich füttern; einen Hund, den ich mir nur vorstelle, brauche ich nicht zu füttern*.

Dreijährige können also zwischen Belebtem und Unbelebtem unterscheiden, sie sind aber noch nicht fähig, sich in die Wünsche, Vermutungen oder Überzeugungen anderer hineinzuversetzen. Folgendes Beispiel erklärt dieses Phänomen: Einem dreijährigen Kind wird eine Smarties-Schachtel gezeigt. Das Kind wird nach dem Inhalt gefragt. Nachdem das Kind geantwortet hat, es seien Smarties darin, wird die Schachtel geöffnet und das Kind sieht, dass Bleistifte in der Schachtel sind. Nun wird das Kind gefragt, was die nicht anwesende Mutter glaube, was in der Smarties-Schachtel sei. Dreijährige antworten darauf mehrheitlich falsch und sagen *Bleistifte*, während viele Sechsjährige die Frage korrekt beantworten, also berücksichtigen, dass die Mutter eine Vermutung hat (*In einer Smarties-Schachtel sind Smarties*) und entsprechend antwortet: *In der Schachtel sind Smarties*. Sechsjährige sind also fähig, sich in die Vorstellungen anderer Personen hineinzuversetzen.[4]

[4] Vgl. Werner Wicki, Entwicklungspsychologie. UTB Basics, München: Ernst Reinhardt 2010, S. 81ff.

AUFGABEN

1. Zusammenfassung
Lesen Sie Abschnitt *1.2 Loslassen führt zu Autonomie*. Fassen Sie die wichtigsten Aspekte übersichtlich zusammen.

2. Experiment
Erklären Sie entsprechend der *Theory of Mind* das folgende Experiment: Maxi und seine Mutter kommen vom Einkaufen nach Hause zurück. Maxi hilft seiner Mutter, die Einkäufe auszupacken, und legt die Schokolade in den Schrank A. Dann geht er auf den Spielplatz. Während er weg ist, nimmt seine Mutter die Schokolade aus dem Schrank A und legt sie in den Schrank B. Maxi kommt vom Spielplatz und möchte etwas Schokolade aus dem Schrank nehmen.
Nun wird das am Experiment teilnehmende Kind gefragt: „Wo wird Maxi die Schokolade suchen?" Wie wird ein dreijähriges bzw. ein sechsjähriges Kind vermutlich antworten?

3. Identitätsanamnese
Beantworten Sie die Fragen mithilfe Ihrer Eltern und Verwandten:
a. Wann haben Sie zum ersten Mal ICH gesagt?
b. Hatten Sie ein Lieblingsspielzeug? Welches war das?
c. Hatten Sie ein Haustier? Haben Sie sich darum gekümmert?
d. Wie reagierten Sie auf Verbote? Schrien Sie? Waren Sie stur? Befolgten Sie die Regeln?
e. Hatten Sie im Alter von drei Jahren Spielgefährten?
f. Haben Sie mit diesen Personen heute noch Kontakt?
g. Woran erinnern Sie sich als Allererstes? Wie alt waren Sie da?

4. Erziehungssäule „Loslassen und Grenzziehung"
Kinder im Alter von zwei bis drei Jahren brauchen als Vorbild vor allem kooperatives Verhalten. Dieses äußert sich in loslassendem Begleiten, einer maßvollen Übergabe von Verantwortung etc. Im Alter von vier bis sechs Jahren brauchen Kinder vor allem ein Verhalten, das Grenzziehungen erkennen lässt. Dieses äußert sich in Form von Regeln, Konsequenz etc.
Erstellen Sie auf einem Plakat (oder am PC) die Erziehungssäule „Loslassen und Grenzziehung", indem Sie links entwicklungsfördernde Maßnahmen („Struktur"), rechts entwicklungshemmende Maßnahmen (dirigistisches, überängstliches Verhalten bzw. „Chaos") auflisten.

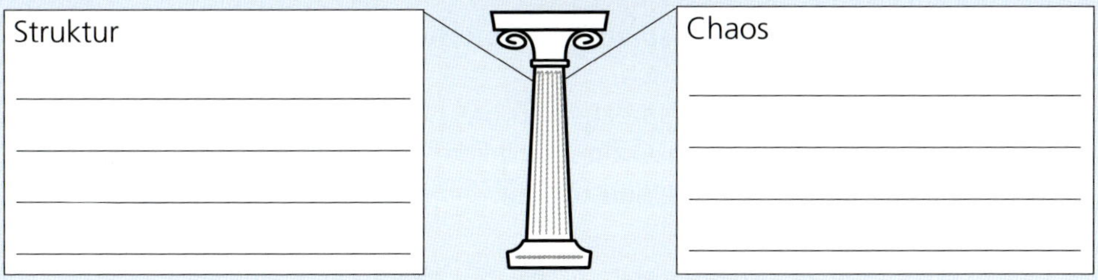

1.3 Ermutigung führt zu Kompetenz

Die Krise **Kompetenz/Minderwertigkeit** tritt während der Jahre zwischen Schulbeginn und Pubertät auf. Das Kind muss die Fähigkeit erwerben, manche Dinge gut oder sogar perfekt erledigen zu können. Eltern und Erzieherinnen/Erzieher haben während dieser Jahre die verantwortungsvolle Aufgabe, dafür zu sorgen, dass jedes Kind Erfolgserlebnisse haben kann, damit die Ausbildung eines Gefühls von Kompetenz ermöglicht wird.

Alter/Krise	entwicklungsfördernd	entwicklungshemmend
6–14 Jahre: Kompetenz/Minderwertigkeit	Vertrauen in soziale und intellektuelle Fähigkeiten	Gefühle des Versagens, Mangel an Selbstvertrauen

Mit etwa sechs Jahren entwickelt das Kind die kognitive Fähigkeit, mit konkreten Dingen logische Operationen durchzuführen. Dazu ein Beispiel: *Drei Äpfel und zwei Äpfel sind fünf Äpfel.* Diese konkrete Operation kann auch vertauscht werden: *Ein Apfel und vier Äpfel sind natürlich auch fünf Äpfel.*

Kinder mit sechs Jahren sind auch in der Lage, richtige Schlüsse zu ziehen: „Wenn jemand sich den Arm bricht, dann ist er verletzt. Stell dir vor, jemand bricht sich den Arm. Ist er verletzt?" Diese Frage beantworten die meisten Sechsjährigen korrekt.

Ebenso wenig Probleme hatten die gleichen Kinder, wenn sie gefragt wurden: „Wenn jemand sich den Arm bricht, dann ist er verletzt. Stell dir vor, jemand ist nicht verletzt. Hat er sich den Arm gebrochen?"[5]

In der Logik wird der erste Schluss *Modus ponens* genannt, der zweite *Modus tollens.*
Kinder sind also bereits mit etwa sechs Jahren zu deduktivem, schlussfolgerndem Denken fähig. Sie denken über falsche Prämissen (Voraussetzungen) nach, ziehen aus richtigen Prämissen richtige Schlüsse etc.

In dem Maß, in dem sich die kognitiven Fähigkeiten der Kinder entwickeln, werden auch die Urteile in moralischen Fragen genauer. Zehnjährigen Kindern wurde folgende Geschichte vorgelegt: Alle haben vereinbart, am nächsten Tag nach einem Fest die Klasse zu säubern. Der Held der Geschichte überlegt, nicht hinzugehen,

1. weil er lieber spielen will (Variante 1),
2. weil er auf dem Weg ein Kind trifft, das sich verirrt hat und dem er helfen will (Variante 2).

Die Kinder beurteilen die Situation sehr klar:

1. Ein Versprechen zu brechen, um sich zu vergnügen, ist moralisch falsch.
2. Ein Versprechen zu brechen, um anderen zu helfen, ist moralisch in Ordnung. In der Werteskala wird „anderen helfen" höher eingestuft als „ein Versprechen halten".

[5] Vgl. Werner WICKI, Entwicklungspsychologie. UTB Basics, München: Ernst Reinhardt 2010, S. 68–76.

AUFGABEN

1. Schlüsse prüfen

Beantworten Sie die Fragen. Stellen Sie Vermutungen an, welche der Fragen von Sechs- bis Achtjährigen richtig beantwortet werden.

a. Wenn jemand sich den Arm bricht, dann ist er verletzt. Stell dir vor, jemand ist verletzt. Hat er sich den Arm gebrochen?

b. Wenn jemand sich den Arm bricht, dann ist er verletzt. Stell dir vor, jemand hat sich den Arm nicht gebrochen. Ist er verletzt?

c. Wenn der Strom ausfällt, dann bleibt die Schule geschlossen. Der Strom fällt aus. Bleibt die Schule geschlossen?

2. Entwicklung emotionaler und sozialer Kompetenz

Emotionale Kompetenz ist die Fähigkeit, die eigenen Emotionen (Gefühle) und die Gefühle anderer wahrzunehmen sowie darüber sprechen zu können. Sozialkompetenz ist die Fähigkeit, Bedürfnisse und Interessen anderer zu erkennen und angemessen zu berücksichtigen. Ordnen Sie den Kompetenzen konkrete Beispiele zu (schriftlich, mündlich oder handlungsorientiert, z. B. mimisch).

Kompetenzen	**Beispiele**
Emotionen mimisch ausdrücken	*Angst, Ekel, Freude, Trauer, Überraschung*
Emotionen sprachlich ausdrücken	
Emotionen kontrollieren	
Fähigkeit zur Empathie	
Fähigkeit zur Kooperation	
Übernahme von Verantwortung	

3. Erziehungssäule „Wertschätzung"

Kinder im Alter von sechs bis 14 Jahren brauchen vor allem Achtung. Diese äußert sich in Anerkennung, Wertschätzung etc. Erstellen Sie auf einem Plakat (oder am PC) die Erziehungssäule „Wertschätzung", indem Sie links die entwicklungsfördernden Maßnahmen („Achtung"), rechts entwicklungshemmende Maßnahmen („Missachtung") auflisten.

Achtung

____

____

____

____

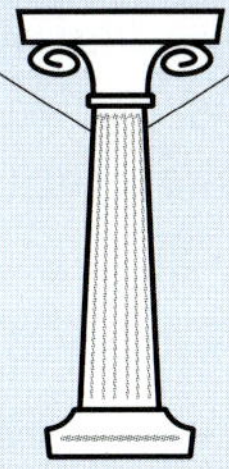

Missachtung

____

____

____

____

1.4 Abgrenzungen und Beziehungen

Jungen werden zu Männern und Mädchen zu Frauen, und es ist gar nicht anders möglich, als dass Jugendliche sich verwirrt, befremdet und vereinsamt fühlen. Physische und hormonelle Veränderungen führen dazu, dass sexuelle Kräfte häufig andere Ansprüche in den Hintergrund drängen. Das zentrale Problem dieser Periode ist die Ausbildung eines Identitätsgefühls. Über die Identität, die die/der Jugendliche anstrebt, soll geklärt werden, wer sie/er ist, welche Rolle sie/er in der Gesellschaft zu übernehmen hat. Erwerben die Jugendlichen das, was dazu erforderlich ist, um eines Tages als Erwachsene die entsprechenden Rollen in Beziehungen, Familie und Gesellschaft einzunehmen?

Das Unvermögen, all diese Rollen und Erwartungen zu verstehen und in das eigene Selbst zu integrieren, führt zur Verwirrung. Ein Misserfolg bei der Lösung dieser Krise hat zur Folge, dass sich die Zeit des Erwachsenwerdens ausdehnt, dass sich die entsprechende Person nicht angemessen verhält, dass sie die Rolle des Erwachsenen übernimmt, ohne über eine eigene Persönlichkeit zu verfügen. Die Phase der Pubertät ist für die Identitätsfindung besonders wichtig.

Alter/Krise	entwicklungsfördernd	entwicklungshemmend
14–20 Jahre: Identität/Verwirrung	Fähigkeit zur geschlechtlichen Identität; Fähigkeit zu Nähe, Bindung und Vertrautheit	schwankendes Selbstbewusstsein; mangelnde Beziehungsfähigkeit

Pubertät kommt vom lateinischen Wort *pubes* = *Schamhaar*.

Menstruation ist die Regelblutung, die etwa alle 28 Tage periodisch wiederkehrt.
Es gibt Kulturen, in denen sogenannte „rote Feste" gefeiert werden – Mädchen werden nach der ersten Regelblutung in die Gemeinschaft der Frauen aufgenommen.

In der intensiven Wachstumsphase (zwischen elf und 16 Jahren) können Buben pro Jahr zehn Zentimeter wachsen, bei Mädchen kann sich das Körpergewicht innerhalb von drei Jahren verdoppeln, die Größe um 25% zunehmen. Das äußere Erscheinungsbild ändert sich innerhalb kurzer Zeit erheblich. Viel gravierender wird aber der Wandel, der durch das Einsetzen der Geschlechtshormone hervorgerufen wird, erlebt: Sekundäre Geschlechtsmerkmale beginnen sich auszuformen (Brüste, breitere Hüften, erster Bartwuchs), die Stimme verändert sich, mit Akne muss man umzugehen lernen. Mädchen haben ihre erste Menstruation, die in unserem Kulturkreis noch immer teilweise als Einschränkung betrachtet und tabuisiert wird.[6]

[6] Vgl. Roswitha SPALLEK, Pubertät – Konflikte verstehen, Lösungen finden, Chancen erkennen. Stuttgart: Kreuz 2001.

Hand in Hand mit den Veränderungen im Aussehen und den hormonellen Veränderungen rücken für die 14- und 15-Jährigen neue Fragen ins Zentrum ihres Interesses: *Wo will ich eigentlich hin? In welche Richtung bewege ich mich?* Selbstfindung wird zum übergeordneten Thema:[7]

Selbstfindung

- Jugendliche beginnen sich abzugrenzen, sie möchten ihre eigene Welt aufbauen. Um ihr eigenes Ego (= Ich) formen zu können, brauchen sie auch Geheimnisse.

Geheimnisse

- Es ist eine Tatsache, dass Pubertierende sehr stark Nähe – auch zu ihren Eltern – suchen; genauso ist es eine Tatsache, dass sie vor den Eltern Geheimnisse haben und sich zurückziehen. Die Situation ist für Eltern und Jugendliche schwierig, aber lösbar, nämlich durch *Fragen stellen und keine Antworten erwarten*:

Durch Fragen Interesse zeigen

> Das Wichtigste in dieser Lebensphase ist, dass Eltern einerseits die Grenzen der Jugendlichen akzeptieren, andererseits sich aber nicht zurückziehen dürfen und nach wie vor Interesse zeigen sollen. Auch wenn die Jugendlichen nicht reden wollen, sollten Eltern immer wieder fragen: „Wie geht es dir?“ Alleine die Tatsache, dass Fragen gestellt werden, zeigt Jugendlichen, dass man sich für sie interessiert. Viele Jugendliche fühlen sich verlassen, weil Eltern sich häufig zurückziehen und aufgehört haben zu fragen.[8]

Hohe Ideale und Sehnsüchte

- Die wichtigsten Wünsche der Pubertierenden sind Akzeptanz, Anerkennung und die Sehnsucht nach Sicherheit. Der Wunsch nach Anerkennung zeigt sich beispielsweise in Träumen (man träumt davon, ein Star zu sein); der Wunsch nach Sicherheit zeigt sich beispielsweise daran, dass heutige Jugendliche nicht gerne von zu Hause ausziehen, Abenteuerreisen wie Interrail eher meiden.

Bedürfnis nach Abgrenzung

- Das Bedürfnis nach Abgrenzung von der Welt der Erwachsenen zeigt sich in Kleidung, Musikgeschmack, Tattoos und Ähnlichem.
- Gelingen die Abgrenzungsversuche nicht, erfährt die/der Jugendliche zu wenig Akzeptanz, *Resignation* kann die Folge sein. Resignation zeigt sich beispielsweise in Drogenkonsum, Schulverweigerung, depressiven Verstimmungen, Essstörungen.

Liebeskummer

- Liebeskummer ist in diesem Alter häufig, aber schnell vergänglich. Liebeskummer hilft beim Erlernen der *Trauerphase*. Nach einer bestimmten Zeit von Einigeln und Abkapseln ist dann *alles wieder in Ordnung*.

[7] Vgl. Christiane TRAMITZ, Kindergeheimnisse. Die verborgenen Welten der Elf- bis Achtzehnjährigen, München: Droemer Knaur 2003.

[8] Katrin BRENNER im Gespräch mit Christiane TRAMITZ, Die Normalität des Chaos entdecken, Psychologie heute 12/2003, S. 45.

Identität

Junge Erwachsene konnten produktiv werden, ihre Kreativität der Gesellschaft anbieten, Verantwortung übernehmen.

Das Wort *Identität* bedeutet etwa, mit sich selbst in Einklang zu sein. Der Psychologe Erik H. ERIKSON (1902–1994) verstand unter Identität ein Gefühl von innerer Stabilität und äußerer Ruhe. Mit Beginn des frühen Erwachsenenalters waren viele Lebensstationen durchwandert: Kindergarten, Schulzeit, Matura oder Ausbildung, Beruf, Familiengründung. Äußere Ruhe kehrte ein, innere Stabilität war gewonnen. Vor 50 Jahren stimmte die Analyse von ERIKSON: Solide gesellschaftliche Rahmenbedingungen erleichterten den jungen Menschen eine stabile Bindung zu sich selbst.

Die gesellschaftlichen und politischen Rahmenbedingungen haben sich in den letzten 50 Jahren gravierend geändert:

Stress durch Veränderung

- Geschwindigkeit der Veränderung: Je häufiger und je schneller man sich an veränderte Situationen anpassen muss, umso mehr Stress erlebt man, umso unübersichtlicher werden Lebenssituationen.

Stress durch Informationsflut

- Informationsflut: Angesichts der Informationsflut fühlen wir uns überfordert, inkompetent. Täglich werden neue Reformen verkündet, neue Hypothesen stellen alte Orientierungen auf den Kopf, ein Kürzel jagt das andere, nicht einmal das Wichtigste kann verarbeitet werden.

Stress durch überhöhte Erwartungen

- Enttäuschungen: Alles, was bisher für sicher gehalten wurde (Wohlstand, permanentes Wachstum, steigende Berufschancen), ist zumindest infrage gestellt – der Wohlstand hat eine Grenze erreicht, der Friede ist durch terroristischen Wahnsinn bedroht, Sozialsysteme beginnen zu kriseln, staatliche Hilfsmaßnahmen werden abgebaut, die Arbeitslosigkeit nimmt zu.

In einem solchen Umfeld ist es nicht einfach, Fragen wie „Wer bin ich? Was ist der Sinn meines Lebens? Wo ist mein Platz in der Gesellschaft?" zu beantworten. Identitätsfindung in unserer Zeit kann also nicht mehr an äußeren Orientierungspunkten wie gesellschaftlichen und religiösen Ankerplätzen fixiert werden.[9]

1. Mit sich selbst ins Gespräch kommen: Versuchen Sie, Ihre ganz persönliche Seite kennenzulernen, indem Sie mit Ihren Eltern und Verwandten über sich reden: Was habe ich früher gemacht? Inwiefern haben sich meine Einstellungen verändert?

[9] Literaturhinweis: Ursula NUBER, Die neue Leichtigkeit des Seins. Wege aus dem Alltagsblues, Frankfurt am Main: Scherz 2003.

2. Ruhe suchen: Um Orientierungspunkte selbstständig zu finden, brauchen Sie Phasen der Ruhe. Die einen finden Ruhe, indem sie wandern, spazieren gehen, Sport treiben; die anderen finden Ruhe, indem sie lesen, religiöse Feste besuchen, meditieren.
3. Sich abgrenzen: Entscheiden Sie sich bewusst dafür, diese oder jene modische Neuerung nicht mitzumachen, auf diese oder jene Information zu verzichten, diese oder jene In-Sportart nicht zu betreiben.
4. Bindungen pflegen: Bindungen sind für die Identitätsentwicklung konstitutiv (= grundlegend). Solche Bindungen können sich in Bezug auf Menschen (Freundinnen/Freunde) zeigen, in Bezug auf Werthaltungen, in Bezug auf Handlungen (Engagement, Arbeit).

Remo H. Largo (geb. 1943) sieht in der Veränderung des Bindungsverhaltens den entscheidenden Schritt zum Erwachsenwerden.

> In der Pubertät löst sich die Bindung des Kindes an die Eltern weitgehend auf. Damit ist der junge Erwachsene emotional unabhängig und kann eine Partnerschaft eingehen, sich fortpflanzen und eine eigene Familie gründen. Der Jugendliche wird durch die Ablösung von den Eltern emotional nicht autonom. Er muss nun die emotionale Sicherheit, die er bisher von den Eltern bekommen hat, bei den Gleichaltrigen und in einer Partnerschaft finden.
> Die meisten Jugendlichen durchlaufen in Cliquen verschiedene Etappen der sozialen Integration: gleichgeschlechtliche Gruppen, gemischte Gruppen und schließlich Paarbeziehungen. Das Schlimmste, was einem Jugendlichen passieren kann, ist, keine Freunde zu haben und sich allein zu fühlen.[10]

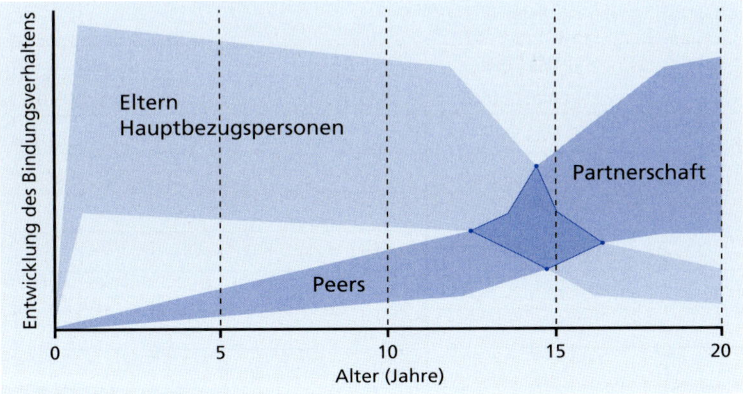

[10] Remo H. Largo/Monika Czernin, Jugendjahre: Kinder durch die Pubertät begleiten, München: Piper 2013, S. 95. Grafik adaptiert nach Remo H. Largo, Lernen geht anders. Bildung und Erziehung vom Kind her denken, München: Piper 2014, S. 96a.

AUFGABEN

1. Zusammenfassung

Lesen Sie Abschnitt *1.4 Abgrenzungen und Beziehungen*. Fassen Sie die wichtigsten Aspekte übersichtlich zusammen.

2. Entwicklungsaufgaben

Ordnen Sie die angeführten Entwicklungsaufgaben passend zu:[11]
lernen, mit Altersgenossen zurechtzukommen; Übernahme der Geschlechterrolle; emotionale Unabhängigkeit von den Eltern; Vorbereitung auf die berufliche Karriere; Entwicklung von Denkschemata, die für das Alltagsleben nötig sind; Entwicklung von Gewissen und Werthaltungen; sozial verantwortliches Verhalten erreichen; Entwicklung persönlicher Unabhängigkeit

Mittlere Kindheit (6–12 Jahre)	Adoleszenz (12–18 Jahre)

3. Typisch ICH

Was ist typisch für Sie? Betrachten Sie drei Fotos von Ihnen: ein Babyfoto, ein Foto aus der Volksschulzeit und ein aktuelles Foto. Gestalten Sie das Gesicht mit dem, was für Sie typisch ist.

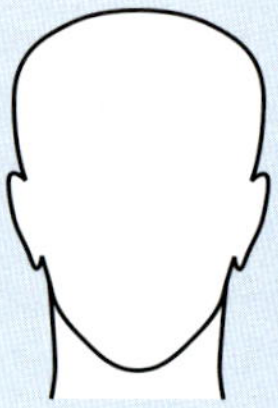

4. Lebensziele

Wer war ich? Wer bin ich? Wer möchte ich sein?

	Rückblick (Volksschule)	Gegenwart	Zukunft (mit 25 Jahren)
Lieblingsspielzeug			
Lieblingstier			
Einstellung zur Schule			
Vorbilder			
Einstellung zu Verboten			
größter Wunsch			
Angst vor			

[11] Vgl. Rolf Oerter/Leo Montada (Hg.), Entwicklungspsychologie, Weinheim: Beltz 2008, S. 270.

5. Rollenspiel
Spielen Sie eine typische Konfliktsituation „Eltern – Kind", z. B.: *am Abend weggehen.*

6. Typische Elternsprüche
Erstellen Sie ein Plakat mit typischen Elternsprüchen (z. B.: *Solange du deine Füße unter meinen Tisch …*).

7. Sprechen und Zuhören
Sprechen Sie 30 Sekunden lang über Ihre positiven Eigenschaften, 30 Sekunden lang über Ihre negativen Eigenschaften mit einer selbst gewählten Person, die Sie nur ansieht und Ihnen ohne jegliche Reaktion zuhört, gewissermaßen nur Zeugin oder Zeuge ist.
Nach einer kurzen Reflexion (Besprechung) erfolgt der Rollenwechsel.

8. Identitätsfragebogen
Stellen Sie Ihrer Partnerin/Ihrem Partner die folgenden Fragen und notieren Sie die Antworten. Nach einer kurzen Pause tauschen Sie die Rollen.

	Tätigkeiten etc.	Von wem beeinflusst?
Hobbys		
Lieblingsessen		
Lieblingsmusik		
Lieblingsbücher		
Lieblingskleidung		
Lieblingsfächer in der Schule		
Vorbilder (berühmte Personen)		
Berufswunsch		
Wie möchte ich einmal wohnen?		

9. Bedürfnisse – was brauche ich wirklich?

sehr wichtig = 3/wichtig = 2/unwichtig = 1			
Musik hören		Freundschaft	
saubere Dusche		Essen	
Schulbildung		Urlaub	
Fernsehen		eigenes Zimmer	
Sport		Handy	

1.5 Jugendphase aus rechtlicher Sicht

In Österreich ist der Jugendschutz nicht einheitlich geregelt. Alle neun Bundesländer haben eigene Jugendschutzgesetze. Für Kinder und Jugendliche gilt immer das Gesetz jenes Bundeslandes, in dem sie sich gerade aufhalten.[12] Hier folgt eine kurze Übersicht zu den Regelungen, die in allen Bundesländern gelten.[13]

Heilbehandlung	ab 14. Lebensjahr	Jugendliche können einer Behandlung rechtsgültig zustimmen, sobald sie aufgrund ihrer geistigen Reife die Notwendigkeit und die Folgen einer Behandlung abschätzen können.
beschränkte Geschäftsfähigkeit	ab 14. Lebensjahr	Jugendliche können in Form von Lehre, Ferialjob oder Taschengeld über eigenes Einkommen verfügen. Alterstypische Geschäfte (z. B. Kauf einer CD) sind erlaubt. Alle anderen Geschäfte werden jeweils erst dann gültig, wenn ein Elternteil diesen zustimmt.
Religionsbekenntnis	ab 14. Lebensjahr	Jugendliche können selbstständig einer Religionsgemeinschaft beitreten oder aus dieser austreten; sie können sich selbst vom schulischen Religionsunterricht abmelden.
Wahlrecht	ab 16. Lebensjahr	Jugendliche sind bei den Wahlen zum Nationalrat, zum Landtag, zu den Gemeinderäten, zum Europäischen Parlament sowie bei der Wahl der Bundespräsidentin/des Bundespräsidenten wahlberechtigt.
strafrechtliche Verantwortung	ab 14. Lebensjahr	Bis zum 14. Geburtstag können Kinder wegen begangener Gesetzesübertretungen nicht zur Verantwortung gezogen werden. Das Jugendstrafrecht sieht wesentlich geringere Strafen vor als bei Erwachsenen.
Volljährigkeit	ab 18. Lebensjahr	Die Verantwortung der Eltern für Erziehung sowie ihre Befugnis zur Verwaltung des Vermögens ihrer Kinder sowie rechtlichen Vertretung ist beendet.

[12] Detaillierte Informationen findet man unter https://www.help.gv.at/Portal.Node/hlpd/public/content/174/Seite.1740000.html (13. 2. 2017).

[13] Vgl. Martina STAFFE-HANACEK, Was Jugendliche aus rechtlicher Sicht dürfen. In: https://www.eltern-bildung.at/expertenstimme/265/was-jugendlicheduerfen/was-jugendliche-aus-rechtlicher-sicht-duerfen/(30. 5. 2015).

1.6 Erwachsen sein

Die Krise *Produktivität/Stagnation* ist die Krise des Erwachsenenalters. Mit Produktivität ist Kreativität, Effektivität und das Interesse, die Entwicklung der nächsten Generation mitzubestimmen, gemeint. Produktivität meint auch, dass man für das, was in der Umwelt vorhanden ist, verantwortlich ist, indem man dafür Sorge trägt. Ohne Gelegenheit, produktiv zu agieren, leidet der oder die Erwachsene unter Langeweile, Apathie und unter dem Gefühl der Stagnation.

Die Krise *Integrität/Verzweiflung* tritt im Alter auf. Die Persönlichkeit eines Menschen ist dann voll integriert, wenn er im Laufe seiner Entwicklung seine einmalige Chance, auf der Erde zu leben, und die für ihn wichtigen Menschen akzeptiert. Die Menschen und die Ereignisse müssen so genommen werden, wie sie sind: „Ich bin, was ich bin!" Die Verantwortung dafür, was man ist, liegt bei einem selbst. Auf dieser Stufe kann man in den Besitz von Würde kommen. Entwickeln sich jedoch auf der anderen Seite Verzweiflung oder Unzufriedenheit mit sich selbst und mit dem, was man vollbracht hat, so kann dies zu einem sorgenvollen, enttäuschenden Ende des Lebenszyklus führen.

Alter/Krise	entwicklungsfördernd	entwicklungshemmend
Erwachsenenalter: Produktivität/Stagnation	Interesse an Familie, zukünftigen Generationen und Gesellschaft	nur selbstbezogene Interessen; fehlende Zukunftsorientierung
höheres Alter: Integrität/Verzweiflung	grundlegendes Gefühl der Zufriedenheit	grundlegendes Gefühl der Enttäuschung; Gefühl, vieles versäumt zu haben

AUFGABE

Bilden Sie vier Gruppen. Sammeln Sie in der Gruppe Argumente für den jeweiligen Lebensstil. Notieren Sie die Argumente. Ein Gruppenmitglied stellt den Lebensstil und die gesammelten Argumente in einer Podiumsdiskussion vor.

- Gruppe 1 – Erfolgsorientierte: Erfolg/Karriere ist wichtig, gesellschaftliche Verantwortung ist unwichtig; sie sind an Neuem und Markenprodukten interessiert.
- Gruppe 2 – Wertschätzende: Sie setzen sich für andere ein, Umwelt ist ihnen wichtig; sie suchen ein konfliktfreies Miteinander, Konsum ist für sie nicht wichtig.
- Gruppe 3 – Konformistinnen/Konformisten: Familiengründung, Teilnahme am Kulturleben und politische Partizipation sind ihnen wichtig.
- Gruppe 4 – Hedonistinnen/Hedonisten: Verantwortung und Bildung sind ihnen unwichtig; sie genießen das Leben im Hier und Jetzt, sind spontane Konsumentinnen/Konsumenten.

2 Moralische Entwicklung

Sehr bald lernen Kleinkinder, zwischen Gut und Böse zu unterscheiden; durch Beobachtung von Bezugspersonen erhalten sie eine Orientierung, was in einer Gesellschaft als richtig oder falsch angesehen wird. Manche Forscherinnen/Forscher gehen davon aus, dass die Disposition (Fähigkeit) zur Moral angeboren sei. Gesichert ist jedenfalls, dass vierjährige Kinder zwischen unmoralischem Verhalten (Stehlen, Lügen etc.) und Verstößen gegen Konventionen (Tischmanieren etc.) unterscheiden können. Die wichtigste Theorie zur Moralentwicklung stammt vom amerikanischen Sozialpsychologen Lawrence KOHLBERG (1927–1987). KOHLBERG legte seinen Versuchspersonen *moralische Dilemmata* vor. Die bekannteste Geschichte ist das sogenannte Heinz-Dilemma.

LAWRENCE KOHLBERG

Ein Dilemma (Plural: Dilemmata) ist eine fiktive (erfundene) Geschichte, die eine moralische Problemstellung beinhaltet und von der befragten Person eine Entscheidung zwischen zwei moralischen Werten oder Normen fordert.

Eine Frau leidet an einem Krebs und ist dem Tod nahe. Ein Apotheker hat ein sehr wirksames Mittel gegen diese Krankheit entwickelt. Das Medikament kann aber nur vom Erfinder, dem Apotheker, verkauft werden, der eine Unsumme für eine kleine Dosis verlangt. Heinz, der Ehemann der Kranken, sammelt Geld unter seinen Freundinnen und Freunden und versucht, mit dem Apotheker zu verhandeln. Als alle Bemühungen ohne Erfolg bleiben, bricht er in die Apotheke ein, um das Mittel für seine Frau zu stehlen.[14]

Anschließend werden die Versuchspersonen gefragt: *Soll Heinz das Medikament stehlen? Warum? Warum nicht? Was ist schlimmer: etwas stehlen oder jemanden sterben lassen? Soll Heinz das Medikament auch stehlen, wenn er seine Frau nicht liebt? Sollte er das Medikament auch für einen Freund stehlen?*

Aufgrund der Antworten und vor allem der Begründungen unterscheidet KOHLBERG drei Hauptniveaus, die er jeweils in zwei Stufen unterteilt:

Präkonventionelles Niveau	1. Stufe: Strafvermeidung durch Gehorsam 2. Stufe: Bedürfnisbefriedigung durch Austausch
Konventionelles Niveau	3. Stufe: Anerkennung durch Familie 4. Stufe: Gesetz und Ordnung
Postkonventionelles Niveau	5. Stufe: Konsensfindung zum allgemeinen Nutzen 6. Stufe: universale ethische Prinzipien

14 Vgl. Lawrence KOHLBERG, Die Psychologie der Moralentwicklung, Frankfurt am Main: 1996, S. 65.

Präkonventionelles Niveau

Stufe 1 ist gekennzeichnet durch einen Gehorsam gegenüber Regeln und Autoritäten. Ziel ist es, Strafe zu vermeiden. Ob eine Handlung als gut oder schlecht beurteilt wird, hängt von den Konsequenzen ab: *Werde ich gelobt oder werde ich bestraft?*
Stufe 2 ist auf Austauschbeziehungen ausgerichtet: „Wie du mir, so ich dir!" Regeln werden eingehalten, weil sie unmittelbar den eigenen Bedürfnissen dienen. Teilweise wird erkannt, dass andere auch Bedürfnisse haben und ein fairer Austausch möglich ist: *Wenn ich anderen helfe, bekomme ich später auch etwas zurück.*

Präkonventionell
Die meisten Kinder unter zehn Jahren, einige Jugendliche und Erwachsene sind diesem Niveau zuzuordnen.

Egozentrische, individualistische Perspektive

Konventionelles Niveau

Stufe 3 ist charakterisiert durch eine Orientierung an personengebundener Zustimmung. Richtiges Verhalten ist, was anderen (vor allem den Eltern) gefällt und ihre Zustimmung findet. Gut ist z. B., ein braves Kind zu sein, sich um andere Menschen und deren Gefühle zu kümmern, Regeln und Erwartungen zu befolgen: *Sei ein tapferer Junge/ein nettes Mädchen!* Gut bzw. gerecht sind von der Gruppe akzeptierte Handlungen, die zu harmonischen sozialen Beziehungen beitragen.
In *Stufe 4* ist es wichtig, seinen Verpflichtungen in der Gesellschaft nachzukommen. Richtiges Verhalten heißt, seine Pflicht zu tun und Autoritäten zu akzeptieren. Die Erhaltung von Recht und Ordnung ist entscheidend, um das Funktionieren der Gesellschaft zu gewährleisten. Pflichterfüllung und Respekt vor Autoritäten bestimmen die moralischen Urteile.

Konventionell
Die meisten Jugendlichen und Erwachsenen sind diesem Niveau zuzurechnen.

Gemeinsame Interessen haben gegenüber individuellen Interessen Vorrang.

Postkonventionelles Niveau

In *Stufe 5* werden grundlegende Werte wie Menschenrechte, Freiheit und Recht auf Leben als verbindlich angesehen, weil sich die Gesellschaft in einem Diskurs (Dialog, Gespräch) darauf geeinigt hat. Diese Rechte sind zu schützen, Konsensfindung ist wichtig.
Stufe 6 ist die Stufe universal ethischer Prinzipien. Die Orientierung erfolgt an universal gültigen Prinzipien, denen die gesamte Menschheit folgen sollte. Ein solches Handeln ist beispielsweise im kategorischen Imperativ von Immanuel KANT formuliert: *Handle nach der Maxime* (dem subjektiven Grundsatz), *von der du wollen kannst, dass sie allgemeines Gesetz wird.*[15]

Postkonventionell
Einige (ältere) Jugendliche und einige Erwachsene erreichen dieses Niveau.

Fundamentale Werte wie Menschenrechte oder das Recht auf Leben haben Vorrang gegenüber Gruppeninteressen.

[15] Vgl. Lawrence KOHLBERG, Die Psychologie der Moralentwicklung, Frankfurt am Main: 1996; Dagmar FENNER, Ethik. UTB Basics, Tübingen: A. Francke 2008, S. 174–177.

AUFGABEN

1. Zuordnung

Ordnen Sie die folgenden Behauptungen einem moralischen Niveau bzw. einer moralischen Stufe zu. Begründen Sie Ihre Zuordnung.

a. Gut ist, was der Realisierung der Menschenrechte dient.
b. Gut ist, was den Erwartungen meiner Eltern entspricht.
c. Gut ist, was Vorteile bringt und Nachteile vermeidet.
d. Gut ist, wenn die von der Gesellschaft aufgetragenen Pflichten erfüllt werden.
e. Gut ist, was für alle zu jeder Zeit gelten kann.
f. Gut ist, was gelobt wird.

2. Argumente zum Heinz-Dilemma

Die folgenden Statements beziehen sich auf das Heinz-Dilemma. Ordnen Sie die Statements dem entsprechenden Niveau (eventuell auch der moralischen Stufe) zu.

a. Heinz sollte das Medikament stehlen, um das Leben seiner Frau zu retten, auch wenn er dafür ins Gefängnis kommt. Er hätte immer noch seine Frau. Er sollte die Medizin aber nicht stehlen, wenn er seine Frau nicht liebt.
b. Für einen Freund sollte er es nicht stehlen; da wäre er im Gefängnis, während sein Freund gesund und frei sein würde.
c. Wenn man heiratet, verspricht man, seine Frau zu lieben. Die Ehe ist nicht nur Liebe, sie ist auch eine Verpflichtung, genau wie ein Vertrag. Also muss man entsprechend handeln.
d. Der Ehemann ist niemals verpflichtet, die Medizin zu stehlen; er ist verpflichtet, alles zu tun, was innerhalb der Grenzen des Gesetzes steht, damit es seiner Frau besser geht.
e. Sollte der Ehemann die Medizin stehlen, um seine Frau zu retten? Ja. Das menschliche Leben hat Vorrang gegenüber jeder moralischen oder gesetzlichen Norm. Menschliches Leben ist ein Wert in sich selbst, ob es nun von jemandem besonders eingeschätzt wird oder nicht. Menschliches Leben ist ein höherer Wert als der Schutz des Eigentums.
f. Heinz sollte das Medikament nicht stehlen, um einen guten Eindruck in der Gemeinschaft zu hinterlassen.
g. Heinz sollte das Medikament nicht stehlen, da er dafür ins Gefängnis kommen kann und von der Richterin/vom Richter getadelt wird.
h. Heinz sollte das Medikament nur dann stehlen, wenn seine Frau eine bedeutende Persönlichkeit ist.
i. Heinz sollte das Medikament stehlen, weil seine Frau ihm eines Tages auch einen Gefallen tun könnte.
j. Man sollte das Gesetz achten, denn der Respekt vor dem Gesetz würde zerstört, wenn die Bürgerinnen und Bürger meinten, sie könnten jederzeit Gesetze brechen, wenn sie nicht mit ihnen übereinstimmen.

3. Formulierung von Argumenten

Formulieren Sie schriftlich Ihre Argumente zum Heinz-Dilemma.

4. Dilemma

Als die junge Medizinerin Frau Dr. Seeger ihren Turnus im Krankenhaus begann, wusste sie, dass die Entnahme von Organen oder Hauttransplantaten von Toten, die sich im Widerspruchsregister beim Österreichischen Bundesinstitut für Gesundheitswesen eingetragen haben, illegal ist. Außerdem würde eine solche Entnahme auch ihre religiösen Überzeugungen verletzen. In der Praxis erkannte sie jedoch sehr schnell, dass es im Krankenhaus Engpässe gibt, besonders dann, wenn Menschen mit schwersten Hautverletzungen mit Transplantaten versorgt werden müssen. Eines Tages teilt ihr der Chefarzt mit: „Das Team benötigt sofort Hauttransplantat für eine Notoperation." Frau Dr. Seeger soll in die Pathologie gehen und einem Verstorbenen, der im Widerspruchsregister eingetragen ist, Haut entnehmen. Sie darf jedoch mit niemandem darüber sprechen. Was soll Frau Dr. Seeger tun?

a. Sammeln Sie Pro-Argumente: Frau Dr. Seeger soll dem Verstorbenen Haut entnehmen.

____

____

b. Sammeln Sie Kontra-Argumente: Frau Dr. Seeger soll dem Verstorbenen nicht Haut entnehmen.

____

____

c. Versuchen Sie, Ihre Argumente den Niveaus bzw. den Stufen nach Kohlberg zuzuordnen.

5. Argumente aus dem alltäglichen Sprachgebrauch

Ordnen Sie die folgenden Aussagen dem entsprechenden moralischen Niveau nach Kohlberg zu.

a. Wenn das alle täten, würde unser Gemeinwesen nicht mehr funktionieren.
b. Das ist illegal, daher darf man es auch nicht machen.
c. Es ist mir egal, was andere sagen; Hauptsache, ich werde nicht erwischt.
d. Wenn ich das nicht mache, dann macht es ein anderer, und dann hat der den Vorteil.
e. Was „normal" ist, ist noch lange nicht richtig.

6. Wiederholung

Fassen Sie wichtige Aspekte zur moralischen Entwicklung aus den bisherigen Abschnitten zusammen:

- Angeborene moralische Verhaltensweisen, S. 14f.
- Experimente, S. 42
- Entwicklungspsychologische Aspekte, S. 49f.

3 Gewissen

Im Griechischen und Lateinischen heißt Gewissen *Mit-Wissen.* Gemeint ist damit ein Wissen um sich selbst, d. h.: Durch das Gewissen ist der Mensch ein „Mitwisser" in seinem Denken und Tun.

Griechisch: *syneídesis*
Lateinisch: *conscientia*

Der Begriff *Gewissen* beschreibt die Fähigkeit eines Menschen, moralische Handlungen beurteilen zu können. Das Gewissen ist eine im menschlichen Geist verankerte Instanz, die für die Unterscheidung zwischen „gut" und „böse", „richtig" und „falsch" etc. hilfreich sein kann. Es handelt sich um eine persönliche Überzeugung, die das eigene Handeln mehr oder weniger stark bestimmt. Das Gewissen ist jedoch keine zuverlässige Instanz, es meldet sich manchmal gar nicht, manchmal zu spät, manchmal bleiben sogenannte Gewissensbisse oder das schlechte Gewissen zurück, ohne dass man weiß, wie man eigentlich richtig handeln sollte.

3.1 Wesen des Gewissens

Das Gewissen ist kein Organ, wie z. B. das Herz, das man sehen kann; das Gewissen ist auch kein Enzym, das sich durch Labortests feststellen lässt. Das Gewissen ist ein metaphorischer (bildhafter) Begriff, der für die Beurteilung von persönlichen Handlungsweisen herangezogen wird.

- *Ich habe ein schlechtes Gewissen.*
- *Ich pfeife auf das Gewissen.*
- *Die Geschwister Scholl sind für ihr Gewissen gestorben.*

Die innere Stimme

Sokrates (469–399 v. Chr.)

In der Geschichte der Philosophie haben sich viele bedeutende Denker mit dem Phänomen des Gewissens auseinandergesetzt. Der griechische Philosoph Sokrates bezeichnet das Gewissen als *Daimonion*, als *innere Stimme.* Sokrates verließ sich auf eine Intuition, auf ein Gefühl: Jedes Mal, wenn er sich entschied, etwas zu tun, und sich diese innere Stimme nicht meldete, wusste Sokrates, dass diese Handlung richtig sein werde. So war es auch bei seiner Entscheidung, nicht aus dem Gefängnis zu fliehen. Sokrates war wegen Gottlosigkeit und Jugendverführung von athenischen Richtern zum Tod verurteilt worden. Während seines Gefängnisaufenthalts hatte er die Möglichkeit, mithilfe von Freunden zu fliehen, Athen zu verlassen und sein Leben in einer anderen Stadt zu verbringen. Sokrates dachte über die Möglichkeit der Flucht nach, kam jedoch zu dem Schluss, dass er aus moralischen Gründen nicht fliehen dürfe: Er würde nämlich die demokratischen Gesetze der Stadt Athen verletzen. Zudem meldete sich die innere Stimme niemals zu Wort, weshalb Sokrates sicher war, dass seine Entscheidung, nicht zu fliehen, richtig war.

SOKRATES war fähig, einen Dialog mit sich selbst zu führen, er verstand unter dem Gewissen eine Art Gespür, das ihn vor falschen Handlungen warnte, das ihm aber nicht sagte, wie er handeln sollte. Dafür musste er sich seines Verstandes bedienen.

Gewissen als Gefühl und Intuition, das vor der Handlung mahnend einschreitet und zu nochmaligem Denken motiviert

Die absolute Instanz

Der römische Philosoph SENECA (4 v. Chr. – 65 n. Chr.) charakterisierte das Gewissen als *Gott im Menschen*. Das Gewissen ist gleichsam ein Wächter in uns, das uns vor dem Bösen schützt. Jeder Mensch hat von Geburt an Anteil an diesem „Gott", er muss sich jedoch ständig bemühen, das von der Natur Mitgegebene zur Entfaltung zu bringen.

In der stoischen Philosophie wird dieser „Gott" *Logos = umfassendes Weltprinzip* genannt.

Für den Apostel PAULUS war das Gewissen ein Wissen um das eigene Verhalten gegenüber dem Willen Gottes. Es ist bei Entscheidungen die letzte Instanz für den Menschen, auch dann, wenn er irrt.

Gewissen als absolute Instanz für Entscheidungen

Der drohende Schatten

Der deutsche Philosoph Immanuel KANT (1724–1804) ging davon aus, dass jeder Mensch von Natur aus ein Gewissen in sich hat. Manche Menschen halten sich jedoch nicht an das Urteil ihres Gewissens. Jeder Mensch hat ein Gewissen und findet sich durch einen inneren Richter beobachtet und bedroht. Diese über die Gesetze in ihm wachende Gewalt ist nicht etwas, was der Mensch sich selbst willkürlich macht, sondern ist seinem Wesen einverleibt. Es folgt ihm wie sein Schatten, wenn er zu entfliehen gedenkt. Er kann sich zwar durch Lüste und Zerstreuungen betäuben oder in *Schlaf* versetzen, es aber nicht vermeiden, dann und wann zu sich selbst zu kommen oder zu erwachen und die furchtbare Stimme des Gewissens zu vernehmen.

Gewissen als Schatten, der beobachtet und droht, dem man nicht entfliehen kann

Gewissen als praktische Vernunft in jedem Menschen

Die erdrückende Instanz

Für den deutschen Philosophen Friedrich NIETZSCHE ist das Gewissen ein Instrument der Unterdrückung. Dadurch, dass der Mensch Schuldgefühle entwickelt, lässt er sich leichter von Machthaberinnen/Machthabern manipulieren. Der Inhalt des Gewissens ist alles das, was in der Kindheit regelmäßig von Autoritätspersonen gefordert wurde. Vom Gewissen wird ein Gefühl und eine Denkweise manipuliert, die nicht fragt: *Warum soll ich das tun?* Der Glaube an Autoritäten ist die Quelle des Gewissens: Es ist also weder die Stimme Gottes in der Brust des Menschen noch ein inneres Gefühl, sondern die Stimme eines Menschen im Menschen.

Friedrich NIETZSCHE (1844–1900)

Gewissen als Repression (= Unterdrückung)

3.2 Gewissensbildung

Sigmund Freud (1856–1939)

Der österreichische Arzt und Psychologe Sigmund Freud ging davon aus, dass die Persönlichkeit des Menschen durch drei Instanzen bestimmt ist: das ES, das ICH und das ÜBER-ICH.

- Im ES herrschen die Gesetze des Unbewussten. Das ES beinhaltet alles, was vererbt ist, vor allem die Triebe, also die biologischen Grundtriebe wie Hunger, Durst und im Speziellen den Sexualtrieb. Das ES ist – vereinfacht gesagt – der Sitz der Triebe und Leidenschaften, es gehorcht dem Lustprinzip.
- Im Gegensatz zum ES gehorcht das ICH dem Realitätsprinzip. Das ICH übernimmt also die Aufgabe, die Triebregungen mit den Anforderungen der Realität zu harmonisieren. Beispiel: Ich bin von der Lehrperson (meiner Meinung nach) ungerecht behandelt worden. Das ES ist wütend, das ICH sagt mir jedoch, ich soll die Sache noch einmal überdenken.
- Im Laufe des Entwicklungsprozesses wird der Mensch im Rahmen der Erziehung mit moralischen und sozialen Normen der Gesellschaft konfrontiert. Es entsteht das ÜBER-ICH, der Sitz der Ideale. Das ÜBER-ICH vereinigt sich aus dem ICH-IDEAL (was ich gerne sein möchte) und dem, was von außen als verbindliches Wertesystem einer Kultur dargestellt wird.

überwiegend unbewusst	moralische und soziale Normen: Gebote, Verbote	Sollprinzip: Wertvorstellungen	⇦ **ÜBER-ICH (Forderungen)** ⇩
bewusst	bewusste Entscheidungen, Denken	Realitätsprinzip: kritischer Verstand	⇦ **ICH (Kontrolle)** ⇧
unbewusst	Triebe und Bedürfnisse	Lustprinzip: konstruktiv und destruktiv	⇦ **ES (Forderungen)**

Gewissensbildung aus psychologischer Sicht: Mit zwei Jahren entwickeln Kinder Schuldgefühle, wenn sie etwas Falsches tun. Ab sechs Jahren weisen Kinder anderen, die aus egoistischen Gründen Falsches tun, Schuldgefühle zu.

Aus psychologischer Sicht gehört Gewissensbildung zur menschlichen Entwicklung und ist Teil der Erziehung. Dabei wirken bewusste und unbewusste Prozesse zusammen. Die Grundlagen werden bereits in der frühen Kindheit gelegt. Ob Geborgenheit dem Kind Halt gibt oder ob es um seine Existenz fürchten muss, schlägt sich in Urvertrauen oder Misstrauen nieder. Hinzu kommen Regeln, Werte und Normen der Gesellschaft, die vom Kind durch ständige Wiederholungen verinnerlicht werden und damit unbewusst wirken.

Gewissensbildung aus theologischer Sicht

Der Theologe Albert BIESINGER (geb. 1948) sieht in der Gewissensbildung vor allem einen Orientierungshelfer für das Handeln. Ein Merkmal der Gegenwart verbirgt sich hinter den Stichworten Unsicherheit und Orientierungslosigkeit. Gewissensbildung will eine Stärkung der Urteilsfähigkeit, der Entscheidungsfähigkeit und des Wertebewusstseins. Nur wer diese für den Menschen wichtigen Grundlagen besitzt, kann sich in den vielfältigen Herausforderungen des Lebens zurechtfinden und seinem Leben eine sinnvolle Gestalt geben: Mein Gewissen ist das „Organ", mit dessen Hilfe ich mein Handeln durch die ethisch-moralische Brille lesen kann.[16]

Bei der Gewissensbildung spielt auch die Erfahrung eine wichtige Rolle: *Handeln ist korrigierbar*. Obwohl eine Entscheidung nach bestem Gewissen gefällt wurde, kann die Erfahrung zeigen, dass die Entscheidung falsch war. Gerade weil niemals von vornherein feststeht, was richtig und was falsch ist, ist die Möglichkeit zur Korrektur und Umkehr ganz besonders wichtig. Gewissensbildung findet im Kreislauf von Gelingen und Scheitern statt. Die Bibel bringt dies im Gleichnis vom verlorenen Sohn zum Ausdruck.

Ein Mann hatte zwei Söhne. Der jüngere von ihnen sagte zu seinem Vater: Vater, gib mir das Erbteil, das mir zusteht. Da teilte der Vater das Vermögen auf. Nach wenigen Tagen packte der jüngere Sohn alles zusammen und zog in ein fernes Land. Dort führte er ein zügelloses Leben und verschleuderte sein Vermögen. Als er alles durchgebracht hatte, kam eine große Hungersnot über das Land, und es ging ihm sehr schlecht. Da ging er zu einem Bürger des Landes und drängte sich ihm auf; der schickte ihn aufs Feld zum Schweinehüten. Er hätte gern seinen Hunger mit den Futterschoten gestillt, die die Schweine fraßen; aber niemand gab ihm davon. Da ging er in sich und sagte: Wie viele Tagelöhner meines Vaters haben mehr als genug zu essen, und ich komme hier vor Hunger um. Ich will aufbrechen und zu meinem Vater gehen und zu ihm sagen: Vater, ich habe mich gegen den Himmel und gegen dich versündigt. Ich bin nicht mehr wert, dein Sohn zu sein; mach mich zu einem deiner Tagelöhner. Dann brach er auf und ging zu seinem Vater. Der Vater sah ihn schon von weitem kommen, und er hatte Mitleid mit ihm. Er lief dem Sohn entgegen, fiel ihm um den Hals und küsste ihn. Da sagte der Sohn: Vater, ich habe mich gegen den Himmel und gegen dich versündigt; ich bin nicht mehr wert, dein Sohn zu sein. Der Vater aber sagte zu seinen Knechten: Holt schnell das beste Gewand und zieht es ihm an, steckt ihm einen Ring an die Hand und zieht ihm Schuhe an. Bringt das Mastkalb her und schlachtet es; wir wollen essen und fröhlich sein. Denn mein Sohn war tot und lebt wieder; er war verloren und ist wieder gefunden worden. Und sie begannen, ein fröhliches Fest zu feiern. Sein älterer Sohn war unterdessen auf dem Feld. Als er heimging und in die Nähe des Hauses kam, hörte er Musik und Tanz. Da rief er einen der Knechte und fragte, was das bedeuten solle. Der Knecht antwortete: Dein Bruder ist gekommen, und dein Vater hat das Mastkalb schlachten lassen, weil er ihn heil

[16] Vgl. Albert BIESINGER/Christoph SCHMITT, Gewissen. In: Gottfried ADAM/Friedrich SCHWEITZER (Hg.): Ethisch erziehen in der Schule, Göttingen: Vandenhoeck & Ruprecht 1996, S. 243ff.

und gesund wiederbekommen hat. Da wurde er zornig und wollte nicht hineingehen. Sein Vater aber kam heraus und redete ihm gut zu. Doch er erwiderte dem Vater: So viele Jahre schon diene ich dir, und nie habe ich gegen deinen Willen gehandelt; mir hast du nie auch nur einen Ziegenbock geschenkt, damit ich mit meinen Freunden ein Fest feiern konnte. Kaum aber ist der hier gekommen, dein Sohn, der dein Vermögen mit Dirnen durchgebracht hat, da hast du für ihn das Mastkalb geschlachtet. Der Vater antwortete ihm: Mein Kind, du bist immer bei mir, und alles, was mein ist, ist auch dein. Aber jetzt müssen wir uns doch freuen und ein Fest feiern; denn dein Bruder war tot und lebt wieder; er war verloren und ist wieder gefunden worden.[17]

3.3 Gewissensentscheidungen

Menschlich leben bedeutet verantwortlich sein. Das Gewissen ist u.a. die Instanz, die zur Verantwortung und persönlichen Entscheidung ruft.

Albert SCHWEITZER (1875–1965) war evangelischer Theologe und Missionsarzt.

Albert SCHWEITZER: Entscheidung

Einen tiefen Eindruck machte mir ein Erlebnis aus meinem siebten oder achten Jahre. Heinrich und ich hatten uns Schleudern aus Gummischnüren gemacht, mit denen man kleine Steine schleuderte. Es war im Frühjahr, in der Passionszeit. An einem Sonntagmorgen sagte er zu mir: „Komm, jetzt gehen wir in den Rebberg und schießen Vögel." Dieser Vorschlag war mir schrecklich, aber ich wagte nicht zu widersprechen, aus Angst, er könnte mich auslachen. So kamen wir in die Nähe eines kahlen Baumes, auf dem die Vögel, ohne sich vor uns zu fürchten, lieblich in den Morgen hinaussangen. Sich wie ein jagender Indianer duckend, legte mein Begleiter einen Kiesel in das Leder seiner Schleuder und spannte dieselbe. Seinem gebieterischen Blick gehorchend, tat ich unter furchtbaren Gewissensbissen dasselbe, mir fest gelobend, danebenzuschießen. In diesem Augenblick fingen die Kirchenglocken an, in den Sonnenschein und in den Gesang der Vögel hineinzuläuten. Es war das Zeichen-Läuten, das dem Hauptläuten eine halbe Stunde voranging. Für mich war es eine Stimme aus dem Himmel. Ich tat die Schleuder weg, scheuchte die Vögel auf, dass sie wegflogen und vor der Schleuder meines Begleiters sicher waren, und floh nach Hause. Und immer wieder, wenn die Glocken der Passionszeit in Sonnenschein und kahle Bäume hinausklingen, denke ich ergriffen und dankbar daran, wie sie mir damals das Gebot „Du sollst nicht töten" ins Herz geläutet haben. Von jenem Tage an habe ich gewagt, mich von der Menschenfurcht zu befreien. Wo meine innerste Überzeugung mit im Spiele war, gab ich jetzt auf die Meinung anderer weniger als vorher. Die Scheu vor dem Ausgelachtwerden durch die Kameraden suchte ich zu verlernen.[18]

17 LUKAS 15, 11–32.
18 H. STEFFAHN, Albert Schweitzer in Selbstzeugnissen, Reinbek: Rowohlt Bildmonographien 1959, S. 32.

AUFGABEN

1. Meine Definition von Gewissen

Im Folgenden sind einige Definitionen zum Gewissen angeführt. Welche ist für Sie am zutreffendsten? Wählen Sie eine oder zwei Definitionen aus. Analysieren Sie, mit welchen Vorstellungen der Philosophen und Psychologen (S. 66–70) Ihre Vorstellung vergleichbar ist.

a. Das Gewissen ist eine warnende Stimme, die mich gefühlsmäßig vor einer unüberlegten Handlung bewahrt.
b. Das Gewissen weckt bei mir andauernd Schuldgefühle, am liebsten würde ich es verdrängen.
c. Das Gewissen schreckt mich nach einer falschen Handlung auf und quält mich so lange, bis ich die Sache wieder in Ordnung gebracht habe.
d. Das Gewissen ist ein Blödsinn, ich mache, was ich will, habe keine Schuldgefühle und keine Angst.
e. Das Gewissen ist für mich Gott, mit dem ich vor jeder schwierigen Entscheidung spreche.
f. Das Gewissen bietet mir eine Orientierung im Handeln, die aber einen Irrtum nicht ausschließt.

2. Was tun Sie, wenn Sie vor einer schwierigen Entscheidung stehen?

- Ich tue, was die Mehrheit macht.
- Ich tue das, wozu ich gerade Lust habe.
- Ich bete zu Gott.
- Ich horche in mich hinein, was mir mein Herz sagt.
- Ich denke vor allem über die Folgen nach.
- Ich berate mich mit meinen Eltern.
- Ich schlafe eine Nacht darüber.

3. Die Toten Hosen, Gewissen

Lesen Sie den Text. Analysieren Sie, mit welchen Vorstellungen der Philosophen und Psychologen (S. 66–70) die Aussagen des Textes vergleichbar sind.

> Ich bin immer hinter dir, jeden Tag von früh bis spät. Ich bin in deiner Nähe, ganz egal, wohin du gehst. Ich bin das schlechte Gefühl, das du hin und wieder kriegst und das du ohne Schwierigkeit einfach zur Seite schiebst. An deinem letzten Tag hol ich dich ein, nehm dich fest in meinen Griff, dann kommst du nicht mehr an mir vorbei und ich zeig dir dein wahres Ich. Den tausend Lügen von dir wirst du dich stell´n, all den Tricks und Spielerein. Ich bin dein Gewissen, ich lass dich nicht allein. Ich bin die Zecke, die in deinem Nacken sitzt, mich wirst du nicht los, ob du willst oder nicht. Dein Schlaf ist heut noch tief und fest, weil du meinst, du kommst ohne mich aus, aber glaube mir: selbst du wachst irgendwann mal auf. [...][19]

[19] Aus dem Album „Kauf mich" (1993) der Toten Hosen. Songtext siehe http://www.songtextemania.com/gewissen_songtext_die_toten_hosen.html (14. 2. 2017).

4. Textanalyse

Wer meint, sich die menschliche Moral im Sinne all der gefälschten Welten irgendwie als ein spaßiges Gemisch von Hirnstoffwechsel, früher Kindheit, Charity-Shows und zynischer Ethik des Heilens vorstellen zu können, oder wer glaubt, Moral sei in einer demoskopischen Gesellschaft am besten immer das zu tun, was die Mehrheit richtig findet, der hat gar nichts vom existenziellen moralischen Ernst begriffen, der die Widerstandskämpfer gegen die Nazis antrieb, der Nelson Mandela jahrelange Haft erdulden ließ und der birmanischen Friedensnobelpreisträgerin Aung San Suu Kyi die Kraft gab, für den Freiheitskampf ihres Volkes gegen die Militärdiktatur die eigene Freiheit zu opfern.
Jeder Mensch hat ganz natürlicherweise existenziell ein Gefühl von Gut und Böse. Das unterscheidet ihn vom Tier, und das macht seine Würde aus. Das endliche Leben stellt ihn immer wieder vor unaufschiebbare moralische Entscheidungen, auch plötzlich vor Entscheidungen auf Leben und Tod, über die er früher nie nachgedacht hat und von denen er doch tief im Innern weiß, dass er sie nach bestem Wissen und Gewissen fällen soll. Das macht das Leben so spannend [...]
Aber Moral ist immer mühsam. Und so ist der Mensch stets in Gefahr, an diesem moralischen Anspruch an sich selbst zu scheitern, die Stimme seines Gewissens zu überhören und die eigene existenzielle Verantwortung für das, was er in seinem einmaligen Leben tut, nicht zu übernehmen.[20]

a. Recherchieren Sie:
   Was sind Charity-Shows?
   Was heißt *demoskopisch*?
   Wer war Nelson MANDELA?
   Wer ist Aung SAN SUU KYI?
b. Ergänzen Sie, Bezug nehmend auf den Text, folgende Teilsätze:
   Moral ist nicht, was die …
   Jeder Mensch hat ganz …
   Moral ist immer …
   Der Mensch ist stets in Gefahr, die Stimme …
c. Beantworten Sie folgende Fragen:
   Was unterscheidet den Mensch vom Tier?
   Warum sind moralische Entscheidungen unaufschiebbar?
d. Fassen Sie den Text zusammen, indem Sie drei bis fünf Thesen (Behauptungen) formulieren.

___

___

___

[20] Manfred LÜTZ, Bluff! Die Fälschung der Welt, München: Droemer 2012, S.172f.

5. Fallbeispiele

Lesen Sie die Fallbeispiele. Notieren Sie zunächst Ihre Argumente in Einzelarbeit. Besprechen Sie anschließend Ihre Argumente in Kleingruppen. Präsentieren Sie die wichtigen Aspekte Ihres Gruppengesprächs vor der Klasse.

Fall 1: Ein Mädchen, das weder lesen noch schreiben kann, kommt in ein Geschäft. Es weiß auch nicht, wie teuer die Tafel Schokolade ist. So würde es genauso gut einen Euro wie auch fünf Euro dafür bezahlen. Der Kaufmann weiß dies und er könnte das Kind deshalb leicht „übers Ohr hauen". Soll er es tun oder nicht?[21]

Fall 2: Herr Maier möchte sich ein neues Auto kaufen. Vorher muss aber das alte Auto verkauft werden, 5000 Euro sollten rausspringen. Das Auto hat allerdings gröbere Schäden, Roststellen, die überdeckt sind, und vieles mehr. Ein Interessent fragt nach der Probefahrt Herrn Maier: „Hat der Wagen irgendwelche Mängel? Ist er unfallfrei?" Darauf antwortet Herr Maier spontan: „Überhaupt keine Mängel! Einen Unfall hatte ich nie!" Dass einmal ein größerer Blechschaden repariert werden musste, zählt ja wohl nicht als Unfall, dachte sich Herr Maier. Barzahlung war vereinbart – und freudig zeigt Herr Maier das Geld seiner Familie: „Clever muss man halt sein!" Hat Herr Maier korrekt gehandelt?[22]

6. Experiment zur Ehrlichkeit

Studentinnen und Studenten an amerikanischen Universitäten mussten vorgegebene Zahlen so kombinieren, dass jeweils 10 herauskam. Zur Lösung der Aufgaben hatten sie eine bestimmte Zeit zur Verfügung. Als Belohnung bekamen sie einen bestimmten Geldbetrag pro gelöster Aufgabe:

Gruppe 1 diente als Kontrollgruppe, sie hatte keine Möglichkeit zum Schwindeln. Die Tests wurden eingesammelt. Im Schnitt wurden 3,5 Aufgaben gelöst.
Gruppe 2 hatte die Möglichkeit, am Ende des Tests ein Kontrollblatt zu verwenden. Der Versuchsleiterin bzw. dem Versuchsleiter wurde das Ergebnis bekannt gegeben: Im Schnitt wurden 5,5 Aufgaben gelöst.
Gruppe 3 wurde vor dem Test gebeten, die Zehn Gebote aufzuschreiben; manche konnten nur ein oder zwei Gebote notieren; anschließend hatte die Gruppe die Möglichkeit, am Ende des Tests ein Kontrollblatt zu verwenden. Der Versuchsleiterin bzw. dem Versuchsleiter wurde das Ergebnis bekannt gegeben: Im Schnitt wurden 3,5 Aufgaben gelöst.
Gruppe 4 hatte die Möglichkeit, am Ende des Tests ein Kontrollblatt zu verwenden. Der Versuchsleiterin bzw. dem Versuchsleiter wurde das Ergebnis bekannt gegeben. Der Unterschied zu den obigen Gruppen war: Diese Gruppe bekam kein Geld, sondern Poker-Chips, die in Geld umgetauscht werden konnten. Im Schnitt wurden 9,5 Aufgaben gelöst.
Interpretieren Sie die Ergebnisse dieses Experiments.[23]

[21] Vgl. Michael Wittschier, Alle Kreter lügen ..., sprach der Kreter. Kleine Einführung in die Philosophie. Düsseldorf: Patmos 1980, S. 34.
[22] Vgl. Rudolf Bleier u. a., Ethik 11 – Verantwortlich leben, Bühl: Konkordia 1996, S. 8.
[23] Vgl. Dan Ariely, Denken hilft zwar, nützt aber nichts. Warum wir immer wieder unvernünftige Entscheidungen treffen, München: Droemer 2008, S. 266–305.

4 Vorbilder und Stars

Unter Sozialisation versteht man die Eingliederung eines Individuums in die Gesellschaft und das Erlernen der Normen und Werte dieser Gesellschaft.

Moralische Haltungen werden in lang andauernden Lernprozessen des Beobachtens und Nachahmens aufgebaut. Die Fähigkeit zur Unterscheidung zwischen „falsch" und „richtig" ist ein Ergebnis von Erziehung und Sozialisation. Die folgende Geschichte zeigt uns, wie moralisches Verhalten gelernt wird:

> Sebastian kommt aus der Schule. Die Mutter entdeckt, dass er im Kinderzimmer mit einem tollen Kugelschreiber mit integriertem Laserpointer spielt. „Woher hast du diesen Kugelschreiber?", fragt die Mutter. „Gefunden", sagt Sebastian. „Woher hast du ihn wirklich?" „Irgendjemand aus meiner Klasse hat ihn unter der Bank liegen lassen, da habe ich ihn eingesteckt." Die Mutter erklärt Sebastian, dass dieses Verhalten nicht in Ordnung ist. Sie führen ein langes Gespräch über Diebstahl, dass man Gefundenes zurückgeben muss etc. Sie besteht darauf, dass Sebastian den Kugelschreiber zurückbringt, wobei sie anbietet, mit ihm in die Schule zu gehen, um ihm bei der Wiedergutmachung den Rücken zu stärken und ihm behilflich zu sein.

Die Geschichte beinhaltet sehr vieles, was moralisches Lernen charakterisiert:

1. Das Kind sieht eine Gelegenheit, etwas Verbotenes zu tun und moralisch negativ zu handeln. Es versucht, gegen die moralischen Regeln zu verstoßen, um möglicherweise das Gefühl der Macht auszukosten, um neue Erfahrungen zu machen.
2. Es spricht mit der Mutter. Die Mutter ist entsetzt, zeigt dem Kind, dass ein solches Verhalten eigentlich Diebstahl ist. Sie spricht mit dem Kind und fordert es auf, sich zu entschuldigen und die Sache wieder zu bereinigen.
3. Die Mutter unterstützt das Kind bei der Wiedergutmachung: Fehler können korrigiert werden.

Mutter als Vorbild
Vorbilder sind Personen, die wegen ihrer besonderen Eigenschaften oder moralischen Handlungen zum persönlichen Leitbild erwählt werden. Sie dienen zur Nachahmung.

Was die Mutter in dem langen Gespräch erklärt hat, ist in der Geschichte nicht ausgeführt. Wir können hier jedenfalls einige moralische Orientierungspunkte anführen:

- *Schade niemandem!* Diese Handlungsanweisung besagt, dass man im Rahmen einer moralischen Lebensführung niemanden körperlich und seelisch verletzen soll. Wenn Sebastian den Kugelschreiber stiehlt, handelt er moralisch nicht richtig oder bedenklich, weil er doch seinem Freund in gewisser Weise Leid zugefügt hat.
- *Was du nicht willst, das man dir tu, das füg auch keinem anderen zu!* Diese sogenannte Goldene Regel gibt Hinweise darauf, dass ich die Handlungen unterlassen soll, von denen ich nicht will, dass sie mir angetan werden. Sebastian braucht sich nur zu fragen, ob es ihm recht wäre, wenn ihm sein Handy gestohlen würde.

Eine moralische Handlungsanweisung oder ein moralischer Grundsatz wird auch **Maxime** genannt.

4.1 Herakles

Wenn wir an den Starkult heutiger Ausprägung denken, so können wir ahnen, dass es ein grundlegendes angeborenes Bedürfnis des Menschen nach Helden und Vorbildern geben muss. Die uralte Hochachtung und Verehrung von Helden oder Heiligen hat ihre Ursache wohl darin, dass diese Menschen existenzielle Grenzsituationen bewältigt haben und dabei ihren moralischen Grundsätzen treu geblieben sind. Helden können für uns insofern Vorbilder sein, als sie Handlungsmodelle dafür liefern, die einfachen Krisen des durchschnittlichen Lebens zu meistern. Ratsuche bei Autoritäten ist sinnvoll – wir nützen den effektiven Weg des Problemlösens „Sich umhören und informieren", es kann aber das selbstständige und achtsame Nachdenken nicht ersetzen.

Herakles ist ein Held. Helden setzen sich für andere ein. Sie dienen weniger der unmittelbaren Nachahmung, sondern verkörpern Werte und Tugenden.

Einer der großen Helden in unserem Kulturkreis war Herakles. Diese mythische Figur, die uns in den modernen Versionen als Batman, als Superman etc. vor Augen geführt wird, hatte allerlei schwierige Aufgaben zu erfüllen: Er bewahrte die Menschen vor den Angriffen wilder Tiere, er musste kurzzeitig das Himmelsgewölbe tragen, übermächtige Gegner besiegen etc. Aus seiner Jugend ist die Geschichte überliefert, dass er sich zwischen zwei Wegen entscheiden musste: Der einfache Weg verläuft ohne Anstrengung, bringt jedoch keine wirkliche Befriedigung. Der schwierige Weg ist mühevoll und voller Anstrengung, bringt jedoch langfristig ein erfülltes Leben.

Herakles, auch Herkules genannt, im Kampf gegen ein Ungeheuer

Als Herakles zum jungen Mann heranwuchs, ging er in die Einsamkeit und überlegte, welchen Weg er einschlagen solle. Da kamen zwei Frauen auf ihn zu, die eine schön anzusehen und edel in ihrem Wesen, in weißem Gewand; die andere dagegen geschminkt und in einem Kleid, in dem ihre jugendlichen Reize besonders vorteilhaft in Erscheinung traten. Diese sprach nun zu Herakles: „Ich sehe dich unentschlossen, welchen Lebensweg du einschlagen sollst. Wenn du nun mich zur Freundin wählst, dann werde ich dich auf dem angenehmsten und bequemsten Wege geleiten, und keine Lust soll dir unbekannt sein, von Beschwerden sollst du dein Leben lang nichts erfahren. Du sollst dich nicht um Kriege und Geschäfte kümmern, sondern nur überlegen, was du Angenehmes zum Essen oder zum Trinken findest; du sollst genießen, was die anderen erarbeiten." Als Herakles dies hörte, fragte er: „Wie ist dein Name, Frau?" Sie erwiderte: „Meine Freunde nennen mich Glückseligkeit, die aber, die über mich schlecht reden, nennen mich Lasterhaftigkeit."
Inzwischen war die andere Frau herangekommen und sprach: „Herakles, wenn du den Weg zu mir wählen solltest, wirst du dich eifrig um das Gute und Heilige bemühen. Ich will dich aber nicht durch das Vorgaukeln von Genüssen täuschen, sondern dir wahrheitsgetreu erklären, wie die Götter alles, was es gibt, eingerichtet haben. Denn von dem wirklich Guten und Schönen geben die Götter den Menschen nichts ohne Mühe und Anstrengung. Wenn du willst, dass dir die Götter gnädig seien, so musst du die Götter verehren, wenn du von deinen Freunden geliebt werden willst, musst du deinen Freunden Gutes tun, wenn du von der Gesellschaft geehrt werden willst, dann musst du dich für die Gesellschaft einsetzen. Willst du körperlich kräftig sein, so musst du deinen Körper trainieren und ihn üben unter Mühen und Schweiß. Wenn du, Herakles, dich solchen Mühen unterzogen hast, dann ist es dir möglich, die vollkommene Glückseligkeit zu gewinnen."[24]

- Jeder Mensch muss sich im Laufe seines Lebens selbst entscheiden, ob er den Weg des schnellen Erfolgs, des Genusses, des geringsten Widerstands einschlägt oder ob er sich für den Weg der Tugend, der Anstrengung und der Ehrlichkeit entscheidet.
- Jeder Mensch muss einen der beiden Wege letztlich selbst wählen, freiwillig und ohne von außen gezwungen zu sein; die Entscheidung wird von Intuition (Gefühl) und Vernunft geleitet.
- Der Weg der Tugend kann dadurch motiviert werden, dass man nur dann vom anderen tugendhaftes Verhalten erwarten kann, wenn man selbst ebenfalls tugendhaft handelt.

Goldene Regel: Was du nicht willst, das man dir tu, das füg auch keinem anderen zu!

[24] Vgl. Xenophon, Memorabilien II, 1, 22–34.

4.2 Buddha

Vor 2 500 Jahren lebte ein indischer Prinz namens Siddharta Gautama. Er genoss die äußeren Freuden des Lebens, an Konsumgütern fehlte es ihm nicht. Er besaß ein Haus, einen Garten, eine eigene Dienerschaft. Die Menschen hatten ihn gerne. Sie kamen zu ihm, wenn sie Geld brauchten. Er war verheiratet und hatte einen Sohn. Doch Zufriedenheit wollte in sein Leben nicht einkehren. Richtige Freude kehrte in sein Herz nicht ein. In seinen Träumen erkannte Siddharta die Unzufriedenheit seiner Seele. Er fühlte, dass die Liebe seiner Eltern, seiner Frau, seiner Freunde ihn nicht für alle Zeit beglücken konnten. Er merkte, dass die materiellen Güter ihn auf Dauer nicht sättigen konnten. Sein Geist war unzufrieden, seine Seele unruhig, sein Herz voller Angst.
Er verließ seine Familie, ließ den Luxus hinter sich und machte sich auf, um Erleuchtung zu finden. Nach sechs Jahren beständiger Suche erlangte er schließlich, in einem Zustand langer, tiefer Meditation unter einem Baum sitzend, die Erleuchtung. In diesem Augenblick hörte Siddharta auf, mit dem Schicksal zu kämpfen. Auf seinem Gesicht blühte die Heiterkeit des Wissens, das einverstanden ist mit dem Fluss des Geschehens, mit dem Strom des Lebens, voll Mitleid, dem Strom des Lebens hingegeben, der Einheit zugehörig. „Die Welt zu durchschauen, sie zu erklären, mag großer Denker Sache sein. Mir aber liegt einzig daran, die Welt lieben zu können, sie nicht zu verachten, sie und mich nicht zu hassen, sie und mich und alle Wesen mit Liebe und Bewunderung und Ehrfurcht betrachten zu können." Von da an wurde er der Erleuchtete genannt – Buddha.[25]

Der deutsche Romanautor und Dichter Hermann Hesse (1877–1962) schrieb u. a. den Roman *Siddharta*, die Lebensgeschichte Buddhas.

Erleuchtung = Nirwana

Buddha = der Erleuchtete

4.3 Franz von Assisi

Franz von Assisi stammte aus einer wohlhabenden Familie. Als junger Mann führte er ein sorgenloses Leben. Nach einer Schlacht zwischen Assisi und Perugia wurde er gefangen genommen und erlitt eine schwere Krankheit, die zu seiner Bekehrung führte. 1205 kehrte er nach Assisi zurück und pflegte Leprakranke. Während einer Messe 1208 soll er eine Stimme vernommen haben, die ihn aufforderte, in die Welt zu gehen, allem Besitz zu entsagen und Gutes zu tun. Danach begann Franz von Assisi zu predigen und versammelte zwölf Apostel um sich, die die ersten Brüder des späteren Ordens der Franziskaner wurden. Seine tiefe Gläubigkeit kommt besonders im „Sonnengesang" zum Ausdruck.

Franz von Assisi (1182–1226), Schutzpatron der Ökologinnen und Ökologen

[25] Vgl. Hermann Hesse, Siddharta. Eine indische Dichtung, Frankfurt am Main: Suhrkamp 1998.

FRANZ VON ASSISI ist ein Heiliger. Heilige gelten – vor allem in der römisch-katholischen Kirche – als Vorbilder für gelingendes Christsein.

Gelobt seist du, mein Herr, mit allen deinen Geschöpfen, vornehmlich mit der edlen Herrin Schwester Sonne, die uns den Tag schenkt durch ihr Licht. Und schön ist sie und strahlend in großem Glanze: Dein Sinnbild, Höchster!
Gelobt seist du, mein Herr, durch Bruder Mond und die Sterne; am Himmel schufest du sie leuchtend, kostbar und schön.
Gelobt seist du, mein Herr, durch Bruder Wind und die Luft, durch wolkig und heiter und jegliches Wetter, durch das du deinen Geschöpfen Gedeihen gibst.
Gelobt seist du, mein Herr, durch Schwester Wasser; gar nützlich ist sie und demütig und köstlich keusch.
Gelobt seist du, mein Herr, durch Bruder Feuer, durch den du die Nacht uns erleuchtest, und schön ist er und fröhlich und gewaltig und stark.
Gelobt seist du, mein Herr, durch unsere Schwester Mutter Erde, die uns ernährt und erhält, vielfältige Frucht uns trägt und bunte Blumen und Kräuter [...][26]

4.4 Sophie SCHOLL

Sophie SCHOLL (1921–1943)

Sophie SCHOLL war Mitglied der Widerstandsgruppe *Weiße Rose*. Sie stand dem Nationalsozialismus zunächst positiv gegenüber und war Mitglied des BDM (Bund Deutscher Mädel). 1938 wurde sie zusammen mit ihrem Bruder Hans zum ersten Mal verhaftet. Als Studentin der Biologie und der Philosophie in München schloss sie sich der von ihrem Bruder gegründeten *Weißen Rose* an. Ab Mai 1942 verfasste und verteilte die *Weiße Rose* ihre ersten Flugblätter, in denen sie zu einem humanistisch-ethisch und christlich begründeten Widerstand gegen den Nationalsozialismus aufrief. Während einer Flugblattaktion an der Universität wurden Sophie und Hans SCHOLL am 18. Februar 1943 verhaftet, am 22. Februar zum Tod verurteilt und noch am selben Tag hingerichtet.

Die Weiße Rose

Im Namen der deutschen Jugend fordern wir vom Staat Adolf Hitlers die persönliche Freiheit, das kostbarste Gut des Deutschen zurück, um das er uns in der erbärmlichsten Weise betrogen. In einem Staat rücksichtsloser Knebelung jeder freien Meinungsäußerung sind wir aufgewachsen. HJ, SA, SS haben uns in den fruchtbarsten Bildungsjahren unseres Lebens zu uniformieren, zu revolutionieren, zu narkotisieren versucht. „Weltanschauliche Schulung" hieß die verächtliche Methode, das Selbstdenken in einem Nebel leerer Phrasen zu

[26] FRANZ VON ASSISI, Sonnengesang (gekürzt); aus: Leonhard LEHMANN (Hg.), Das Erbe eines Armen. Franziskus-Schriften. Kevelaer: Topos 2003, S. 53ff.

ersticken. Es gilt der Kampf jedes Einzelnen von uns um unsere Zukunft, unsere Freiheit und Ehre in einem seiner sittlichen Verantwortung bewussten Staatswesen. Freiheit und Ehre! Zehn lange Jahre haben Hitler und seine Genossen die beiden herrlichen deutschen Worte bis zum Ekel ausgequetscht, abgedroschen, verdreht, wie es nur Dilettanten vermögen, die die höchsten Werte einer Nation vor die Säue werfen. Was ihnen Freiheit und Ehre gilt, haben sie in zehn Jahren der Zerstörung aller materiellen und geistigen Freiheit, aller sittlichen Substanzen im deutschen Volk genügsam gezeigt. Auch dem dümmsten Deutschen hat das furchtbare Blutbad die Augen geöffnet, das sie im Namen von Freiheit und Ehre der Deutschen Nation in ganz Europa angerichtet haben und täglich neu anrichten. Der deutsche Name bleibt für immer geschändet, wenn nicht die deutsche Jugend endlich aufsteht, rächt und sühnt zugleich, ihre Peiniger zerschmettert und ein neues geistiges Europa aufrichtet.[27]

Widerstand gegen die Staatsgewalt und ziviler Ungehorsam sind meist gewaltfreie und vom Gewissen bestimmte Handlungen, die politisch gesehen gesetzeswidrig sind. Die *Weiße Rose* rief zum Widerstand und zivilen Ungehorsam gegen das Hitler-Regime auf. Aus moralischer Sicht haben die Geschwister Scholl gesinnungsethisch gehandelt: Nach einer gewissen Zeit haben sie die menschenverachtende Ideologie des Nationalsozialismus erkannt; ihr Gewissen war durch die christliche Tradition (Nächstenliebe etc.) und humanistische Werte wie Toleranz, Achtung aller Menschen etc. geprägt. Sie sahen sich zum Handeln verpflichtet, und zwar ungeachtet der Folgen (einschließlich des Todes).

4.5 Malala Yousafzai

Malala Yousafzai verbrachte ihre Kindheit in Pakistan. 2007 übernahmen Taliban die Herrschaft über das Gebiet, in dem Malala lebte. Die Taliban wollen beispielsweise erreichen, dass Frauen in der Öffentlichkeit Burkas (Ganzkörperschleier) tragen, nicht arbeiten, keine Musik hören und nicht zur Schule gehen dürfen. Diese aus Sicht der Menschenrechte unverständliche Unterdrückung von Frauen und die Folgen davon beschrieb Malala Yousafzai in einem Blog der BBC zehn Wochen lang: Selbstmordattentate; Angst und Trauer von Mädchen, die nicht mehr zur Schule gehen durften. Innerhalb kürzester Zeit wurde sie weltweit berühmt: Sie trat in Fernsehshows auf und gab Inter-

Malala Yousafzai (geb. 1997)

[27] Flugblatt der Weißen Rose, aus: Inge Scholl, Die Weiße Rose, Frankfurt am Main: Fischer 1955, S. 151ff. (gekürzt).

views zu den Themen *Bildung* und *Frauen*. Doch die Taliban wollten das Mädchen ruhigstellen. Deshalb stürmten sie im Oktober 2012 einen Bus, in dem Malala saß, und schossen auf sie. Malala wurde schwer verletzt und musste zuletzt in einer Fachklinik in Großbritannien behandelt werden.
Heute gilt Malala Yousafzai weltweit als Symbolfigur für Freiheit und Bildung und erhielt zahlreiche Preise, wie den internationalen Kinder-Friedenspreis und den Friedensnobelpreis 2014. Zu ihrem 16. Geburtstag, am 12. Juli 2013, wurde sie von den Vereinten Nationen eingeladen, eine Rede zu halten.[28]

Rede
Ich unterstütze Herrn Ban Ki-moon, den Generalsekretär der Vereinten Nationen, in seiner weltweiten Initiative „Bildung zuerst!" [...] Liebe Brüder und Schwestern, denkt immer an eines: Der Malala-Tag ist nicht mein Tag, heute ist der Tag jeder Frau, jedes Jungen und jedes Mädchens, die ihre Stimme für ihre Rechte erhoben haben. Es gibt Hunderte Menschenrechtsaktivisten und Sozialarbeiter, die nicht nur über ihre Rechte sprechen, sondern dafür kämpfen, ihr Ziel von Frieden, Bildung und Gleichheit zu erreichen [...] Ich bin hier, um meine Meinung zu sagen für das Recht auf Bildung für alle Kinder. Ich wünsche mir Bildung für die Söhne und Töchter der Taliban und aller Terroristen und Extremisten. Ich hasse nicht einmal den Taliban, der auf mich geschossen hat. Selbst wenn eine Waffe in meiner Hand wäre und er vor mir stünde, würde ich ihn nicht erschießen. Das ist das Mitgefühl, das ich von Mohammed gelernt habe, dem Propheten der Barmherzigkeit und von Jesus Christus und Buddha. Das ist das Erbe des Wandels, das ich von Martin Luther King, Nelson Mandela und Muhammad Ali Jinnah übernommen habe. Das ist die Philosophie der Gewaltlosigkeit, die ich von Gandhi, Badshah Khan und Mutter Theresa gelernt habe [...]
Liebe Brüder und Schwestern, wir dürfen nicht vergessen, dass Millionen von Menschen unter Armut, Ungerechtigkeit und Mangel an Bildung leiden. Wir dürfen nicht vergessen, dass Millionen von Kindern keine Schule haben. Wir dürfen nicht vergessen, dass unsere Schwestern und Brüder auf eine glänzende, friedliche Zukunft warten. Also lasst uns einen weltweiten Kampf wagen, gegen Analphabetismus, Armut und Terrorismus, lasst uns unsere Bücher und Stifte holen, sie sind unsere stärksten Waffen. Ein Kind, ein Lehrer, ein Buch und ein Stift können die Welt verändern. Bildung ist die einzige Lösung. Bildung zuerst. Vielen Dank![29]

[28] Vgl. www.geo.de/GEOlino/mensch/weltveraenderer-malala- yousafzai-75897.html (14. 2. 2017).
[29] Auszüge einer Mitschrift der Rede von Malala Yousafzai vom 12. 7. 2013; gefunden auf: http://www.kindernetz.de/infonetz/politik/frauenrechte/malalarede/-/id=271614/nid=271614/did=286006/a46uoz/index.html © www.kindernetz.de.SWR, Übersetzerin: Sabine Stampfel.

4.6 Kurzzeit-Stars

Menschen, vor allem junge Menschen, brauchen Vorbilder. Dieses Phänomen lässt sich in allen Kulturen aller Zeiten beobachten. Man denke an die verschiedenen Mythen, Sagen und Märchen.

Stars sind die Produkte medialer Trends (Sport, Film, Musik etc.). Von *Idolen* spricht man, wenn die Verehrung eines Stars ins Irrationale abgleitet.

Reality TV bringt normale Menschen ins Wohnzimmer und macht normale Menschen allein durch die Tatsache, dass sie bekannt sind, zu Heldinnen und Helden.

- Klassische Heldinnen/Helden und Vorbilder haben die Funktion, im Vergleich zu sogenannten normalen Menschen tapferer, intelligenter, kreativer oder sozialer zu sein.
- Kurzzeit-Heldinnen/Helden haben die Funktion, die sogenannten normalen Menschen in ihrem Wissen, ihren Haltungen und Einstellungen zu *spiegeln*.

In der Tiefenpsychologie wird davon ausgegangen, dass eine Urfantasie des Menschen darin besteht, die Existenz mit Beobachtetwerden zu begründen. Als Menschen tendieren wir dazu, im Wechselspiel von Beobachtetwerden und Beobachten das unbewusste Gefühl zu entwickeln: *Wir existieren, wir sind etwas wert.* Diese elementare Fantasie „Es gibt jemanden, der uns beobachtet" führt zum Aufbau des Über-Ichs, des Gewissens.

Urgefühl: Ich werde beobachtet. → Wenn ich beobachtet werde, existiere ich: Ich bin etwas wert. → Weil ich beobachtet werde, muss ich mich den Normen entsprechend verhalten.

Ich werde beobachtet, also existiere ich.

Wenn man bedenkt, dass sich an den Castings für diverse TV-Formate Tausende beteiligen, lässt sich diese Urfantasie des Menschen indirekt nachweisen: *Über die Beobachtung bekomme ich meine Existenz bestätigt.*[30]

Die produzierenden Fernsehstationen haben großes Interesse daran, die neuen Stars auch richtig zu vermarkten. Nach dem Ausscheiden bzw. dem Ende der Staffel müssen Talkshows besucht, Platten besungen werden etc. Entscheidend für die Produzentinnen und Produzenten ist nicht die Qualität des Singens, sondern die Medienpräsenz und Vermarktung. Nach einigen Monaten versinken diese Stars meist wieder in Bedeutungslosigkeit.[31]

[30] Vgl. Slavoj Zizek, Deutschland: Die Kamera liebt dich. Unser Leben als Seifenoper. In: Süddeutsche Zeitung vom 28. 3. 2000.

[31] Vgl. Joan Kristin Bleicher, Fernsehen als Mythos. Poetik eines narrativen Erkenntnissystems, Opladen: Westdeutscher Verlag 1999.

AUFGABEN

1. Ich und mein Name

Erkundigen Sie sich bei Ihren Eltern, warum Sie Ihren Vornamen bekommen haben. Kennen Sie die Bedeutung Ihres Vornamens? Kennen Sie andere bekannte Persönlichkeiten mit Ihrem Vornamen? Haben Sie einen Spitznamen? Wie kam es dazu? Würden Sie gerne einen anderen Namen haben? Warum?
Beantworten Sie die Fragen schriftlich.

2. Porträt eines Vorbilds

Erstellen Sie ein Porträt zu einem Vorbild von Ihnen, bestehend aus

- einem Bild mit kurzer Biografie,
- einer Beschreibung, was an der Persönlichkeit so faszinierend ist,
- einigen Aussagen der Persönlichkeit.

3. Meine Vorbilder

Denken Sie nach, wo Sie Ihre Vorbilder am ehesten orten. Tragen Sie Ihre Vorbilder ein.

Politische Vorbilder	Religiöse Vorbilder	Schulbereich	Familienbereich	Sonstiges

4. Erkundung

Erkundungen können in Form von Beobachtungen oder Befragungen durchgeführt werden. Charakteristisch für eine Erkundung sind:

- Vorbereitung einer Befragung (siehe S. 83)
- Interviews – Befragung
- Auswertung der Befragung und Präsentation der Ergebnisse

Um eine Erkundung durchführen zu können, müssen Sie über den Inhalt Bescheid wissen. In unserem Fall geht es um Vorbilder und Stars. Lesen Sie zur Vorbereitung den Abschnitt *4 Vorbilder und Stars* durch, auch die unterschiedlichen Definitionsversuche von *Vorbild, Held, Heiligem, Star*.
Machen Sie eine Umfrage zum Thema *Vorbilder und Stars*. Bilden Sie mindestens fünf Gruppen. Teilen Sie die jeweiligen Befragungsgruppen ein, z. B.:
Gruppe 1 befragt Schülerinnen und Schüler unter 15 Jahren;
Gruppe 2 befragt Schülerinnen und Schüler über 15 Jahren;
Gruppe 3 befragt Leute in einem Einkaufszentrum;
Gruppe 4 befragt Leute auf dem Markt;
Gruppe 5 befragt die Lehrpersonen etc.

Umfragebogen zum Thema *Vorbilder und Stars*

Geschlecht: weiblich ☐ männlich ☐
Alter: ____________
1. Gibt es Vorbilder in Ihrem Leben? ja ☐
nein ☐
unsicher ☐

2. Welche Vorbilder sind das/könnten das sein?

____
____
____
____

3. Was schätzen Sie an diesen Vorbildern?

____
____
____
____

Auswertung der Fragebögen

1. Sortieren Sie die Fragebögen nach einem Kriterium, z. B. Geschlecht oder Alter der Befragten.
2. Protokollieren Sie die Ergebnisse an der Tafel oder auf einem Plakat.
3. Werten Sie die Fragebögen nach den einzelnen Kriterien aus. Veranschaulichen Sie die Ergebnisse durch Diagramme (PowerPoint, Excel etc.).

10 bis 15		16 bis 19		20 bis 35		36 bis 50		über 50	
w	m	w	m	w	m	w	m	w	m
Vorbilder: ja									
Vorbilder: nein									

Wenn Sie die Ergebnisse gesammelt haben, können Sie die Umfrage nach verschiedenen Kriterien auswerten, z. B.:

- Anzahl der Personen, die Vorbilder haben;
- Anzahl der weiblichen Personen, die Vorbilder haben;
- Vorbilder kommen aus dem Bekanntenkreis, Sport, Film, Religion etc.;
- Vorbilder sind eher klassisch, eher sogenannte Kurzzeit-Heldinnen/Helden.

Unterscheiden Sie bei der Analyse Ihrer Auswertung zwischen dem Ergebnis *(signifikant (besonders) viele/wenige, die meisten, kaum jemand)* und Ihrer Bewertung *(erstaunlich ist, wir hätten erwartet …).*

5 Wahrnehmung

Kübel oder Scheinwerfer?

Stellen wir uns einen Kübel vor. In diesen werden allerlei Dinge hineingeworfen. Viele nehmen an, menschliche Wahrnehmung funktioniere so: Das menschliche Hirn wird mit allerlei Phänomenen von außen gefüttert, je mehr – desto besser. Bei genauerer Betrachtung merken wir: So funktioniert Wahrnehmung nicht. Der Mensch ist kein Kübel, der von außen mit Informationen gefüttert wird. Er ist ein Scheinwerfer, der aktiv in die Welt hinein agiert.

- Wahrnehmung ist zweckvoll: Es gibt Rahmenbedingungen, die für alle Lebewesen gleich sind, dazu gehören Erde, Luft und Wasser. Damit überhaupt ein Überleben möglich war, musste es in der Umwelt Bedingungen geben, die mit vorhersehbarer Regelmäßigkeit wiederkehrten. Aufgrund dieser Regelmäßigkeiten in der Umwelt entwickelten sich Programme, die es uns ermöglichen, in der Welt zu überleben. Zu diesen angeborenen Programmen gehört z. B., dass wir die Welt dreidimensional wahrnehmen, dass wir linear-kausal denken, dass gleiche Wirkungen auf identische Ursachen schließen lassen. So gesehen ist Wahrnehmung niemals beliebig, sondern im Sinne des Überlebens zweckvoll.
- Wahrnehmung ist ein aktiver Prozess: Der Mensch, mit Milliarden von kleinsten Informationseinheiten konfrontiert, selektiert, wählt aus, ergänzt und strukturiert. Das Ergebnis des Wahrnehmungsprozesses, an dem verschiedene Organe beteiligt sind, ist Informationsgewinnung und Informationsverarbeitung.
- Menschliche Wahrnehmung ist vor allem selektiv: Menschen nehmen alles mit bestimmten Vorerwartungen wahr. Wahrnehmung ist niemals voraussetzungsfrei. Immer sind Voraussetzungen mitgedacht, die die neuen Informationen selektieren, ergänzen und strukturieren. Der Mensch ist ein Scheinwerfer, der immer selbst die Informationsauswahl trifft.[32]

Wir leben in einer Welt, in der es regelmäßig zugeht: Wenn wir die Vorderseite eines Apfels sehen, schließen wir auf das Kerngehäuse; das stimmt auch fast immer.

Entscheidend für das, was wir wahrnehmen, sind unsere Erwartungen und unser Vorwissen. Bildhaft wird dieser Gedanke im Kinderbuch „Fisch ist Fisch"[33] ausgedrückt: Ein Frosch geht auf Reisen und erzählt seinem Freund, dem kleinen Fisch, was er alles an Land erlebt und gesehen hat, unter anderem Kühe. Und so wie auf der nächsten Seite stellt sich der kleine Fisch eine Kuh vor …

[32] Vgl. Karl R. Popper, Objektive Erkenntnis. Ein evolutionärer Entwurf, Hamburg: Hoffmann und Campe 1974, S. 369f.
[33] Vgl. Leo Lionni, Fisch ist Fisch, München: Middelhauve 1992.

Aus: Leo Lionni, Fisch ist Fisch; © 1970, 2004 Beltz & Gelberg in der Verlagsgruppe Beltz · Weinheim Basel

Wahrnehmung ist also von den Erwartungen, von unserem Vorwissen bestimmt, Wahrnehmung ist selektiv. Dies spielt beispielsweise in Konfliktsituationen eine wesentliche Rolle. Gefühle und Gedanken lenken unsere Aufmerksamkeit, wir haben einen Tunnelblick. Daher ist es wichtig, sich der Selektivität im Wahrnehmungsprozess bewusst zu sein:

- Machen Sie sich immer wieder klar, dass Ihre Wahrnehmung besonders in Konfliktsituationen subjektiv ist.
- In Konfliktsituationen wird kritisches Feedback überbewertet und das Positive wird häufig ausgeblendet.

Der Wahrnehmungsprozess ist geleitet von Auswahl, Verzerrungen etc.

- Unser Vorwissen und unsere Erwartungen bestimmen, was wir wahrnehmen.
- Die Persönlichkeit bestimmt, wie wir Situationen einordnen. Ängstliche Typen beurteilen Gefahren anders als risikofreudige.
- Auch die Tagesverfassung (Stress, allgemeine Stimmung) färbt das Bild der Wirklichkeit.

Ähnlich ergeht es uns, wenn wir uns selbst oder andere wahrnehmen bzw. beobachten. Auch hier müssen wir uns bewusst sein, dass wir immer nur Ausschnitte der Wirklichkeit erfassen.

AUFGABEN

1. Zusammenfassung – Wahrnehmung

Ergänzen Sie die Lücken im Text mit folgenden Begriffen:

Aufmerksamkeit, aktiver, moralischen, interpretieren, Selektion, zweckvoll

Wahrnehmung ist ein __________ Prozess, bei dem __________, Ergänzen und Strukturieren eine wichtige Rolle spielen. Unsere Wahrnehmungen sind __________, aber nicht immer richtig. Wir __________ das Wahrgenommene.

a. Wir sehen nur, worauf unsere __________ gerichtet ist.

b. Um den Wert einer Sache bemessen zu können, sucht unser Gehirn nach Vergleichswerten. Für die Beurteilung von Farben, Preisen, aber auch Einstellungen und __________ Entscheidungen greifen wir immer auf Vergleichswerte zurück.

2. Wir sehen nicht mit den Augen, sondern mit dem Gehirn.

Halten Sie Ihren Zeigefinger frontal in der Mitte zwischen Ihrem Kopf und dem blauen Kreis. Was sehen Sie, wenn Sie den Kreis fokussieren? Was sehen Sie, wenn Sie den Finger fokussieren?

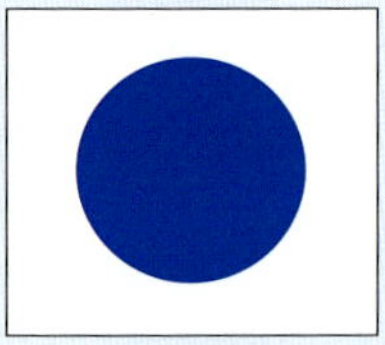

3. Zum Nachdenken

Das Tor zum Himmel. Eine Geschichte zur Konstruktion von Wirklichkeiten

Ein Kaufmann kam zu einem Meditationsmeister und fragte ihn: „Sag mir, wo ist das Tor zum Himmel und wo ist das Tor zur Hölle?“ Der Meditationsmeister sah den Kaufmann an, dann sagte er zu ihm: „Warte!“ Und es schien, dass er zu meditieren begann. So ließ er den Kaufmann einige Stunden warten. Dieser wurde ungeduldig, verärgert, dass der Meister ihn einfach so sitzen ließ, doch traute er sich nicht, ihn anzusprechen. Er begann sich sehr unwohl zu fühlen, konnte sich jedoch nicht entscheiden zu gehen und fiel schließlich in dumpfes Grübeln. Es fielen ihm schlechte Geschäfte ein, unangenehme Erfahrungen, Angst über seine Zukunft und Ärger über seine Unsicherheit.
Da sagte der Meister plötzlich zum Kaufmann: „Das ist das Tor zur Hölle.“ Der Kaufmann sah ihn erstaunt an, dann erwachte er aus seinem Grübeln und ihm wurde bewusst, wie sehr er sich mit seinen Gedanken eine unangenehme Welt geschaffen hatte. Es war, als ob ihm der Meister die Augen öffnete. Er lachte über sich selbst und freute sich über diese Erkenntnis.
Da sagte der Meister: „Siehst du, und das ist das Tor zum Himmel. Du selbst hast jeden Augenblick die Wahl.“[34]

[34] Paul Lahninger, Reise zur Lösung. Coaching-Kompetenz in Beratung, Teamentwicklung, Führung, Lehrtätigkeit, Gesprächsführung mit Beiträgen von Matthias Varga von Kibed, Bonn: managerSeminare Verlags GmbH 2010, S. 374.

4. Selbstbild, Fremdbild, Reflexion
Füllen Sie die Bögen ehrlich aus.

So sehe ich mich.

kontaktfreudig	3	2	1	0	1	2	3	zurückgezogen
sparsam	3	2	1	0	1	2	3	großzügig
ernst	3	2	1	0	1	2	3	humorvoll
einfühlsam	3	2	1	0	1	2	3	distanziert
fleißig	3	2	1	0	1	2	3	chillig
ängstlich	3	2	1	0	1	2	3	mutig
anpassungsfähig	3	2	1	0	1	2	3	prinzipiengetreu
geduldig	3	2	1	0	1	2	3	ungeduldig
chaotisch	3	2	1	0	1	2	3	strukturiert

So sehe ich meine Mitschülerin/meinen Mitschüler.

kontaktfreudig	3	2	1	0	1	2	3	zurückgezogen
sparsam	3	2	1	0	1	2	3	großzügig
ernst	3	2	1	0	1	2	3	humorvoll
einfühlsam	3	2	1	0	1	2	3	distanziert
fleißig	3	2	1	0	1	2	3	chillig
ängstlich	3	2	1	0	1	2	3	mutig
anpassungsfähig	3	2	1	0	1	2	3	prinzipiengetreu
geduldig	3	2	1	0	1	2	3	ungeduldig
chaotisch	3	2	1	0	1	2	3	strukturiert

Ich vermute, so sieht mich meine Mitschülerin/mein Mitschüler.

kontaktfreudig	3	2	1	0	1	2	3	zurückgezogen
sparsam	3	2	1	0	1	2	3	großzügig
ernst	3	2	1	0	1	2	3	humorvoll
einfühlsam	3	2	1	0	1	2	3	distanziert
fleißig	3	2	1	0	1	2	3	chillig
ängstlich	3	2	1	0	1	2	3	mutig
anpassungsfähig	3	2	1	0	1	2	3	prinzipiengetreu
geduldig	3	2	1	0	1	2	3	ungeduldig
chaotisch	3	2	1	0	1	2	3	strukturiert

5.1 Symbole

Ein Ring ist nicht nur ein Ring, wenn er eine Bedeutung hat.

Vera verliert beim Diskobesuch in der Hektik des Gewühls ihren Ring, den sie von ihrem Freund Matthias geschenkt bekommen hat. Sie sucht zunächst alle Plätze ab, wo der Ring eventuell sein könnte. Dann wird sie unruhig und beginnt zu überlegen: Könnte das Verlieren des Rings etwa eine Bedeutung haben? Und: „Wie sage ich das bloß Matthias?" Sie versucht, sich zu beschwichtigen: Es ist ja nur ein Ring! Aber es ist eben nicht nur ein Ring, es ist der Ring von Matthias. Sie spürt Angst davor, ihm von dem Verlust erzählen zu müssen; eigentümlicherweise bekommt sie Schuldgefühle. Dabei erlebt sie den Freund als sehr verständnisvoll.

Vera erzählt ihrer Freundin, die ebenfalls in der Disko ist, sofort, was passiert ist. Die Freundin, eine handfeste Person, sagt sofort: „Es ist doch klar, mit deinen Diskobesuchen läufst du vor der Beziehung davon."

Mit dem Ring sind Gefühle verbunden.

Die junge Frau denkt über die Beziehung zu Matthias nach, sie ruft sich in Erinnerung, welche Gefühle, welche Erwartungen sie mit diesem Ring verbunden hat. Sie fragt sich, ob sie die Beziehung wirklich nicht mehr will; sie fragt sich natürlich auch, warum sie so viel Angst empfindet.

Der Verlust des Rings ist nicht von seiner Bedeutung zu trennen. Es ist die Angst davor, dass Vera diese Verbundenheit, diese Ganzheit in der Beziehung, die durch den Ring symbolisiert ist, verlieren könnte oder verloren hat, dass das Thema *Trennung* anstehen könnte – und Trennung ängstigt.

Das Beispiel zeigt sehr klar, dass es sich bei einem Symbol (wie dem Ring) zunächst um einen ganz alltäglichen Gegenstand handelt, der sinnlich wahrnehmbar ist, der aber darüber hinaus auf Hintergründiges verweist, auf eine besondere Bedeutung. Und dieser alltägliche Gegenstand und die besondere Bedeutung, die er hat, sind nicht voneinander zu trennen. Ein Ring also ist zwar ein alltäglicher Gegenstand, aber in ihm ist eben auch etwas Hintergründiges enthalten; es ist ein Sinn damit verbunden, der auf eine Idee, auf etwas Allgemeines oder auch auf etwas Abstraktes bezogen werden kann.[35]

Jeder Gegenstand kann zu einem Symbol werden.

[35] Vgl. Verena KAST, Sisyphos. Der alte Stein – der neue Weg, Zürich: Kreutz Verlag 1991.

Zum Begriff des Symbols

Das Wort *Symbol* stammt vom griechischen Wort *symbolon, Erkennungszeichen*. Wenn sich im alten Griechenland zwei Freunde trennten, zerbrachen sie eine Münze, ein Tontäfelchen oder einen Ring. Wenn nun der Freund oder jemand aus seiner Familie zurückkehrte, dann musste er seine Hälfte vorweisen. Passte diese Hälfte zur anderen Hälfte, dann hatte er sich als ein Freund zu erkennen gegeben und ein Recht auf Gastfreundschaft. Das Zusammenpassen zweier Hälften ist der Ursprung des Symbols. *Symbolon,* verbunden mit dem Gastrecht, war etwas Heiliges und wurde von ZEUS geschützt.

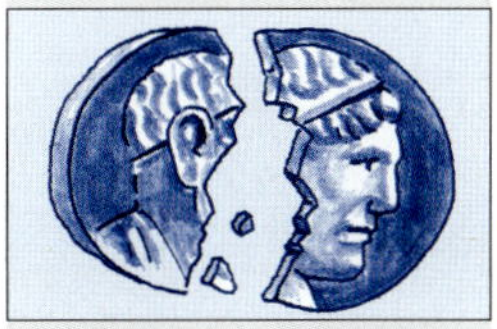

symballein (griech.) = zusammenfügen

Die Etymologie des Wortes lässt erkennen, dass ein Symbol etwas Zusammengesetztes ist: Das Symbol ist ein sichtbares Zeichen einer unsichtbaren ideellen Wirklichkeit. Beim Symbol sind also immer zwei Ebenen zu beachten: In etwas Sichtbarem äußert sich etwas Unsichtbares, in einem konkreten Gegenstand äußert sich etwas Allgemeines.

Etymologie = Herkunft und Geschichte eines Wortes

ideell = von einer Idee, einem Wert bestimmt

Die Bedeutung eines Symbols ist über Jahrtausende gewachsen. Deshalb können Symbole nicht beliebig ersetzt werden. Nehmen wir z. B. die Farbe Rot: Farben sind über ihre Farbqualität hinaus auch Bedeutungsträger. Rot bringen wir in Zusammenhang mit rotem Blut, das wir existenziell erleben; und so bekommt Rot die Bedeutung von Leben, Lebendigkeit, Leiden, Leidenschaft etc.
Im Gegensatz dazu nennen wir ein Bild oder Zeichen, das wir aufgrund einer Übereinkunft mit einer ganz konkreten Bedeutung versehen, Piktogramm. Ein Piktogramm ist konkret.

Ein Piktogramm hat aufgrund einer Übereinkunft eine ganz konkrete Bedeutung.

5.2 Zur Bedeutung von Symbolen

Wenn wir Symbole auf *eine* allgemeine Bedeutung reduzieren, so sind das lediglich historische und kulturelle Hinweise, die die Beschäftigung mit Symbolen anregen sollen. Wir müssen uns gerade in Bezug auf Symbole daran erinnern, was die Wahrnehmung des Menschen ausmacht: Der Mensch ist ein Scheinwerfer, der selektiert und ergänzt. Gerade dieses Ergänzen spielt bei Symbolen eine wichtige Rolle.

- **Kreuz:** Das Kreuz stellt die Abstraktion eines Baums dar. Der Baum war für den Menschen in frühester Vorzeit ein Gegenstand des Schutzes. Bei Gefahr konnte er hinaufklettern, vor der Gefahr am Boden fliehen, sich verstecken etc. Das Kreuz symbolisiert auch eine Orientierung, es bildet das Oben – Unten, Rechts – Links ab. Für die Christinnen und Christen ist das Kreuz das Symbol für den Sieg über den Tod.

Der Frosch kann sowohl im Wasser als auch auf dem Land leben. Entwicklungsgeschichtlich ist er also ein Tier der Übergangsstufe. Im Traum kann er daher auch als Wandlungssymbol auftreten.

- **Fisch:** Fische, die sich in den Tiefen der Meere aufhalten, symbolisieren die Tiefe des Unbewussten, aus dem fruchtbare und lebensspendende Kräfte quellen können. Fische werden in alten Kulturen mit Göttinnen der Fruchtbarkeit in Zusammenhang gebracht, z. B. mit Demeter, der griechischen Göttin des Ackerbaus. Für die Christinnen und Christen wurde der Fisch zum Symbol für Christus, wegen der Wassertaufe und wegen der Anfangsbuchstaben der Wörter *Jesus Christus Gottes Sohn Retter*, die im Griechischen das Wort FISCH ergeben.
- **Taube:** Der friedlich gewaltlose und zärtliche Charakter, der dem Vogel nachgesagt wird, machte ihn zum Inbegriff von Sanftmut und Liebe. Die Taube ist das Symboltier für Frieden und Liebe. Für die griechische Göttin Aphrodite wurden heilige Tauben gezüchtet. Im Christentum steht die Taube für Veränderung und Neubeginn, für eine kommende bessere und friedvollere Welt. Das Ende der Sintflut wird durch eine Taube angekündigt, der Beginn des Wirken Jesu (nach seiner Taufe) wird durch eine Taube symbolisiert. Tauben sind Träger von geheimen Weisheiten, sie helfen dem bewussten Ich bei Entscheidungsfindungen. In der Antike wurden Tauben bei Orakelsprüchen als Hilfe herangezogen. Der Heilige Geist als inspirative Kraft wird in Form einer Taube dargestellt.

Symbole spielen nicht nur im Verstehen der Zivilisation eine Rolle, sondern auch individuell, z. B. beim Verstehen von Träumen. Die „geheimnisvolle" Bedeutung von Traumsymbolen zu verstehen, beschäftigte alle Kulturen.
Wissenschaftlich beschäftigte sich der Arzt und Psychologe Carl Gustav Jung (1875–1961) mit den Traumsymbolen. Die Bedeutung eines wichtigen Traums ist nicht unmittelbar erkennbar, sondern nur durch Vergleich der Traummotive mit sinnverwandten Inhalten aus Mythen, Märchen, Sagen etc. Dabei spielt die Kenntnis von Symbolen eine wichtige Rolle:

- der Kreis als Sinnbild für die Vollständigkeit und Ganzheit.
- das Wasser als Symbol für Vitalität, aber auch für unbewusste Vorgänge.
- Tiere können für unsere animalischen (= tierhaften) Instinkte stehen.
- Pflanzen und Kinder können Symbole für die Entwicklung und Entfaltung der Persönlichkeit sein.
- Gebäude und Häuser können Sinnbilder für die Verfestigung von Einstellungen oder die Etablierung einer Person in materieller Hinsicht sein.

- Räder oder Fahrzeuge stehen für Veränderung und Dynamik.
- Brücken sind Symbole für Veränderung, Umstellung oder Wandel.
- Höhlen, Burgen und Schiffe dienen als Sinnbilder für Geborgenheit.
- Lorbeer: Der immergrüne Lorbeer war und ist ein Symbol der Unsterblichkeit. Der Lorbeerkranz ist ein Symbol des Sieges, des unsterblichen Ruhms. Olympiasieger der Antike bekamen einen Lorbeerkranz als Zeichen ihres Sieges.
- Schlange: Die Schlange ist ein ambivalentes Symbol. Während sie bei den Ägyptern und Griechen als Zeichen der Gesundheit und Heilung steht (vgl. Äskulapstab), gilt sie im Juden- und Christentum als Sinnbild des Bösen.
- Doppelspirale: Ambivalent ist auch die Bedeutung der Spirale. Die Doppelhelix, Bild für die DNA, symbolisiert einerseits die Hoffnung des Menschen, durch wissenschaftlichen Fortschritt Krankheiten zu heilen, andererseits ist sie zum Symbol der drohenden Manipulation der Menschheit geworden.

ambivalent = zwiespältig, in sich widersprüchlich

AUFGABEN

1. Symbol

Suchen Sie sich einen oder mehrere Gegenstände, die für Sie zum Symbol geworden sind. Beschreiben Sie deren besondere Bedeutung.

2. Herz

Das Herz als Symbol für die Mitte der Persönlichkeit ist in allen Kulturen verbreitet. Mit dem Herzsymbol werden Stimmungen, Gefühle, Erfahrungen und Sehnsüchte ausgedrückt. Der französische Schriftsteller Antoine de Saint-Exupery hat im *Kleinen Prinzen* den Satz formuliert: „Man sieht nur mit dem Herzen gut. Das Wesentliche ist für die Augen unsichtbar."[36] Ergänzen Sie folgende Sätze:

- *Wer sein Herz sprechen lässt, der …*
- *Wer mit dem Herzen hört, der …*

[36] Antoine de Saint-Exupery, Der kleine Prinz, Düsseldorf: Patmos 2003.

6 Wiederholung

Stationen des Lebens

Die wichtigsten Faktoren für die gesunde Entwicklung eines Menschen sind:

Kindheit

- ein stabiles Sicherheitsbewusstsein durch Geborgenheit und Liebe (bis zum Alter von zwei Jahren);
- sich als aktive Person erleben zu können, autonom handeln zu dürfen (bis zum Alter von drei Jahren);
- Vertrauen in eigene Initiative und Kreativität; Grenzen erfahren (bis zum Alter von sechs Jahren);

Jugend

- Vertrauen in die sozialen und intellektuellen Fähigkeiten, Ermutigung erfahren (bis zum Alter von 14 Jahren);
- Aufbau von Beziehungen zu Gleichaltrigen, um die Identitätsbildung zu fördern; Fähigkeit zu Nähe, Bindung und Liebe (bis zum Alter von 25 Jahren);

Perspektivenübernahme

Die *Theory of Mind* umschreibt die Fähigkeit des Menschen, sich in die Gefühle und das Denken anderer hineinversetzen zu können. Mit drei Jahren können Kinder zwischen einer physisch-materiellen und einer mentalen (vorgestellten, gedachten) Welt unterscheiden: *Einen echten Hund muss ich füttern; einen Hund, den ich mir nur vorstelle, brauche ich nicht zu füttern*.

Moralische Entwicklung

Die wichtigste Theorie zur Moralentwicklung stammt vom amerikanischen Sozialpsychologen Lawrence Kohlberg:

Präkonventionelles Niveau	1. Stufe: Strafvermeidung durch Gehorsam 2. Stufe: Bedürfnisbefriedigung durch Austausch
Konventionelles Niveau	3. Stufe: Anerkennung durch Familie 4. Stufe: Gesetz und Ordnung
Postkonventionelles Niveau	5. Stufe: Konsensfindung zum allgemeinen Nutzen 6. Stufe: universale ethische Prinzipien

Gewissen

Das Gewissen ist eine im menschlichen Geist verankerte Instanz, die für die Unterscheidung zwischen „gut" und „böse", „richtig" und „falsch" hilfreich sein kann und die das Individuum gleichsam auffordert, „moralisch richtig" zu handeln. Es ist also eine persönliche Überzeugung, die das eigene Handeln mehr oder weniger stark bestimmt. Das Gewissen ist jedoch keine zuverlässige Instanz, es meldet sich manchmal gar nicht, manchmal zu spät, manchmal bleiben sogenannte Gewissensbisse oder das schlechte Gewissen zurück, ohne dass man weiß, wie man eigentlich richtig hätte handeln können.

Aus psychologischer Sicht gehört Gewissensbildung zur menschlichen Entwicklung und ist Teil der Erziehung. Dabei wirken bewusste und unbewusste Prozesse zusammen. Die Grundlagen werden bereits in der frühen Kindheit gelegt. Ob Geborgenheit dem Kind Halt gibt oder ob es um seine Existenz fürchten muss, schlägt sich in Misstrauen oder Urvertrauen nieder. Hinzu kommen Regeln, Werte und Normen der Gesellschaft, die vom Kind durch ständige Wiederholungen verinnerlicht werden und damit unbewusst wirken.

Gewissen aus psychologischer Sicht

Moralische Haltungen werden in lang andauernden Lernprozessen des Beobachtens und Nachahmens aufgebaut. Dafür sind Vorbilder wichtig:

- Vorbilder sind Personen, die wegen ihrer besonderen Eigenschaften oder moralischen Handlungen zum persönlichen Leitbild erwählt werden.
- Heldinnen und Helden setzen sich für andere ein. Sie dienen weniger der unmittelbaren Nachahmung, sondern verkörpern Werte und Tugenden (vgl. HERAKLES).
- Stars sind die Produkte medialer Trends (Sport, Film, Musik etc.). Von Idolen spricht man, wenn die Verehrung eines Stars ins Irrationale abgleitet.

Vorbilder, Helden, Stars

Wahrnehmung ist ein aktiver Prozess: Der Mensch, mit Milliarden von kleinsten Informationseinheiten konfrontiert, selektiert, wählt aus, ergänzt und strukturiert. Die Ergebnisse des Wahrnehmungsprozesses, an dem verschiedene Organe beteiligt sind, sind Informationsgewinnung und Informationsverarbeitung. Menschliche Wahrnehmung ist vor allem selektiv: Menschen nehmen alles mit bestimmten Vorerwartungen wahr. Wahrnehmung ist niemals voraussetzungsfrei. Immer sind Voraussetzungen mitgedacht, die die neuen Informationen selektieren, ergänzen und strukturieren. Der Mensch ist ein Scheinwerfer, der immer selbst die Informationsauswahl trifft.

Wahrnehmung

Bei einem Symbol handelt es sich zunächst um einen ganz alltäglichen Gegenstand, der sinnlich wahrnehmbar ist, der aber darüber hinaus auf Hintergründiges verweist, auf eine besondere Bedeutung. Dieser alltägliche Gegenstand und die besondere Bedeutung, die er hat, sind nicht voneinander zu trennen. Die besondere Bedeutung eines Symbols kann man anhand des Kreuzes veranschaulichen. Das Kreuz stellt die Abstraktion eines Baums dar. Der Baum war für den Menschen in frühester Vorzeit ein Gegenstand des Schutzes. Bei Gefahr konnte er hinaufklettern, vor der Gefahr am Boden fliehen, sich verstecken etc.

Symbol

AUFGABEN zur Wiederholung und Vertiefung

1. Sortieraufgabe

Setzen Sie hinter jeden Begriff, den Sie einer anderen Person nicht erklären können, ein Minuszeichen (–); hinter jeden Begriff, den Sie erklären können, setzen Sie ein Pluszeichen (+). Fragen Sie anschließend Ihre Sitznachbarin bzw. Ihren Sitznachbarn, ob sie/er beim Begriff bzw. bei Begriffen mit Minuszeichen weiterhelfen kann.

Bindungsverhalten	Identität	Empathie
Theory of Mind	Volljährigkeit	Dilemma
Gewissen	Es, Ich, Über-Ich	Vorbild
Held	Star	HERAKLES
Malala YOUSAFZAI	Wahrnehmung	Symbol

2. Lernreflexion

Am Ende eines jeden Kapitels werden Sie dazu aufgefordert, über das bisher Gelernte nachzudenken und zu reflektieren. Lernen ist ein Prozess, der ein Leben lang stattfindet. Es ist sinnvoll, nach einer gewissen Zeit über Lernfortschritte nachzudenken. Die folgenden Fragen sollen für Sie lediglich Anregung sein, Sie brauchen die Fragen nicht Punkt für Punkt zu beantworten.

- Welche Themen haben mich angesprochen?
- Welche Themen haben mich nicht so sehr interessiert?
- Welche Ideen habe ich zu den Themen beigetragen?
- Welche Methoden sagen mir im Unterricht besonders zu (Vortrag, Arbeiten am Computer, Gruppenarbeit, offene Lernformen, Diskussion …)?
- Gibt es Inhalte, die meine bisherigen Ansichten verändert haben?

3. Transfer

Fügen Sie die Begriffe in die Tabelle ein. Erklären Sie Ihre Zuordnung.
Gewissen, allgemein gültige Norm, moralisches Bewusstsein, sicheres Bindungsverhalten, harmonische Beziehungen

Handlungsweise	Fähigkeit
Vierjährige argumentieren: „Stehlen darf man nicht, weil man nicht stehlen darf."	
Zweijährige zeigen Schuldgefühle, wenn sie etwas Falsches tun.	
Einige Menschen handeln nach der Maxime, von der man wollen kann, dass sie ein allgemeines Gesetz wird.	
Jugendliche orientieren sich an gemeinsamen Interessen, sie stellen individuelle Interessen zurück.	
Einjährige suchen Kontakt und Nähe zur Bezugsperson, sie zeigen offen ihre Gefühle.	

4. Diskussion

Lesen Sie den folgenden Text. Diskutieren Sie die Thesen. Wählen Sie eine für Ihre Gruppe passende Diskussionsmethode.

> Jugendliche sehnen sich nach Autorität. Sie brauchen die Autorität von Erwachsenen, die ihnen Orientierung und Halt geben, die ihnen Vorbilder sind, die ihnen hohe Ziele vorgeben und Grenzen setzen, aber sie gleichzeitig ermutigen, die Grenzen zu überschreiten. Der Widerstand gegen Autorität führt in die Selbstständigkeit. Wer Selbstbestimmung lernen will, muss Unterordnung gelernt haben. Wenn Jugendliche in der Zeit des Umbruchs, der Pubertät, die auch die Zeit der Selbstentdeckung und Selbstfindung ist, keiner Autorität begegnen, mit der sie sich auseinandersetzen können, bleibt dieser Prozess kraftlos, weil den Jugendlichen ein Gegenüber fehlt, an dem sie sich reiben, an dem sie aber auch wachsen können.
> Kreativität und Solidarität setzen Disziplin voraus. Um im Unterricht kreativ arbeiten zu können, müssen Schülerinnen und Schüler Ordnungssinn mitbringen, sich konzentrieren können und sorgfältig arbeiten. Und sie müssen Gehorsam und Autorität anerkennen.[37]

5. Placemat zur Erziehung

„Die Kinder leben im 21. Jahrhundert, Eltern und Lehrer sind aus dem 20. Jahrhundert, und das Bildungssystem stammt aus dem 19. Jahrhundert … Nur eine Pädagogik, die das individuelle Potenzial jedes Kindes möglichst gut auszuschöpfen vermag, verhilft den Kindern dazu, jene eigenständigen, kreativen und lernbereiten Individuen zu werden, die sich in dieser zunehmend vielseitigen, dynamischen und anforderungsreichen Gesellschaft der Zukunft erfolgreich behaupten können."[38]

Wie kann Ihrer Meinung nach eine Erziehung von Kindern und Jugendlichen aussehen, die Eigenständigkeit, Kreativität und Lernbereitschaft fördert?

Bilden Sie Gruppen zu je vier Personen. Notieren Sie zunächst Ihre Gedanken in Einzelarbeit. Diskutieren Sie anschließend die Ergebnisse der Einzelarbeit in der Gruppe. Die wichtigsten Ergebnisse Ihrer Gruppendiskussion notieren Sie für Ihre Präsentation in der Mitte des Blattes.

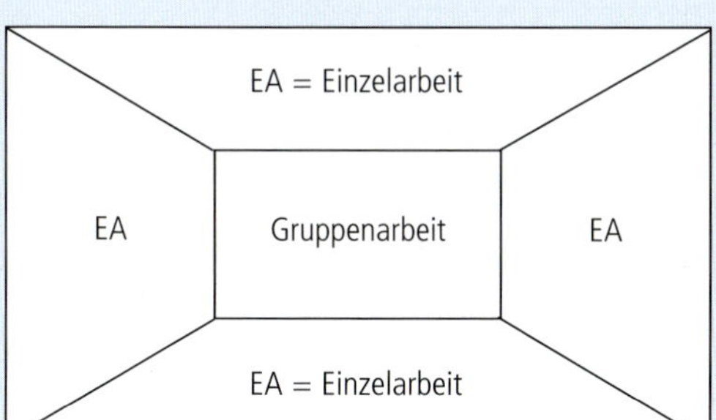

Die Methode „Placemat" bietet die Möglichkeit, sowohl individuelle Arbeitsergebnisse als auch Ergebnisse aus einer Gruppenarbeit festzuhalten.

[37] Vgl. Bernhard Bueb, Lob der Disziplin. Eine Streitschrift, Berlin: List 2006.
[38] Remo H. Largo, Lernen geht anders. Bildung und Erziehung vom Kind her denken, Hamburg: edition Körber-Stiftung 2010, S. 26.

Kapitel 3: Gemeinschaft

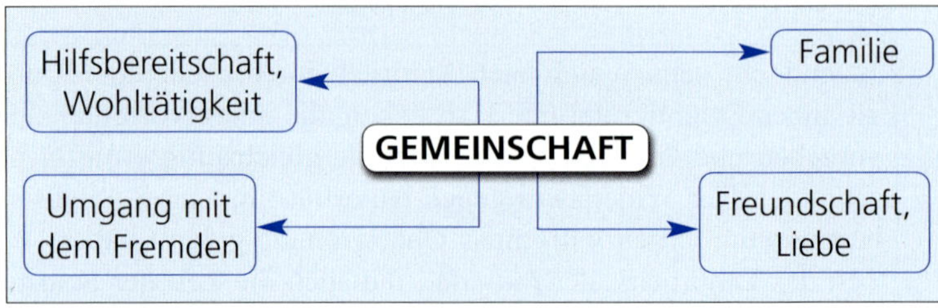

VORKENNTNISSE AKTIVIEREN

1. Welche Werte sind für das Gelingen einer „guten Beziehung/Partnerschaft" wichtig? Reihen Sie die angeführten Werte (von 1–9) zunächst in Einzelarbeit. Vergleichen Sie Ihre Ergebnisse in der Gruppe.
   ___ gegenseitiger Respekt und Anerkennung
   ___ Übereinstimmung in sozialer Herkunft und in politischen bzw. religiösen Fragen
   ___ gegenseitiges Verstehen und Toleranz
   ___ Bereitschaft, über Probleme in der Partnerschaft zu diskutieren
   ___ angemessenes Einkommen der Partnerin/des Partners
   ___ glückliche sexuelle Beziehung
   ___ Kinder
   ___ Treue
   ___ gute Wohnverhältnisse

2. Formulieren Sie Ihre Vorstellung von Freundschaft durch drei Bilder (Beispiel: … *wie ein Baum* …).
   - Freundschaft ist für mich wie ____________, weil …
   - Freundschaft ist für mich wie ____________, weil …
   - Freundschaft ist für mich wie ____________, weil …

3. Wodurch wird die Hilfsbereitschaft beeinflusst? Stellen Sie Vermutungen an, welche der angeführten Aspekte die Hilfsbereitschaft wesentlich beeinflussen:
   - hohe moralische Ideale wie absolute Gerechtigkeit
   - hohe Ähnlichkeit mit der Person, der geholfen werden soll
   - hoher Stress, wenn man nicht hilft (z. B. Gewissensbisse, Zusehenmüssen bei leidvollen Situationen)
   - die eigene Zugehörigkeit zu einer Religionsgemeinschaft

Experiment
In einer Sporthalle wurde getestet, wie viel Prozent in einer Gruppe nötig sind, um konformes (gleichförmiges) Verhalten in Gang zu setzen, z. B., dass sich Menschen in die eine oder andere Richtung bewegen, im Kreis gehen etc. Gehen wir von einer Gruppe von 200 Personen aus: Wie viele Personen braucht man, um ein Schwarmverhalten in Gang zu setzen? Schätzen Sie.

1 Familie

Unter *Familie* versteht man eine soziale Gruppierung, deren Verbindung auf Verwandtschaft, Heirat oder längerfristigem Zusammenhang beruht. Die Familie erfüllt in fast allen Kulturen die Funktion, den historischen Fortbestand der Gesellschaft zu gewährleisten: Fortpflanzung, primäre Sozialisation der Individuen, Versorgung der einzelnen Mitglieder, vor allem der Kinder. Während man in früherer Zeit unter *Familie* ein verheiratetes Ehepaar, das Kinder hatte, verstand, wird heute Familie als Lebensgemeinschaft definiert: Sie bezeichnet den Lebensraum, in dem Erwachsene und Kinder in einem gemeinsamen Haushalt leben, in dem die Kinder den Schutzraum für ihre Entwicklung vorfinden, in dem die Erwachsenen und die Kinder Geborgenheit, Entfaltungsmöglichkeiten und Erholung vorfinden. Solche Lebensgemeinschaften können vielfältig sein:

- Ehepaar oder Lebensgemeinschaft ohne Kinder,
- Ehepaar oder Lebensgemeinschaft mit Kindern,
- alleinerziehende Mutter oder alleinerziehender Vater,
- gleichgeschlechtliche Partnerschaft.

Familie bzw. Partnerschaft und Kinder stehen in der Werteskala nach wie vor an erster Stelle, vor Freizeit, Arbeit oder Luxusgütern. Der oft beklagte Wertewandel oder „Werteverfall" lässt sich aufgrund der empirischen Datenlage nicht bestätigen. Als Idealnorm gilt die Zwei-Kind-Familie, dies sehen etwa 65 % der Österreicherinnen und Österreicher so; nur 2 % betrachten es als ideal, kinderlos zu sein.

Das Leben in einer Partnerbeziehung ist für einen Großteil der österreichischen Bevölkerung ein zentraler Bestandteil der Biografie: Etwa zwei Drittel leben in einer Partnerschaft; 50 % halten eine dauerhafte Beziehung für wichtig, um glücklich sein zu können. Die hohe Beziehungsorientierung ist auch bei jungen Menschen stark ausgeprägt.[1]

Zu den Funktionen einer Familie gehören u. a.:

- Sozialisationsfunktion: Die Familie ist neben anderen gesellschaftlichen Einrichtungen der Ort, wo Kinder versorgt und erzogen werden, wo sie soziales Verhalten lernen.
- Haushalts- und Freizeitfunktion: Im täglichen Zusammenleben werden menschliche Grundbedürfnisse wie Sicherheit, Zuwendung, Anerkennung etc. befriedigt.

[1] Vgl. Bundesministerium für Wirtschaft, Familie und Jugend, 5. Österreichischer Familienbericht – auf einen Blick, Wien: 2010, S. 32, 39, 42, 59.

AUFGABEN

1. Familie

Formulieren Sie zunächst Ihre Definition von „Familie": *Für mich bedeutet Familie …* (Wer gehört dazu? Welcher Wert ist sehr wichtig?)
Vergleichen Sie Ihre Definition mit den angeführten Informationen. Welche Ähnlichkeiten/Unterschiede stellen Sie fest?

- Die Mehrgenerationenfamilie (Großeltern, Eltern, Kinder) ist eine Erfindung der Soziologie des 19. Jahrhunderts. Seit Beginn der Neuzeit (um 1500) war die Kernfamilie (Mutter, Vater und meist viele Kinder) vorherrschend. Die Lebenserwartung lag bei etwa 38 Jahren, kurz nach der eigenen Heirat starben die Eltern.
- Das Wort „Familie" gibt es im Deutschen erst seit Ende des 18. Jahrhunderts. Davor wurden zum Haus gehörige Menschen dazugerechnet, also die Kernfamilie inklusive Mägde, Knechte, Verwandte, Untermieterinnen/Untermieter etc., die im Haus gegessen und meist in denselben Räumen geschlafen haben.
- In den unteren und mittleren sozialen Schichten waren Frauen seit jeher vollständig in den bäuerlichen, handwerklichen oder industriellen Arbeitsprozess eingebunden. Viele Arbeiten wurden gemeinsam erledigt.
- Die Betreuung und Erziehung der Kinder fand neben und im Rahmen der täglichen Arbeiten statt und nur zu einem ganz geringen Teil durch die Eltern selbst. Häufig waren die Kleinkinder unter der Aufsicht von Mägden oder anderen Mitgliedern des Haushaltes. Auf dem Land war es üblich, dass Kinder im Alter von acht Jahren die Eltern verließen, um bei fremden Leuten in Dienst zu gehen.[2]
- Heute wird der Begriff „Familie" für folgende Bereiche verwendet: Kleinfamilie (Mutter, Vater, Kind), alleinerziehende Eltern, Großfamilie (mehrere Generationen leben zusammen), Pflege- und Adoptivfamilie, Patchworkfamilie (Geschiedene bilden mit ihren Kindern eine neue Familie).

2. Werte in der Familie

Überlegen Sie, welche Werte in der jeweiligen Familie besonders wichtig sind: *Solidarität, Gehorsam, Autonomie, Gerechtigkeit, Empathie*

	Familie	Wert
1.	Die Kinder dürfen bei allen Entscheidungen mitbestimmen.	
2.	Was die Mutter sagt, muss ohne Widerrede getan werden.	
3.	Jede/jeder muss einmal pro Woche den Müll hinuntertragen.	
4.	Bei Problemen helfen wir uns gegenseitig.	
5.	Wenn unser Kind bei der Schularbeit schlecht abschneidet, leiden wir richtig mit.	

[2] Vgl. Andrea Maihofer/Tomke Böhnisch/Anne Wolf, Wandel der Familie. Literaturstudie, Düsseldorf: Hans-Böckler-Stiftung 2001, S. 13.

3. Hilfsbereitschaft

Partnerschaftlichkeit in der Familie heißt, dass – wenn alle Mitglieder beruflich in etwa gleich belastet sind – auch die Arbeit im Haushalt „gerecht" verteilt wird. Füllen Sie den folgenden Fragebogen aus. Vergleichen Sie die Differenz zwischen dem, was Sie tatsächlich im Haushalt tun, und dem, was Sie aufgrund Ihrer Fähigkeiten und Fertigkeiten tun könnten.

	Was mache ich?		Was wäre mir möglich?	
Tätigkeit	ja	nein	wäre mir möglich	ist mir nicht möglich
bügeln	○	○	○	○
Wäsche aufhängen	○	○	○	○
aufräumen	○	○	○	○
abwaschen	○	○	○	○
Reparaturen	○	○	○	○
Bad säubern	○	○	○	○
WC säubern	○	○	○	○
Blumen pflegen	○	○	○	○
kochen	○	○	○	○
Staub saugen	○	○	○	○
Frühstück zubereiten	○	○	○	○
Müll beseitigen	○	○	○	○

4. Wochenplan

Erstellen Sie einen **fairen Wochenplan** für die Aufteilung der Arbeit im Haushalt. Berücksichtigen Sie die Interessen und Fähigkeiten der Familienmitglieder. Berücksichtigen Sie auch die ungefähre Zeit, die für die jeweilige Tätigkeit pro Woche benötigt wird.

Tätigkeit	Zeit	Ich	Mutter	Vater	Geschwister
bügeln					
Wäsche aufhängen					
aufräumen					
abwaschen					
Reparaturen					
Bad säubern					
WC säubern					
Blumen pflegen					
kochen					
Staub saugen					
Frühstück zubereiten					
Müll beseitigen					
Zeit für Haushalt	Min.	Min.	Min.	Min.	Min.

1.1 Konfliktregelungen

Viele Konflikte zwischen Menschen, die eng zusammenleben, entstehen u. a. dadurch, dass jeder den anderen nach seinen Vorstellungen auf eine bestimmte Rolle festlegen will. Man spricht von Projektionen: Die/der eine projiziert die eigenen Vorstellungen auf die andere/den anderen. In der Gefahr des Projizierens befinden sich Eltern besonders dann, wenn ihre Kinder sich von ihnen zu trennen beginnen – in der Pubertät. Die Jugendlichen lösen sich vom Familienverband, Peergroups werden wichtiger, sie entwickeln eigene, den Eltern oft fremde Verhaltens- und Sprechweisen. Nun wird alles *cool, geil, mega-out, giga-in* etc.

Bei Familienkonflikten ist es sinnlos, nach *einer* Ursache zu fragen. Immer spielen mehrere Faktoren, die sich wechselseitig verstärken, eine Rolle. Dazu ein Beispiel: *Familie Maier besteht aus Vater, Mutter und den beiden Söhnen Martin (17) und Paul (15). Der Vater hat einen besseren Draht zu Martin, die Mutter versteht sich zurzeit mit Paul besser. Alles nimmt seinen geregelten Lauf. Zwischen Vater und Mutter gibt es in letzter Zeit hin und wieder Streit, der Partnerkonflikt wird aber von niemandem bewusst wahrgenommen. Paul war in der Schule nie besonders gut, er bringt wieder einmal ein Nicht genügend nach Hause. Es kommt zum Streit, der Vater rastet völlig aus.* Schematisch kann man die Problemkonstellation etwa so darstellen:[3]

Problemkonstellationen in der Familie

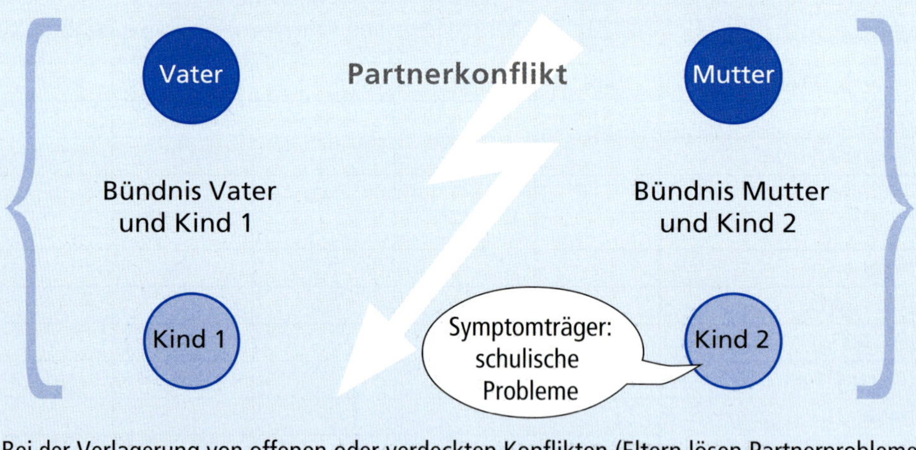

Bei der Verlagerung von offenen oder verdeckten Konflikten (Eltern lösen Partnerprobleme über die Kinder) wird das schwächste Mitglied zum Symptomträger.

[3] Vgl. Karl LAHMER/Hellmut SANTER, Psychotherapien. Folienmappe, Hadersdorf: sbz 1999, Folie 41 und 42.

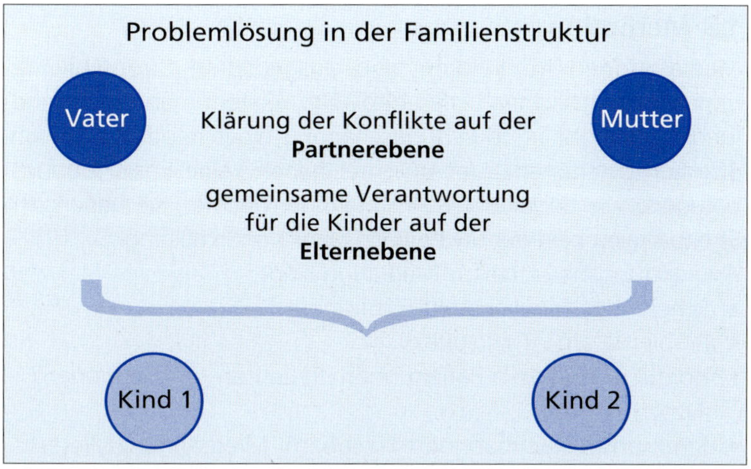

Die Familie wird als ein lebendiger Organismus gesehen. Jedes Mitglied hat in diesem Organismus eine bestimmte Position mit zugehöriger Rollenzuschreibung inne.

1.2 Gestaltung von Interaktion

Der Psychologe Eric BERNE (1910–1970) entwickelte ein Konzept, sich das eigene Kommunikationsverhalten bewusst zu machen. Beziehungen werden durch sogenannte Transaktionen (= Botschaften) in sprachlicher und nichtsprachlicher Form gestaltet.

BERNE unterscheidet drei Ich-Zustände:

- Das *Erwachsenen-Ich* ist der Bereich von Denk- und Verhaltensweisen, die überlegt und verantwortlich gestaltet sind.
- Das *Eltern-Ich* repräsentiert die im Laufe der Erziehung übernommenen Denk- und Verhaltensweisen.
- Das *Kindheits-Ich* repräsentiert die in der Kindheit entwickelten Denk- und Verhaltensweisen.

In der Kommunikation geht es darum zu erkennen, in welchen Situationen welche Ich-Zustände aktiviert werden.

Parallele Transaktion	Verdeckte Transaktion
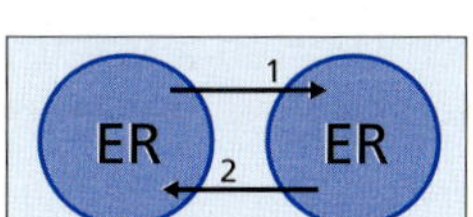	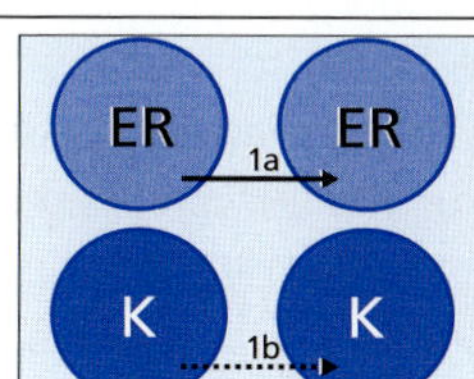
1. (Frau zu Mann) Essen wir heute Pizza? 2. (Mann zu Frau) Nein, lieber hätte ich heute nur Salat.	1a. (Frau zu Mann) Essen wir heute Pizza oder 1b. willst du mich schon wieder alleine essen lassen?

Die Transaktionsanalyse untersucht, von welchen Ich-Zuständen her Interaktionen (= Transaktionen) ablaufen.

1.3 Mediation

Mediatorinnen/Mediatoren sind ausgebildete Streitschlichterinnen/Streitschlichter. Unter *Mediation* versteht man die Behandlung eines Konflikts durch Einschaltung einer neutralen Person. Streitschlichterinnen/Streitschlichter haben keine Entscheidungsbefugnis, wie beispielsweise Richterinnen/Richter; sie helfen den Streitparteien bei ihrer Suche nach einer Konfliktlösung.
Anwendungsbereiche für Mediation sind:

- Scheidung, Familienstreit, Erbfragen
- Probleme am Arbeitsplatz
- Konflikte zwischen Patientinnen/Patienten und Ärztinnen/Ärzten
- Streit unter Nachbarinnen/Nachbarn, Mieterinnen/Mietern und Vermieterinnen/Vermietern
- Probleme im Schulbereich

Für die Regelung von Schulkonflikten existieren bereits vielfältige Ausbildungen. Schülerinnen und Schüler können sich für diese besondere Form der Konfliktlösung schulen lassen und werden dann in der Schule entsprechend eingesetzt. Da es sich bei der Mediation um eine soziale Schlüsselqualifikation handelt, gibt es Schulen, die das Thema *Schlichtung und Mediation* bereits in ihr Schulprogramm aufgenommen haben.

Die Mediation orientiert sich an folgenden Grundsätzen:

- Freiwilligkeit: Die Parteien des Mediationsprozesses müssen sich freiwillig zu dem Verfahren entschließen.
- Eigenverantwortlichkeit: Die Parteien vertreten ihre Standpunkte selbst, sie werden nicht durch eine Verteidigerin/einen Verteidiger oder eine andere Person vertreten.
- Neutralität: Die Mediatorin/Der Mediator muss während des Mediationsprozesses und danach gegenüber den Konfliktparteien eine streng neutrale Haltung einnehmen.
- Vertraulichkeit: Alle Inhalte des Mediationsverfahrens sind einem strengen Vertraulichkeitsgebot unterworfen.

Ablauf einer Mediation

1. Die Grundregeln (Fairness, Zusammenarbeit, Offenheit, Ehrlichkeit, Vertraulichkeit und Zuhören ohne Unterbrechungen) werden erklärt.
2. Jede Partei schildert den Konflikt aus ihrer Sicht. Die Mediatorinnen/Mediatoren fassen in neutralen Worten zusammen.
3. Beide Parteien versuchen, die persönlichen (emotionalen) Gründe für den Konflikt zu benennen.
4. Ausgehend von der Frage „Wie hätte es anders verlaufen können?" werden die Parteien angeleitet, ein Happy-end-Szenario im Kopf zu entwickeln. Durch Brainstorming-Verfahren werden Lösungsmöglichkeiten gesucht.
5. Die Konfliktpartnerinnen/Konfliktpartner einigen sich auf eine faire, konkrete, realistische und ausgewogene Lösung, die in der Regel schriftlich festgehalten wird.

AUFGABEN

1. Zuordnung von Ich-Zuständen

Die Transaktionsanalyse gibt Ihnen die Möglichkeit, durch genaues Hinhören den entsprechenden Ich-Typ zuzuordnen. Analysieren Sie die folgenden Beispiele und ordnen Sie diese dem entsprechenden Ich-Typ zu. Begründen Sie Ihre Zuordnung.

Erwachsenen-Ich: *souverän, nüchtern, logisch*
Eltern-Ich: *kontrollierend, zurechtweisend, fürsorglich, tröstend*
Kindheits-Ich: *spontan, impulsiv, ängstlich*

- Ich rate dir dringend ab, so hoch zu klettern. ____________
- Mach, was du willst, mir ist das egal. ____________
- Die Wahrscheinlichkeit, dass es morgen regnet, ist groß. ____________
- Ich würde an deiner Stelle die Hausübung sofort erledigen. ____________
- Um es klar zu sagen: Mobbing hat in der Schule keinen Platz. ____________
- Ich kann die Mathematikaufgabe nie allein lösen. ____________
- Ich möchte sofort ein Eis. ____________

Eigenes Beispiel:
Erwachsenen-Ich: ________________________________
Eltern-Ich: ________________________________
Kindheits-Ich: ________________________________

2. Charakterisierungen

Charakterisieren Sie Eltern-Ich, Kindheits-Ich und Erwachsenen-Ich, indem Sie die Begriffe richtig zuordnen.
erröten, beratend, erhobener Zeigefinger, extravertiert, zurückhaltend, Augenbrauen runzeln, ängstlich, souverän, erblassen, viele W-Fragen, (warum, weshalb)
Erwachsenen-Ich: ________________________________
Eltern-Ich: ________________________________
Kindheits-Ich: ________________________________

3. VW-Regel: Vom Vorwurf zum Wunsch

Die Sprache ist ein wesentliches Element in der Mediation. Ein Wunsch kann leichter respektiert werden als ein Vorwurf. Vorwürfe signalisieren: *Ich bin okay, du nicht!* Wünsche signalisieren: *Ich bin okay, du auch!* Beispiele:
Vorwurf: Sie haben die Übung noch immer nicht abgegeben.
Wunsch: Bitte senden Sie mir bis Montag die Übung, damit ich sie noch korrigieren kann.
Vorwurf: Sie kommen praktisch immer zu spät.
Wunsch: Ich möchte meine Arbeit planen können. Halten Sie sich bitte an die Vereinbarung.
Sammeln Sie in kleinen Gruppen typische Vorwürfe. Formulieren Sie diese Vorwürfe in Wünsche um. Über Wünsche kann man verhandeln, man kann dazu Stellung nehmen. Vor allem Ich-Botschaften eignen sich zur Formulierung von Wünschen.

2 Beziehungen

Beziehungen zwischen Menschen zeichnen sich durch ein Zusammengehörigkeitsgefühl aus.

2.1 Freundschaft

Freundschaft ist Erfahrung von intensiver Gemeinschaft. Wenn sich zwei Menschen als Freundinnen/Freunde bezeichnen, werden sie einander vor allem *vertrauen*:

- Freundschaft beruht immer auf Gegenseitigkeit.
- Freundinnen/Freunde vertrauen einander, dass nichts ausgeplaudert wird; in Abwesenheit der/des anderen werden sie übereinander nicht schlecht reden.
- Freundinnen/Freunde können sich für die gleichen Dinge begeistern und haben gemeinsame Interessen.
- Freundinnen/Freunde verzeihen die Fehler der jeweils anderen; sie haben auch den Mut zu Ehrlichkeit, zu offenem Widerstand.
- Freundinnen/Freunde sind bereit, sich gegenseitig geduldig zu unterstützen.
- Freundinnen/Freunde pflegen gemeinsame Erlebnisse, Erinnerungen, Hoffnungen und Visionen.

Antoine de SAINT-EXUPERY (1900–1944) schreibt in seinem Buch *Der Kleine Prinz* über Beziehungen verschiedenster Art, u. a. über die Beziehung des Kleinen Prinzen zum Fuchs.

Der Kleine Prinz und der Fuchs

In diesem Augenblick erschien der Fuchs: „Guten Tag", sagte der Fuchs. „Guten Tag", antwortete höflich der Kleine Prinz, der sich umdrehte, aber nichts sah. „Ich bin da", sagte die Stimme, „unter dem Apfelbaum." „Wer bist du?", sagte der Kleine Prinz. „Du bist sehr hübsch." „Ich bin ein Fuchs", sagte der Fuchs. „Komm, spiel mit mir", schlug ihm der Kleine Prinz vor. „Ich bin so traurig." „Ich kann nicht mit dir spielen", sagte der Fuchs. „Ich bin noch nicht gezähmt!"

„Ah, Verzeihung!", sagte der Kleine Prinz. Aber nach einiger Überlegung fügte er hinzu: „Was bedeutet das: *Zähmen*?" [...] „Das ist eine in Vergessenheit geratene Sache", sagte der Fuchs. „Es bedeutet *sich vertraut zu machen*. Du bist für mich noch nichts als ein kleiner Knabe, der hunderttausend kleinen Knaben völlig gleicht. Ich brauche dich nicht und du brauchst mich ebenso wenig. Ich bin für dich nur ein Fuchs, der hunderttausend Füchsen gleicht. Aber wenn du mich zähmst, werden wir einander brauchen. Du wirst für mich einzig sein in der Welt. Ich werde für dich einzig sein in der Welt." „Ich beginne zu verstehen", sagte der Kleine Prinz. „Es gibt eine Blume [...] ich glaube, sie hat mich gezähmt [...]" „Das ist möglich", sagte der Fuchs. „Man trifft auf der Erde alle möglichen Dinge [...]" Der Fuchs verstummte und schaute den Prinzen lange an: „Bitte [...] zähme mich!", sagte er.

„Ich möchte wohl“, antwortete der Kleine Prinz, „aber ich habe nicht viel Zeit. Ich muss Freunde finden und viele Dinge kennen lernen.“ „Man kennt nur die Dinge, die man zähmt“, sagte der Fuchs. „Die Menschen haben keine Zeit mehr, irgendetwas kennen zu lernen. Sie kaufen sich alles fertig in den Geschäften. Aber da es keine Kaufläden für Freunde gibt, haben die Leute keine Freunde mehr. Wenn du einen Freund willst, so zähme mich!“ „Was muss ich da tun?“, sagte der Kleine Prinz.

„Du musst sehr geduldig sein“, antwortete der Fuchs. „Du setzt dich zuerst ein wenig abseits von mir ins Gras. Ich werde dich so verstohlen, so aus dem Augenwinkel anschauen, und du wirst nichts sagen. Die Sprache ist die Quelle der Missverständnisse. Aber jeden Tag wirst du dich ein bisschen näher setzen können.“

So machte denn der Kleine Prinz den Fuchs mit sich vertraut. Und als die Stunde des Abschieds nahe war: „Ach!“, sagte der Fuchs, „ich werde weinen.“ „Das ist deine Schuld“, sagte der Kleine Prinz, „ich wünsche dir nichts Übles, aber du hast gewollt, dass ich dich zähme [...]“

„Gewiss“, sagte der Fuchs. „Aber nun wirst du weinen!“, sagte der Kleine Prinz. „Bestimmt“, sagte der Fuchs. „So hast du also nichts gewonnen!“ „Geh die Rosen wieder anschauen!“, sagte der Fuchs. „Du wirst begreifen, dass die deine einzig ist in der Welt. Du wirst wiederkommen und mir Adieu sagen und ich werde dir ein Geheimnis schenken.“

Der Kleine Prinz ging, die Rosen wieder zu sehen: „Ihr gleicht meiner Rose gar nicht, ihr seid noch nichts“, sagte er zu ihnen. „Niemand hat sich euch vertraut gemacht und auch ihr habt euch niemanden vertraut gemacht. Ihr seid, wie mein Fuchs war. Der war nichts als ein Fuchs wie hunderttausend andere. Aber ich habe ihn zu meinem Freund gemacht und jetzt ist er einzig in der Welt.“ Und die Rosen waren sehr beschämt. „Ihr seid schön, aber ihr seid leer“, sagte er noch. „Man kann für euch nicht sterben. Gewiss, ein Irgendwer, der vorübergeht, könnte glauben, meine Rose ähnle euch. Aber in sich selbst ist sie wichtiger als ihr alle, da sie es ist, die ich begossen habe. Da sie es ist, die ich mit dem Wandschirm geschützt habe. Da sie es ist, deren Raupen ich getötet habe (außer den zwei oder drei um der Schmetterlinge willen). Da sie es ist, die ich klagen oder sich rühmen gehört habe oder auch manchmal schweigen. Da es meine Rose ist.“

Und er kam zum Fuchs zurück. „Adieu“, sagte er [...] „Adieu“, sagte der Fuchs. „Hier ist mein Geheimnis. Es ist ganz einfach: Man sieht nur mit dem Herzen gut. Das Wesentliche ist für die Augen unsichtbar.“ „Das Wesentliche ist für die Augen unsichtbar“, wiederholte der Kleine Prinz, um es sich zu merken. „Die Zeit, die du für deine Rosen verloren hast, sie macht deine Rosen so wichtig.“ „Die Zeit, die ich für meine Rosen verloren habe [...]“, sagte der Kleine Prinz, um es sich zu merken. „Die Menschen haben diese Wahrheit vergessen“, sagte der Fuchs. „Aber du darfst sie nicht vergessen. Du bist zeitlebens für das verantwortlich, was du dir vertraut gemacht hast. Du bist für deine Rose verantwortlich [...]“ „Ich bin für meine Rose verantwortlich [...]“, wiederholte der Kleine Prinz, um es sich zu merken.[4]

[4] Antoine de SAINT-EXUPERY, Der Kleine Prinz, Düsseldorf: Patmos 2003, S. 55ff.

AUFGABEN

1. Textanalyse

Lesen Sie den Textausschnitt „Der Kleine Prinz und der Fuchs". Ergänzen Sie die folgenden Teilsätze.

- Freundschaft ist ______________________________.
- Zähmen heißt sich ______________________________.
- Freundschaft heißt die ______________________ herausfinden.
- Freundschaft braucht keine ______________________________.
- Freundschaft braucht ______________________________.
- Freundschaft ist mit ______________________ verbunden.
- Freundschaft ist ______________________________.
- Freundschaft heißt ______________________ übernehmen.

2. Welche der folgenden Bilder symbolisieren für Sie Freundschaft?

Beschreiben Sie die Art der Freundschaft.

3. Was erfordert Freundschaft?

Ergänzen Sie die Liste.

- Auf eine Freundin/einen Freund kann man sich verlassen.
- Freundinnen/Freunde teilen einander auch Geheimnisse mit.
- Eine Freundin/Ein Freund ist ehrlich zu mir.
- ______________________________
- ______________________________
- ______________________________

4. Geben und Nehmen

Nehmen Sie ein Blatt Papier und schreiben Sie Ihre Ideen zu Freundschaft gut leserlich und untereinander darauf: **Erwartungen, Ängste, Ideen**.

Bilden Sie einen Sesselkreis, legen Sie die Blätter in die Mitte. Sammeln Sie die *Erwartungen*, dann die *Ängste*, dann die *Ideen zu Freundschaft*.

2.2 Liebe

Das Wort *Liebe* wird in sehr unterschiedlichen Bedeutungen verwendet:

- Unter erotischer Liebe versteht man die gefühlsmäßige Hinwendung zu einer Sexualpartnerin/einem Sexualpartner.
- Die Liebe der Eltern zu ihren Kindern ist vor allem durch Schutz und Hilfestellungen charakterisiert.
- Unter platonischer Liebe versteht man die Beziehung, die zwischen möglichen Geschlechtspartnerinnen/Geschlechtspartnern bestehen kann, wobei die sexuellen Interessen ausgeklammert sind.
- Im Christentum wird Liebe als Nächstenliebe konkretisiert – *Liebe deinen Nächsten wie dich selbst!*

In der griechischen Philosophie repräsentiert die Liebe das einigende Prinzip, das im gesamten Kosmos wirksam ist.

Der Psychologe Erich Fromm (1900–1980) weist im folgenden Text auf einige wichtige Charakteristika von *Liebe* hin:

Die meisten Menschen sehen das Problem der Liebe in erster Linie als das Problem, selbst geliebt zu werden, statt zu lieben und lieben zu können. Daher geht es für sie nur darum, wie man es erreicht, geliebt zu werden, wie man liebenswert wird. [...] Aber kaum einer nimmt an, dass man etwas tun muss, wenn man es lernen will zu lieben. [...]
Ein Irrtum, der zu der Annahme führt, das Lieben müsste nicht gelernt werden, beruht darauf, dass man das Anfangserlebnis „sich zu verlieben“ mit dem permanenten Zustand „zu lieben“ verwechselt. Wenn zwei Menschen, die einander fremd waren – wie wir uns das ja alle sind – plötzlich die trennende Wand zwischen sich zusammenbrechen lassen, wenn sie sich eng verbunden, wenn sie sich eins fühlen, so ist dieser Augenblick des Einsseins eine der freudigsten, erregendsten Erfahrungen im Leben. Besonders herrlich und wundervoll ist es für Menschen, die bisher abgesondert, isoliert und ohne Liebe gelebt haben. Dieses Wunder der plötzlichen innigen Vertrautheit wird oft dadurch erleichtert, dass es mit sexueller Anziehung und sexueller Vereinigung Hand in Hand geht oder durch sie ausgelöst wird. Freilich ist diese Art Liebe ihrem Wesen nach nicht von Dauer. Die beiden Menschen lernen einander immer besser kennen und dabei verliert ihre Vertrautheit immer mehr den geheimnisvollen Charakter, bis ihr Streit, ihre Enttäuschungen, ihre gegenseitige Langeweile die anfängliche Begeisterung getötet haben. Anfangs freilich wissen sie das alles nicht und meinen, heftig verliebt und verrückt nacheinander zu sein sei der Beweis für die Intensität ihrer Liebe, während es vielleicht nur beweist, wie einsam sie vorher waren. [...]
Die fundamentalste Art von Liebe, die allen anderen Formen zu Grunde liegt, ist die Nächstenliebe. Damit meine ich das Gespür für Verantwortlichkeit, Fürsorge und Achtung und „Erkenntnis“, das jedem anderen Wesen gilt, sowie den Wunsch, dessen Leben zu fördern. [...] Die Nächstenliebe gründet sich auf die Erfahrung, dass wir alle eins sind. [...] Die Liebe zum Hilflosen, die Liebe zum Armen und zum Fremden ist der Anfang der Nächstenliebe.[5]

[5] Erich Fromm, Die Kunst des Liebens, Frankfurt am Main: Ullstein 1990, S. 15–21 (gekürzt und teilweise verändert).

2.3 Sexualität

In der Jugend werden Fragen der Beziehung wichtig. Etwa 50 % der Jugendlichen geben an, dass sie mit 17 Jahren erste sexuelle Erfahrungen gemacht haben. Die wichtigsten Werte für partnerschaftliche Beziehungen sind Treue, Zärtlichkeit, Empfindsamkeit und Kinderliebe. Über 70 % aller Burschen und etwa 80 % aller Mädchen geben an, dass sie eine dauerhafte Beziehung anstreben. Oberflächliche sexuelle Kontakte sind im Vergleich zum Bedürfnis nach Liebesbeziehungen untergeordnet. 66 % der Jugendlichen machen ihre Entscheidung zu sexuell-genitaler Kontaktnahme (Petting oder Geschlechtsverkehr) vom Vorhandensein tiefer emotionaler Gefühle, sprich Liebe, abhängig:

Ein glückliches Familienleben wird im Vergleich zu viel Besitz wesentlich höher eingeschätzt.

Treue wird im Vergleich zu „gutem Sex" als wesentlich wichtiger eingeschätzt.

- Freundschaft und eine glückliche Familie halten 70 % der Jugendlichen im Vergleich zu Religion, Arbeit und Freizeit für das Wichtigste.
- Nur 3 % der Jugendlichen wollen sich nicht binden.[6]

Die statistischen Erhebungen bezüglich der Wertewelt heutiger Jugendlicher zeigen, dass in den Zielvorstellungen Werte wie *Liebe, Freundschaft, Familienglück* und *Treue* als wesentlich wichtiger erachtet werden als *Besitz, oberflächlicher Sex, Spaß* und *Vergnügen*.

Der Umgang mit Sexualität hat sich im Lauf der Zeit wesentlich verändert. Vor 50 Jahren wurde Sexualität noch tabuisiert. In den Sechzigerjahren des letzten Jahrhunderts kam die sogenannte *sexuelle Befreiung*. Trotz sexueller Befreiung und scheinbarer völliger „Aufgeklärtheit" gelingt es uns nicht, ungehemmt und „normal" über Sexualität zu reden. Dies liegt sicherlich daran, dass es sich bei sexuellen Angelegenheiten um intimste Bereiche handelt, die wir nicht offen preisgeben wollen. Es liegt aber auch daran, dass eine jahrhundertelange Tabuisierung so etwas wie eine *Sprachlosigkeit* in Dingen der Sexualität bewirkt hat: Es fehlen uns die Worte. Die Sprache der Sexualität bewegt sich heute zwischen zwei Extremen: einer Sprechweise, die von medizinischen Fachausdrücken bestimmt ist, und einer Sprechweise, die ordinär ist und der untersten Schublade entstammt.

Nach Irenäus Eibl-Eibesfeldt (geb. 1928), österreichischer Verhaltensforscher, liegt der Ursprung der Liebe in der Bindung zwischen Müttern und Kindern. Liebe ist eine Folge der Brutpflege, nicht der Sexualität. Die Liebe wurzelt also nicht in der Sexualität, sie kann jedoch die Beziehung stärken.

Sexuelle Aufklärung ist keine zeitlich begrenzte Angelegenheit, sondern der ständige Prozess, sich mit Fragen der Sexualität auseinanderzusetzen. Auch Erwachsene müssen sich diesem ständigen Prozess unterziehen, man denke an die vielfältigen Möglichkeiten der Verhütung.

[6] Vgl. Christian Friesl (Hg.), Experiment Jung-Sein – Die Wertewelt österreichischer Jugendlicher, Wien: Czernin 2001. Auch die Shell-Studie 2015 zeigt ähnliche Ergebnisse.

Beispiele aus der Broschüre „Love, Sex und so“[7]

Das erste Mal mit jemandem zu schlafen ist meistens mit sehr hohen Erwartungen verbunden. Schließlich hat man schon lange darüber nachgedacht, bereits einiges darüber gelesen oder in Filmen gesehen und es sich schon unzählige Male vorgestellt. Wie zwei Menschen miteinander dann das erste Mal wirklich erleben, ist so verschieden, wie es unterschiedliche Menschen gibt. Es kann zu einem wunderschönen Ereignis werden, aber auch zu einer riesigen Enttäuschung.

Es kann sein, dass es mit 14 oder mit 20 Jahren für dich so weit ist. „Es“ nur zu tun, weil man sich von sich selbst oder von anderen unter Druck gesetzt fühlt, ist eine schlechte Voraussetzung dafür, es auch genießen zu können. Das wäre auch deiner Freundin oder deinem Freund gegenüber nicht fair.

Nicht nur Mädchen, sondern auch Burschen möchten oft mit dem ersten Mal warten, bis sich die Beziehung so weit entwickelt hat, dass beide bereit dazu sind. Neben einem vertrauten Umgang und dem Gefühl von Geborgenheit gehören auch gegenseitiges Verständnis, Rücksichtnahme, Zuverlässigkeit und Einfühlsamkeit dazu. Diese Dinge benötigen meist mehr Zeit, um entstehen zu können. Die meisten Jugendlichen schlafen daher erst nach einer relativ langen Zeit miteinander.

Das erste Mal für Mädchen: Die meisten Mädchen fürchten sich davor, weil ihr Jungfernhäutchen beim Eindringen des Penis in ihre Scheide einreißen kann. Oft ist die Öffnung des Jungfernhäutchens aber groß genug, sodass es beim ersten Mal weder einreißt, blutet, noch schmerzt. (Wenn ein Mädchen beim ersten Mal nicht blutet, kann man daher nicht daraus ableiten, dass sie vorher bereits mit jemandem geschlafen hat!) Selbst wenn das Jungfernhäutchen einreißt, ist das im Normalfall wenig schmerzhaft, und die Blutung ist geringer als die Regelblutung. Viel eher ist es schmerzhaft, wenn die Situation für das Mädchen nicht entspannt genug ist. Wenn es für sie zu schnell geht oder sie sich noch gar nicht dazu bereit fühlt, wird die Scheide nicht ausreichend feucht und entspannt, sodass angenehme Gefühle keinen Platz haben. Wenn sich beide Zeit lassen, beide erregt sind und eine vertraute Situation möglich ist, stehen die angenehmen Gefühle im Vordergrund [...]

Das erste Mal für Burschen: Manche befürchten, dass das Glied plötzlich erschlaffen oder sie einen vorzeitigen Samenerguss haben könnten. Das kann immer dann passieren, wenn man sich irgendwie gestört fühlt, aufgeregt ist oder die Situation für einen nicht passt. Manche Burschen befürchten, dass ihr Penis zu klein sein könnte. Unabhängig von der Größe wirst du immer befriedigenden Sex haben können.

Auch für die Lust der Frauen ist die Penisgröße nicht allein entscheidend. Rein technisch gesehen muss der Penis gar nicht besonders weit in die Scheide der Frau eindringen, um sie zu befriedigen, da die sensibelsten Stellen sowieso außerhalb und im vorderen Scheidenbereich liegen [...]

Aus Pornos lernen, wie es geht?

Ich bin 17 Jahre und habe letzte Woche mit meiner Freundin das erste Mal geschlafen. Obwohl sie nachher gemeint hat, dass es auch für sie schön war, ist mir aufgefallen, dass sie nicht so laut gestöhnt hat, wie ich das aus Pornofilmen kenne. Habe ich etwas falsch gemacht?

[7] Brigitte CIZEK u. a., Love, Sex und so, Wien: Bundesministerium für soziale Sicherheit, Generationen und Konsumentenschutz 2002, S. 22ff.

Viele Jugendliche glauben, auch aus Pornofilmen lernen zu können, wie alles funktioniert. Pornos haben mit der Wirklichkeit sehr wenig zu tun, die Lust und die Gefühle sind nur gespielt. Aus all diesen Gründen sind Pornos nicht als Anleitung für die Praxis zu gebrauchen. Bei jedem Fernsehkrimi ist völlig klar, dass Tote natürlich nicht wirklich tot sind. Bei Pornofilmen wird dennoch oft angenommen, dass Sex in Wirklichkeit ebenso funktioniert. Das gilt zum Beispiel für die Frage, wie lange ein Penis sein soll, ebenso wie für die Frage, wie sich Frauen selbst befriedigen oder wie lange sie brauchen, um zu einem Orgasmus zu kommen. Selbst wenn du dir Spielfilme anschaust, sind die Informationen über Sexualität und Beziehungen für die Praxis nicht besonders brauchbar. Sie zeigen oft Ideale, Klischees oder Wunschvorstellungen. Lass dich durch diese Darstellungen nicht verunsichern!

Sexualität und Verantwortung

Verantwortung in Zusammenhang mit Sexualität umfasst vor allem die Bereiche der Gefühle und der Verhütung:

emotional = gefühlsmäßig

Umgekehrt bin ich auch dafür verantwortlich, oberflächliche sexuelle Bindungen nicht zuzulassen, wenn dies nicht meinen Vorstellungen entspricht.

- Ich bin verantwortlich für meine emotionale Befindlichkeit und für die emotionale Befindlichkeit meiner Partnerin / meines Partners. Unverantwortlich handle ich dann, wenn ich einmalige sexuelle Abenteuer mit einem Menschen eingehe, der eine Menge von Gefühlen investiert und nur längerfristige Beziehungen eingehen will.
- Ich bin verantwortlich für meine Gesundheit und die Gesundheit meiner Partnerin / meines Partners. Unverantwortlich handle ich, wenn ich mit einer / einem völlig unbekannten Partnerin / Partner ohne Schutz (z. B. Kondom) Geschlechtsverkehr habe (Stichwort Aids).
- Ich bin verantwortlich für meine Zukunft und die Zukunft meiner Partnerin / meines Partners. Unverantwortlich handle ich dann, wenn ich zurzeit keine Kinder haben möchte und auf Verhütungsmittel verzichte bzw. diese schlampig oder nur sporadisch verwende.

Homosexualität

Die meisten Jugendlichen haben in der Pubertät recht konkrete Vorstellungen von ihrer Traumfrau oder ihrem Traummann. Bei einigen entwickelt sich die sexuelle Orientierung auf Menschen des gleichen Geschlechts. Diese Form der Sexualität ist eine Variante der menschlichen Sexualität.

In Österreich war Homosexualität bis 1971 verboten. Die zurzeit geltende Altersgrenze für legale sexuelle Kontakte liegt bei 16 Jahren.

Homosexuelle Menschen wurden und werden häufig mit Vorurteilen bedacht, weil vielen ihr Verhalten fremd erscheint und weil sie in einem hohen Maß über ihr Sexualverhalten wahrgenommen werden.

AUFGABEN

1. Textanalyse

Lesen Sie den Text von Erich Fromm (S. 107) und beantworten Sie folgende Fragen:

- Worin sehen viele Menschen das Problem der Liebe?

____

- Wie definiert Fromm Liebe?

____

- Wodurch unterscheiden sich Verliebtheit und Liebe?

____

- Was ist die grundlegendste Art der Liebe?

____

2. Geschichte vom Krokodil

Richard David Precht (geb. 1964) erzählt folgende Geschichte:

> Ein Mann kauft ein Krokodil und dazu ein Aquarium. Das Krokodil ist klein und das Aquarium auch. Der Verkäufer warnt den neuen Besitzer, dass das Krokodil sehr schnell wächst. Schon bald würde das Aquarium zu klein für das Tier sein. Der neue Besitzer des Krokodils aber zieht es vor, den Rat zu ignorieren. Das Krokodil wächst, aber seine Behausung bleibt unverändert klein und beengt. Irgendwann ist das Krokodil ganz und gar in das Aquarium hineingewachsen. Es hat sich angepasst und ist komplett viereckig geworden. Ich weiß nicht, wie es Ihnen geht, aber mich erinnert diese Geschichte an eine Liebesbeziehung. Man gibt ihr einen Rahmen, in dem sie gedeihen kann. Sie wächst und entfaltet sich, wird vielschichtiger und komplizierter. Aber zumeist wächst der Rahmen nicht mit. Dann entspricht so vieles nicht mehr den ursprünglichen Vorstellungen, und man macht sich wechselseitig Vorwürfe. Doch wer hat hier eigentlich enttäuscht: das Krokodil oder das Aquarium?[8]

Nehmen Sie die Geschichte als Ausgangspunkt für

- ein Rollenspiel,
- eine Diskussion über Liebesbeziehungen,
- eine künstlerische Gestaltung (Zeichnung).

3. Seien Sie kreativ, ergänzen Sie zeichnerisch und verbal.

Liebe ist

gemeinsam handeln

Gleichberechtigung

[8] Richard David Precht, Liebe. Ein unordentliches Gefühl, München: Goldmann 2009, S. 373.

4. Irrtümer zu Sexualität

Der Psychologe Peter Lauster (geb. 1940) formuliert irrige Vorstellungen, die sich auf Sexualität und Liebe beziehen. Lesen Sie diese durch.

a. **Sexualität macht frei:** Sexualität ist ohne Liebe möglich, und Liebe kann sich ohne Sexualität entfalten. Sexualkonsum ohne Liebe führt zu keiner inneren Befreiung und Entspannung, sondern baut an anderer Stelle neue seelische Spannung der Unausgefülltheit und Unzufriedenheit auf.

b. **Sexualprobleme gelöst – alle Probleme gelöst:** Diese Vorstellung ist eine grobe Vereinfachung. Ohne Liebe lassen sich keine Sexualprobleme lösen. Sexualität ohne Liebe ist leer, sie macht melancholisch und depressiv.

c. **Technik ist für Sexualität wichtig:** Es ist eine weit verbreitete Meinung unter Männern, dass die Beherrschung bestimmter Stellungs- oder Stimulierungstechniken die Partnerin besonders nachhaltig befriedigen könne. Es ist ein Irrtum, dass sexuelle Techniken Liebe erzeugen oder Liebe bewahren können.

d. **Die große Liebe ist schicksalhaft:** Das ist natürlich Unsinn, denn jeder Mensch ist für seine Liebe selbst verantwortlich, sowohl was die Intensität als auch die Dauer betrifft. Die Liebe entfaltet sich im Augenblick, und der Augenblick enthält Ewigkeit.[9]

5. Freie Meinungsäußerung

Bilden Sie einen Sitzkreis. Machen Sie aus Papier einen kleinen Ball. Bestimmen Sie jemanden, der die unten angeführten Behauptungen vorliest und den Ball jemandem zuwirft. Diese Person nimmt dann zu der vorgelesenen Behauptung Stellung. Anschließend wird der Ball an eine Person im Sitzkreis weitergegeben.

a. Ich würde mit der Gründung einer Familie länger warten, weil mir Job und Karriere wichtiger sind.
b. Ich möchte meine Kinder möglichst frei leben lassen, wenig dreinreden.
c. Ich würde meine Kinder genau so erziehen, wie mich meine Eltern erzogen haben.
d. Frauen können in Österreich alles erreichen, wenn sie wollen. Sie müssen allerdings mehr arbeiten als Männer, um das gleiche Ansehen zu haben.
e. Es gibt einfach deutliche Unterschiede zwischen Frauen und Männern, vor allem in der Art, wie sie Sachen angehen. Daher gibt es Posten, die mit Männern einfach besser besetzt sind.
f. Sexualerziehung in der Volksschule, das geht einfach zu weit. Über alles und jedes zu reden, finde ich schamlos.
g. Den Mädchen mit 14 die Pille zu geben, geht zu weit. Jugendliche sind mit 14 emotional mit Sex völlig überfordert.

[9] Vgl. Peter Lauster, Die Liebe. Psychologie eines Phänomens. Düsseldorf: Econ 1980. Lauster beschreibt insgesamt sieben falsche Grundsätze, die nach seiner Ansicht in unserer Gesellschaft und besonders unter jungen Menschen verbreitet sind und ein Missverhältnis zwischen Liebe und Sexualität verstärken. Literaturhinweis: Bettina Bussmann (Hg.): Liebe. Freundschaft, Sexualität, Familie: Texte und Materialien für den Unterricht, Stuttgart: Reclam 2011.

6. **Homo-Ehen?**
   In vielen Ländern Europas wird über Homosexuellen-Ehen diskutiert. Welche Argumente sprechen für eine rechtliche Gleichstellung der Ehen zwischen homosexuellen Partnerinnen/Partnern mit heterosexuellen Ehen?

7. **Begriffe**
   Um über Sexualität reden zu können, benötigt man ein entsprechendes Vokabular. Setzen Sie die folgenden Begriffe im Lückentext passend ein:
   Klitoris, Homosexualität, Impotenz, Ejakulation, transsexuell, Sadismus, Voyeurismus, Erektion, Vaginismus, Transsexuelle, Koitus, Defloration, Heterosexualität, Bisexualität

________________: Solche Menschen fügen zur eigenen Lustbefriedigung anderen seelischen oder körperlichen Schaden zu.
________________: bezeichnet den Sexualkontakt mit Tieren.
________________: Männer fühlen sich als Frauen und Frauen fühlen sich als Männer. ________________ streben eine Geschlechtsumwandlung an.
________________: Scheidenkrampf. Diese Krankheit ist leicht therapierbar.
________________: wörtlich „schauen"; meist Männer, die ihre sexuelle Befriedigung darin finden, anderen heimlich beim Ausziehen oder beim Geschlechtsverkehr zuzusehen.
________________: wörtlich „Zusammengehen"; Geschlechtsverkehr, bei dem der Mann seinen Penis in die Scheide der Frau einführt.
________________: wörtlich „auf das andere Geschlecht hin orientiert"; wenn Frauen sich von Männern und Männer sich von Frauen sexuell angezogen fühlen.
________________: wörtlich „auf das gleiche Geschlecht hin orientiert"; wenn Frauen sich von Frauen und Männer sich von Männern sexuell angezogen fühlen.
________________: wörtlich „nicht fähig"; Erektionsprobleme beim Mann. Ursachen sind meist psychisch (Angst vor dem Versagen), ergänzt durch übermäßigen Alkohol- und Nikotinkonsum.
________________: sexuelles Interesse am anderen und am eigenen Geschlecht.
________________: wörtlich „der Blume beraubt"; wenn Frauen ihre „Jungfräulichkeit" bei der Liebe verlieren, zerreißt das Jungfernhäutchen (= Hymen). Das Hymen kann auch beim Sport reißen.
________________: wörtlich „Hinausschleudern"; beim Mann der Samenerguss beim Orgasmus.
________________: wörtlich „Schwellung"; bei der sexuellen Erregung des Mannes füllen sich die Schwellkörper im Penis langsam mit Blut, der Penis vergrößert und versteift sich. Psychischer Stress ist die häufigste Ursache für Erektionsstörungen.
________________: wörtlich „Kitzler"; sie ist das sexuell empfindsamste Geschlechtsorgan der Frau, sie liegt vorne zwischen den großen und kleinen Schamlippen; bei sexueller Erregung schwillt sie an.

3 Umgang mit dem Fremden

„Fremd" erscheinen uns Menschen oft aufgrund ihres Aussehens, ihrer Hautfarbe, ihrer Sprache (nicht perfektes Deutsch) oder Kultur. „Fremde" Menschen, denen wir begegnen, haben unterschiedliche Biografien:

- Sogenannte Gastarbeiterinnen / Gastarbeiter: Sie sind vor ca. 50 Jahren nach Österreich gekommen und leben hier nun in der dritten Generation.
- Asylwerberinnen und Asylwerber, Flüchtlinge aus Kriegs- und Bürgerkriegsgebieten.
- Flüchtlinge aus wirtschaftlichen Gründen.
- Studierende, Geschäftsleute und Touristinnen / Touristen, die nur vorübergehend bei uns leben.
- „Fremde" Menschen kommen schließlich auch über Medien wie Fernsehen zu uns ins Wohnzimmer: Die mediale Informationsüberflutung lässt das Wissen und das Bewusstsein um die Vielfalt und Verschiedenartigkeit menschlicher Lebensformen wachsen.
- Als Fremde werden häufig auch Menschen, die sich durch ihre sexuelle Orientierung oder durch ein Verhalten, das den gesellschaftlichen bzw. wirtschaftlichen Standards nicht entspricht (z. B. sogenannte Leistungsverweigerinnen / Leistungsverweigerer), erlebt.

Wenn wir das Fremde als exotisch empfinden, schreiben wir ihm eine ästhetische Qualität (Schönheit, Liebreiz) zu.
Wenn wir das Fremde als Bedrohung empfinden, reagieren wir ablehnend und aggressiv. Daraus resultiert Fremdenfeindlichkeit.

Unser Umgang mit dem Fremden kann sehr unterschiedlich sein. So erleben viele von uns, wenn sie im Fernsehen „exotische" Tänze vom Karneval in Rio sehen, im Fremden eine ästhetische Qualität. Wenn sie dagegen einen Bericht über ein Asylheim sehen, der in die Richtung manipuliert ist, dass die Einbürgerung vieler Asylwerberinnen / Asylwerber die Arbeitslosigkeit inländischer Mitbürgerinnen / Mitbürger erhöhen würde, erleben sie das Fremde als bedrohlich und beängstigend; sie reagieren ablehnend und aggressiv.

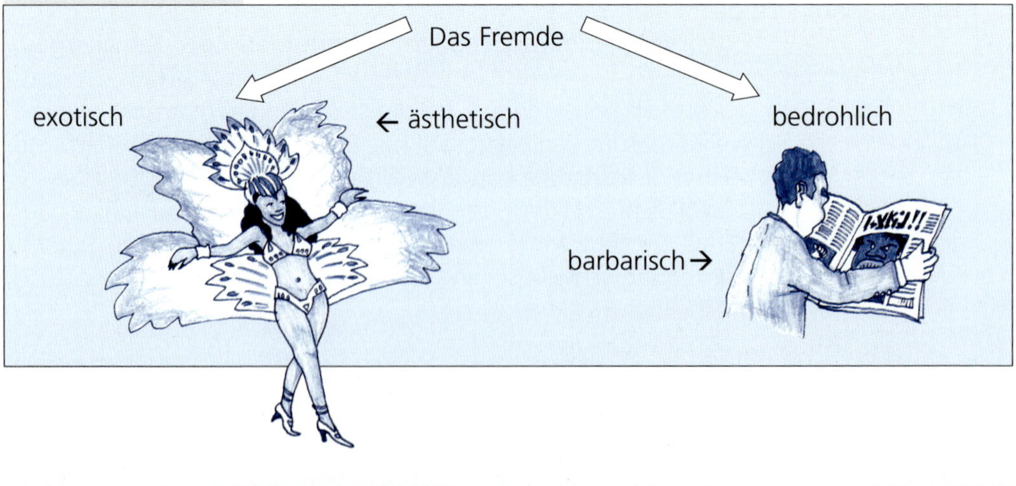

3.1 Inklusion

Inklusion als Menschenrecht

In einer inklusiven Gesellschaft steht das Miteinander im Vordergrund. Inklusion als Vision beschreibt ein Miteinander der Menschen, in dem keine Person ausgeschlossen wird. Jeder Mensch ist ein anerkannter Teil der Gesellschaft. Unabhängig von Herkunft, Behinderung, sexueller Orientierung oder Lebensalter gilt Respekt. Respekt (lat. *respicere = genau hinschauen*) heißt, die Individualität eines Menschen zu sehen und zu erkennen, den Menschen zu sehen, wie er ist, nicht, wie er sein sollte.[10]

Respekt = die Individualität eines Menschen sehen

Inklusion bedeutet also, dass kein Mensch ausgeschlossen oder ausgegrenzt werden darf. Jegliche Form von Diskriminierung, zum Beispiel aufgrund einer Behinderung, der Hautfarbe, der Herkunft, der Geschlechtsidentität etc., ist zu vermeiden. Um Inklusion wirkungsvoll umzusetzen, braucht es diesen Schutz vor Diskriminierung.

Diskriminierung = Ausgrenzung, Benachteiligung

Inklusion betont neben Freiheit, Verantwortung und Toleranz zwei wichtige demokratische Prinzipien:

1. Autonomie und Selbstbestimmung: Die Fähigkeit, ein autonomes Leben nach eigenen Regeln, frei und verantwortlich zu führen, ist oberstes Bildungsziel. Dazu brauchen wir Urteilskraft und Entscheidungsfähigkeit.
2. Vernunftfähigkeit: Alle Menschen sind vernunftfähig, Hautfarbe oder andere Abweichungen von der sogenannten Normalität sind unerheblich. Die Vernunft lässt uns einsehen, nur nach solchen Maximen (Grundsätzen) zu handeln, die als allgemeines Gesetz wünschbar sind.[11]

Autonomie = Selbstbestimmung

Wir sind frei, weil wir aus rationalen (vernünftigen) Motiven heraus handeln und nicht nur unseren Neigungen und Annehmlichkeiten folgen.

[10] Vgl. Erich FROMM, Die Kunst des Liebens. Frankfurt am Main: Ullstein 1974, S. 50–54.

[11] Vgl. Julian NIDA-RÜMELIN, Philosophie einer humanen Bildung. Hamburg: edition Körber-Stiftung 2013, S. 56–60.

AUFGABEN

1. Interkulturalität

Wir müssen uns mit dem Fremden vertraut machen, uns mit den Menschen aus fremden Kulturen beschäftigen. Interkulturelles Lernen findet statt, wenn eine Person bestrebt ist, im Umgang mit Menschen einer anderen Kultur deren spezifisches Orientierungssystem der Wahrnehmung, des Denkens, Wertens und Handelns zu verstehen. Interkulturelles Lernen bedingt neben dem Verstehen der fremden Kultur eine Reflexion des eigenen kulturellen Orientierungssystems. Ein erster Zugang zu fremden Kulturen ist es, mit den kulturellen Differenzen umgehen zu lernen.

Im Folgenden sind Vorschläge aufgelistet, die Sie in die Tat umsetzen können:

- Vergleichen Sie Ihren Tagesablauf mit dem Tagesablauf einer/eines Fremden. Man kann auch Jahresabläufe mit den religiös verankerten Festen miteinander vergleichen.
- Vergleichen Sie Kunst und Musik fremder Menschen und Kulturen. Recherchieren Sie hierfür im Internet.
- Sammeln Sie Kochrezepte aus anderen Ländern und probieren Sie eines aus.
- Laden Sie Fachleute ein, z. B. Betreuerinnen/Betreuer von Asylwerberinnen/Asylwerbern, Mitarbeiterinnen/Mitarbeiter der Caritas und von Amnesty International etc.

2. Transkulturalität

Interkulturalität kann man umschreiben als das Aufeinandertreffen mehrerer Kulturen, das Bewusstwerden der Unterschiede und die gegenseitige Beeinflussung. *Transkulturalität* geht davon aus, dass Kulturen nicht voneinander abgrenzbare Einheiten sind, sondern zunehmend vernetzt und vermischt werden. Wir allen tragen aufgrund der Globalisierung und der vielfältigen Vernetzungen (Internet etc.) sehr viele verschiedene Kulturen in uns.

Überlegen Sie, wovon Sie getragen werden. Welche verschiedenen Kulturen beeinflussen Ihr Denken und Handeln?

Vier-Säulen-Modell: kulturelle Bezüge			
Säule 1 Körper – Geist (Gesundheit, Wünsche, Ängste)	Säule 2 Soziales Netz (Beziehungen mit Fremden)	Säule 3 Schule, Arbeit (Engagement, Wissen, Verstehen)	Säule 4 Werthaltungen (Was ist Ihnen wichtig?)

3. Was tun wir gegen Fremdenfeindlichkeit?

Diskutieren Sie die folgende Geschichte in Bezug auf die Frage: „Was tun wir gegen Fremdenfeindlichkeit?"

> In Andorra lebte ein junger Mann, den man für einen Juden hielt [...] Der Umgang mit ihm war anregend, ja, aber nicht angenehm, nicht gemütlich. Es gelang ihm nicht, zu sein wie alle anderen, und nachdem er es umsonst versucht hatte, nicht aufzufallen, trug er sein Anderssein sogar mit einer Art von Trotz, von Stolz und lauernder Feindschaft dahinter [...] Die meisten Andorraner taten ihm nichts. Also auch nichts Gutes [...][12]

4. Vorurteile

Vorurteile sind vorschnelle Urteile. Es handelt sich dabei um teilweise falsche Urteile, die auf mangelhafte Informationen zurückzuführen sind. Bei Vorurteilen werden einer fremden Person oder Gruppe negative Eigenschaften zugesprochen.

Diskutieren Sie die folgenden Behauptungen zum Thema *Vorurteile*. Welche der Beschreibungen halten Sie für geeignet, welche für ungeeignet?

a. Ohne Vorurteile geht es nicht. Vorurteile bedeuten Orientierung. Wir haben bestimmte Erwartungen, mit denen wir die Menschen sehen. Wichtig ist nur, dass wir uns der Vorurteile bewusst sind.

b. Von Vorurteilen kann man erst dann sprechen, wenn trotz gegenteiliger Fakten an vorgefassten Meinungen festgehalten wird. So merkt ein Lehrer die Bemühungen eines Schülers, der als faul eingestuft war, nicht. Umgekehrt gilt das Gleiche: Eine als gut eingestufte Schülerin kann lange Zeit faul sein und lebt vom positiven Vorurteil der Lehrerin.

c. In jedem Vorurteil steckt ein Kern von Wahrheit. Mit der Verallgemeinerung sollte man allerdings vorsichtig sein.

d. Vorurteile wirken sich für die Opfer katastrophal aus. Man denke an einen Mitschüler, der wegen seiner religiösen Überzeugung zum Außenseiter gestempelt wird und für alles büßen muss. Alles Negative wird auf ihn projiziert.

e. Jeder Mensch und jede Gruppe braucht zum Abreagieren Sündenböcke. Es ist ganz natürlich, dass man sich beim Schwächeren abreagiert. Eine Klasse wird von einem sadistischen Lehrer unterdrückt. In der nächsten Stunde unterrichtet ein gutmütiger Lehrer, der sich bei den Schülern kaum durchsetzen kann. Wenn der echte Rivale zu mächtig ist, sucht man sich eben einen Schwächeren.

5. Diskriminierung – Kübelspiel

Alle bleiben auf ihrem Platz sitzen und werfen ein zu einem Ball zerknülltes Papier in einen Papierkorb, der ganz vorne vor der Tafel steht. Natürlich sind die vorderen Plätze im Vorteil.

Welche Reaktion zeigen die hinten Sitzenden, welche die vorne Sitzenden? Diskutieren Sie Ihre Gefühle.

[12] Max Frisch, Tagebuch 1946–1949. Frankfurt am Main: Suhrkamp 2014, S. 30f.

3.2 Umgang mit Menschen mit Behinderungen

2003 war das Europäische Jahr der Menschen mit Behinderungen – ein Anlass, über deren Gleichstellung nachzudenken. Die Gleichstellung von Menschen mit Behinderungen bezieht sich auf viele Bereiche:

- Der öffentliche Raum muss so gestaltet werden, dass Geh- und Sehbehinderte in ihrer Mobilität nicht eingeschränkt sind. Mobilität bedeutet Selbstbestimmung.
- Das Recht auf Bildung in Form von Integration: Seit Längerem gibt es in Österreich Integrationsklassen, in denen Menschen mit und ohne Behinderungen gemeinsam unterrichtet werden. Von diesem Miteinander profitieren beide Seiten.
- Bewusstmachen sprachlicher Diskriminierungen: Viele von uns verwenden – ohne bewusste Feindseligkeit – Sprachmuster, die bei genauer Betrachtung abwertend sind.

Prinzipiell sollte die Behinderung eines Menschen nur dann erwähnt werden, wenn sie für den Inhalt des Beitrages relevant ist. Formulierungen wie „Behinderter", „Blinder" u. Ä. reduzieren eine Persönlichkeit auf ihr „Defizit". Menschen sind in erster Linie männlich oder weiblich, alt oder jung [...] und sie haben eine Krankheit oder Behinderung.
Am häufigsten, leider immer wieder verwendet, werden folgende Floskeln:

- Der Begriff „an den Rollstuhl gefesselt" impliziert auch eine Einschränkung der geistigen Mobilität. Es kann jemand einfach „Rollstuhlfahrer" oder „auf den Gebrauch eines Rollstuhles angewiesen" sein.
- Menschen mit Down-Syndrom werden immer wieder als „mongoloid" bezeichnet. Dieser Begriff stammt aus dem Dritten Reich und diente der Deklaration der Minderwertigkeit.
- Es gibt „taubes Gestein", „taube Fingerspitzen", jedoch keine „tauben oder taubstummen Menschen". Gehörlose Menschen sind in den seltensten Fällen auch stumm, sondern hatten keine Sprachentwicklung. Der Begriff der „Taubheit" bedeutet zugleich Unsensibilität.
- Kleinwüchsige Personen werden immer noch als „Liliputaner" bezeichnet – ein Begriff aus der Jahrmarktsprache. Die Anerkennung als ernst zu nehmende Persönlichkeit wird durch diese Formulierung verhindert.
- Und nicht zuletzt: Auch Sprachspiele wie etwa „dafür sind manche genauso geeignet wie ein Einbeiniger für einen Marathon" sind abwertend und lassen sich mit Sicherheit durch andere Sprachbilder ersetzen.

Analoge Beispiele zu den genannten gibt es leider noch immer viel zu viele. Wir ersuchen, solche und ähnliche Formulierungen zu unterlassen. Die Integration behinderter Menschen in alle gesellschaftlichen Bereiche und ihre Anerkennung als vollwertige Mitglieder der Gesellschaft wird durch diese diskriminierenden Formulierungen wesentlich erschwert.[13]

[13] Österreichische Arbeitsgemeinschaft für Rehabilitation (ÖAR) zum nicht-diskriminierenden Sprachgebrauch: http://www.oear.or.at/barrierefrei-gestalten/barrierefreie-kommunikation/sag-mir-wie-du-sprichst-auch-sprache-diskriminiert (14. 2. 2017).

AUFGABEN

1. Einfach zum Nachdenken – die Geschichte vom Zweiäugigen

Weit draußen im Weltraum gibt es einen Planeten. Die Leute auf diesem Planeten sind beinahe genau wie wir, bis auf einen Unterschied: Sie haben nur ein Auge. Aber das ist ein ganz besonderes Auge. Mit ihm können sie im Dunkeln sehen. Sie können auch Dinge sehen, die sehr weit entfernt sind.
Eines Tages wurde auf dem Planeten ein sehr merkwürdiges Kind geboren: Es hatte zwei Augen! Der kleine, zweiäugige Bub hatte es gut zu Hause. Die Eltern liebten ihn und kümmerten sich sehr um ihn. Aber sie machten sich auch große Sorgen wegen seiner Absonderlichkeit.
Als der Bub größer wurde, bekam er mehr und mehr Probleme. Wenn das Tageslicht verschwand, brauchte er künstliche Beleuchtung, denn seine beiden Augen konnten nicht im Dunkeln sehen. Er konnte auch nicht so weit sehen wie die anderen. Nur mit Hilfe eines Fernrohrs, das ihm seine Eltern anfertigen ließen, konnte er zu den anderen Planeten schauen wie alle anderen. Manchmal, wenn er von der Schule nach Hause ging, fühlte er sich sehr einsam. „Die anderen Kinder sehen Dinge, die ich nicht sehe", dachte er. „Vielleicht gibt es auch etwas, was ich sehen kann, aber sie nicht."
Und eines Tages entdeckte der Bub tatsächlich etwas, was nur er sehen konnte: Er sah nicht nur schwarz und weiß wie alle anderen. Er brauchte lange, bis es ihm gelang, seinen Eltern zu erklären, wie er die Welt um sich wahrnahm. Die Eltern staunten! Auch seine Freunde waren beeindruckt. Er erzählte ihnen wundervolle Geschichten, mit Worten, die sie nie zuvor gehört hatten [...] Worte wie „rot", „gelb" und „orange". Er sprach von grünen Bäumen. Alle wollten hören, wie er die Dinge sah. Er beschrieb tiefblaue Meere und Wellen mit weißen Schaumkronen. Die Kleinen liebten besonders seine Geschichten von den fantastischen Drachen. Sie hielten die Luft an, wenn er deren schillernde Schuppen beschrieb, die gold glühenden Augen und den feurigen Atem.
Schon bald war der Bub überall bekannt und die Leute kamen von weit her, um seine fantastischen Geschichten zu hören. Als er älter wurde, verliebte er sich in ein Mädchen. Ihr machte es nichts aus, dass er so merkwürdig aussah. Und schließlich wurde ihm bewusst, dass es ihm auch nichts mehr ausmachte.[14]

2. Behindert ist, wer behindert wird

Versuchen Sie, in Form eines Rollenspiels eine Zeit lang Einblick in den Alltag von körperbehinderten Menschen zu bekommen. Wählen Sie aus folgenden Möglichkeiten: *im Rollstuhl sitzen, mit Krücken gehen, sehbehindert oder blind sein (Augenbinde).* Teilen Sie die Rollen auf: Menschen mit Behinderung und Helferinnen bzw. Helfer. Diskutieren Sie anschließend:

- Wie ist es Ihnen als Mensch mit Behinderung ergangen?
- Auf welche Barrieren sind Sie gestoßen?
- Konnten Sie *normal* am Unterricht teilnehmen?
- Inwiefern bestätigt sich die These *Behindert ist, wer behindert wird*?

[14] Teaching Human Rights. Informationen zur Menschenrechtsbildung, September 2003/16.

3.3 Grundformen der Angst

Unter Angst versteht man die Aufgeregtheit angesichts von Situationen, die persönlich als bedrohlich und ungewiss eingeschätzt werden.

Angst kommt vom lateinischen Wort *angustiae* und heißt *Enge, Bedrängtheit*. Grundsätzlich ist Angst für das Überleben sinnvoll und notwendig – Angst bewirkt eine Wahrnehmungsverengung auf eine Gefahr und ist somit für das Überleben wichtig: Wenn ich mich in Gefahr befinde, muss ich schnell entscheiden, z. B. entweder weglaufen oder mich verteidigen.

Der Tiefenpsychologe Fritz RIEMANN (1902–1974) geht davon aus, dass alle Menschen individuelle Ängste haben, dass es aber vier Grundformen von Angst gibt, die die Persönlichkeitsstruktur prägen.[15]

Existenzangst

- Die **Existenzangst** prägt die erste Lebensphase. In dieser Zeit sind wir der Umwelt hilflos ausgeliefert, unsere Existenz hängt von der Hilfestellung anderer ab. Nur im Vertrautwerden mit Menschen können wir das Phänomen des Urvertrauens erlernen. Das Vertrauen hilft uns später über die allgemeine Daseinsangst hinweg. Durch Unzuverlässigkeit oder Reizüberflutung in dieser frühen Zeit wird der Grundstein für Misstrauen, menschliche Distanz und Einsamkeit gelegt.

Trennungsangst

- Die **Trennungsangst** entsteht in der tief empfundenen Abhängigkeit von der Mutter bzw. der ersten Bezugsperson. Die Aufforderung, sich zu einem eigenständigen Individuum zu entwickeln, ist begleitet von der Angst, die Mutter oder ihre Liebe zu verlieren. Nur durch die Verlässlichkeit der Umgebung erlernen wir das Phänomen der Hoffnung. Sie hilft im späteren Leben über Enttäuschungen und Frustrationen hinweg, ohne dass wir dabei verzweifeln. Zu wenig oder zu viel Versorgung (Bemuttertwerden) führen zu einer pessimistischen Grundhaltung.

Gewissensangst

- Die **Gewissensangst** entsteht in der Zeit, in der das Kind seinen eigenen Willen ausbildet und kennenlernt. Die Fähigkeiten zu Entscheidung und Selbstverantwortung, zu persönlichem Wandel werden in dieser Zeit gelernt. Notwendige Grenzziehungen und kritisches Verständnis vonseiten der Erziehenden schaffen beim Kind ein eigenständiges Wertebewusstsein.

Versagensangst

- Mit dem Entdecken des eigenen Geschlechts, der eigenen Persönlichkeit wächst die Angst vor der Zukunft, vor der Möglichkeit, nicht geliebt zu werden, sich zu blamieren; es entsteht die **Versagensangst**. Kinder und Jugendliche brauchen Vorbilder, die einen möglichen Weg in die Zukunft weisen.

[15] Vgl. Fritz RIEMANN, Grundformen der Angst. Eine tiefenpsychologische Studie, München: Ernst Reinhardt Verlag 1995.

Aus den vier Grundformen der Angst leitet RIEMANN vier Persönlichkeitsstrukturen ab.

- Der *schizoide Persönlichkeitstyp* ist auf sich selbst konzentriert. Eine zu intensive Nähe zu den Mitmenschen beschwört die Angst herauf, sich selbst zu verlieren. Er kann sich in seine Mitmenschen nicht einfühlen und ist ihnen gegenüber sehr kritisch. Er selbst verträgt allerdings wenig Kritik, er ist dünnhäutig. In seiner Kindheit wurde er mit Reizen überflutet, sodass er sich abschirmen musste. Der schizoide Persönlichkeitstyp ist ein exzellenter Beobachter, muss aber lernen, seinen Mitmenschen zu vertrauen.

Angst vor Hingabe → Vertrautheit lernen

- Der *depressive Persönlichkeitstyp* hat Angst, ein eigenständiges ICH zu werden. Die Nähe zum anderen Menschen gibt Sicherheit. Die Erziehung dieser Person war entweder zu behütet oder zu gefühllos. Beide Ursachen lösen die ständige Suche nach Anpassung aus, z. B. sucht er Sicherheit in Vereinen. Er ist ein angenehmer und toleranter Mensch. Aufgrund seiner Gutgläubigkeit wird er des Öfteren von anderen Menschen ausgenutzt. Diese Person muss lernen, ihre Trennungsängste zu überwinden und Selbstständigkeit zu erlangen.

Angst vor Alleinsein → selbstständig werden

- Der *zwanghafte Persönlichkeitstyp* strebt nach Beständigkeit, er hat Angst vor Veränderung. Er braucht ein klares Schema zur Orientierung. Aufgrund seines permanenten Sicherheitsbedürfnisses ist er unfähig, spontane Entscheidungen zu treffen. Hohe Werte sind für ihn Sparsamkeit, Pünktlichkeit und Genauigkeit. Wenig ausgeprägt sind Fähigkeiten wie Einfühlsamkeit und Fantasie. Da dieser Persönlichkeitstyp ständig Angst vor Veränderung hat und von Schuldgefühlen begleitet wird, muss er lernen, Prinzipien wie Wandel und Veränderung anzuerkennen.

Angst vor Chaos → Veränderungen zulassen

- Der *hysterische Persönlichkeitstyp* strebt ständig nach Veränderung, hat Angst vor festen Zielen. Ethik und Moral sind unverbindliche Begriffe; Ordnung wird als Einschränkung erlebt. Pünktlichkeit und Sparsamkeit gelten als pedantisch. Seine wichtigsten Werte sind Spontaneität und Temperament, Neugier und Fantasie. Der hysterische Persönlichkeitstyp sollte Bereitschaft zum Verzicht üben.

Angst vor Erstarrung → Ruhe und Sicherheit finden

AUFGABEN

1. Persönlichkeitsstrukturen nach Riemann

Ordnen Sie die Kurzbeschreibungen dem jeweiligen Persönlichkeitstyp zu:

a. Der Mensch kreist mit seinen Gedanken und Gefühlen um sich selbst. Seine typische Grundangst liegt darin, dass er sich vor der Selbsthingabe fürchtet.

b. Er strebt die Dauer an, möchte sich in dieser Welt häuslich niederlassen und die Zukunft planen. Seine Angst betrifft das Unvorhergesehene. Alles Neue ist für ihn ein Wagnis.

c. Er ist immer bereit, Veränderungen zu bejahen, Vertrautes aufzugeben. Damit verbunden ist die Angst vor Ordnung.

d. Er ist als Gruppenmensch zu bezeichnen. Die zugrunde liegende Angst ist die Angst vor der Selbstwerdung. Die Trennung von seiner gewohnten Umgebung bedeutet für ihn eine kleine Katastrophe.

2. Überlegen Sie, wie Sie auf Angst reagieren.

- Ich bin wie gelähmt.
- Ich vermeide die Angstquelle, soweit dies möglich ist.
- Ich mache Witze über das, was mir Angst macht.
- Ich bekomme Migräne (Kopfschmerzen).

3. Welche der angeführten Möglichkeiten halten Sie für sich als geeignet, mit Angst umzugehen?

- Über die Angst sprechen: Das Sprechen über die Angst mit anderen Menschen bringt Erleichterung.
- Konfrontation mit der Angst: Eine bewusste Konfrontation mit der angstauslösenden Situation schafft einen realitätsbezogenen Umgang mit der Angst.
- Gezielte Entspannung: Angst kann durch gezielte Entspannungsübungen erheblich vermindert werden. Sehr gut geeignet sind einfache Atemübungen, autogenes Training und Bewegungstraining, z. B. langsames Laufen.
- Selbstinstruktion: Ein Mittel gegen Angst ist die Methode des positiven Denkens – sich selbst gut zureden!
- Selbst mit der Angst fertig werden: Aus Scham davor, von den anderen als Feigling hingestellt zu werden, wird von vielen Angst verleugnet oder mit Suchtmitteln (z. B. Alkohol) bekämpft. Dies ist die ungeeignetste Form der Angstbewältigung.

4. Vorschlag für eine einfache Atemübung

Autogenes Training ist eine Methode, den Körper zu entspannen und dadurch Stress abzubauen. Bewusstes Atmen kann helfen, zur Ruhe zu kommen. Legen Sie sich entspannt hin. Atmen Sie ruhig. Beim Einatmen sagen Sie oder denken Sie: *Ich schenke meinem Körper Ruhe!* Beim Ausatmen denken Sie: *Ich lächle!*[16]

[16] Vgl. Thich Nhat Hanh, Ich pflanze ein Lächeln, München: Goldmann 1992, S. 20–23.

5. Mit Ängsten umgehen lernen, Selbstwert stärken

Unter Selbstwert versteht man Gefühle und Vorstellungen, die ein Mensch über sich selbst hat. Menschen mit einem starken Selbstwertgefühl zeigen Verantwortlichkeit, Mitgefühl, Liebe. Wenn Menschen ein geringes Selbstwertgefühl haben, sind sie ängstlich, leben in der Erwartung, dass man sie betrügt und dass andere sie gering schätzen.

Im Folgenden sind sogenannte Selbstwertkrücken und Quellen für den Selbstwert aufgelistet. Analysieren Sie zunächst in Einzelarbeit, welche Selbstwertkrücken und Quellen für den Selbstwert für Sie relevant sind. Anschließend diskutieren Sie mit einer Partnerin oder einem Partner Ihrer Wahl, wie Sie die Selbstwertkrücken zu richtigen Quellen des Selbstwerts umwandeln könnten.

Selbstwertkrücken	Für mich relevant
Konsumzwang und Besitz: Ich fühle mich immer wieder gedrängt, shoppen zu gehen. Mein Wert steigt, wenn ich etwas besitze.	
Abwertung anderer: Ich fühle mich besser, wenn ich andere schlecht mache, wenn es anderen noch schlechter geht als mir.	
Innere Quellen des Selbstwerts	**Für mich relevant**
eigene Grenzen anerkennen	
Kreativität leben	
genießen	
Werte leben, sich engagieren	
Ermutigungen aussprechen	

6. Sich ändern, um die Welt zu ändern

Lesen Sie die Erzählung eines Sufis. Ein *Sufi* ist ein muslimischer Asket.

> In meiner Jugend war ich Revolutionär, und mein einziges Gebet zu Gott lautete: Herr, gib mir die Kraft, die Welt zu ändern. Als ich die mittleren Jahre erreichte und merkte, dass die Hälfte meines Lebens vertan war, ohne dass ich eine einzige Seele geändert hätte, wandelte ich mein Gebet ab und bat: Herr, gib mir die Gnade, alle jene zu verändern, die mit mir in Berührung kommen. Nur meine Familie und Freunde, dann bin ich schon zufrieden. Nun, da ich ein alter Mann bin und meine Tage gezählt sind, beginne ich einzusehen, wie töricht ich war. Mein einziges Gebet lautet nun: Herr, gib mir *die Gnade, mich selbst zu ändern*. Wenn ich von Anfang an darum gebetet hätte, wäre mein Leben nicht vertan.[17]

[17] Zitiert aus: Andreas Hoffstadt, Sprache der Gewinner. Wie Sie in allen Redesituationen sicher und überzeugend auftreten, Aachen: Mainz 2006, S. 175.

4 Hilfsbereitschaft, Kooperation

Egoismus = eigenes Wohl steigern
Altruismus = das Wohl anderer steigern

Ist der Mensch von Natur aus ein Egoist oder doch ein Altruist? Heute beschäftigen sich mit dieser Frage vor allem die Psychologie, Soziologie und Philosophie.

Bystander-Syndrom

Belästigungen in der U-Bahn, Schlägereien auf offener Straße, all das passiert täglich. Doch die meisten von uns schreiten nicht ein, sondern schauen lieber weg. Warum ist es so schwer, Zivilcourage zu zeigen und zu helfen?

Die individuelle Verantwortung reduziert sich reziprok zur Zahl der Beteiligten.

Empirische Befunde legen die Vermutung nahe, dass sich die individuelle Verantwortung dann reduziert, wenn viele Menschen die Möglichkeit hätten, Hilfestellung zu geben.

- Wenn der Zeuge einer Notsituation der Meinung ist, er sei der Einzige, der in dieser Situation einschreiten kann, beträgt die Häufigkeit der Hilfeleistung 85 %. Die Hilfeleistung reduziert sich, je mehr Menschen anwesend sind.
- Die Hilfeleistung wird negativ beeinflusst durch Lärm und Hektik. Je größer eine Stadt, desto schneller/hektischer bewegen sich die Menschen. Während in Kleinstädten die Hilfeleistung etwa 50 % beträgt, sinkt sie in Millionenstädten auf 15 %.[18]

Moralischer Aspekt: Wissen und Reflexion fördern Zivilcourage.

Experimente zum Bystander-Syndrom zeigen neben interessanten Details wie Lärm oder Hektik Folgendes: Wenn Menschen über die negativen Einflüsse der Hilfeleistung aufgeklärt sind, ändert sich ihr Verhalten in Bezug auf Hilfeleistung signifikant. Zivilcourage, also mutiges Einschreiten gegen unfaire Verhaltensweisen, wird durch Wissen positiv beeinflusst.

Prinzip der Wohltätigkeit: *Hilf anderen Personen in der Not, sofern du in der Lage dazu bist.* (Das Sollen setzt das Können voraus.)

Wenn Hilfe nötig ist

- Machen Sie durch deutliche Zeichen oder Rufe auf sich aufmerksam, um sicherzustellen, dass Ihre Notlage bemerkt wird.
- Artikulieren Sie deutlich, in welcher Lage Sie sind: *Ich werde angegriffen! Ich brauche Hilfe!* Schreien allein bietet mehrere Interpretationsmöglichkeiten.
- Sprechen Sie Personen, die sich in der Nähe aufhalten, direkt an: *Hey, Sie in der grünen Jacke, bitte helfen Sie mir!*
- Schlagen Sie konkrete Hilfeleistungen vor: *Rufen Sie die Polizei!*[19]

[18] Vgl. Gerd MIETZEL, Wege in die Psychologie, Stuttgart: Klett-Cotta 2008, S. 19ff.
[19] Vgl. Stefan STÜRMER, Sozialpsychologie. UTB Basics, München: Ernst Reinhardt 2009, S. 109f.

Empathie-Altruismus-Hypothese

Empathie (Mitfühlen) kann man als stellvertretende Emotion auffassen, die erlebt wird, wenn andere z. B. in Notsituationen wahrgenommen werden.

Im Zuge eines Lernexperiments wurden der Versuchsperson *Elaine* angeblich Elektroschocks zugefügt, um Lernen unter erschwerten Bedingungen zu untersuchen. Da Elaine unter den Elektroschocks aufgrund eines Kindheitstraumas stark leide, wurde die Versuchsperson gefragt, ob sie bereit sei, anstelle von Elaine an dem Lernexperiment teilzunehmen. Um zu demonstrieren, dass Empathie zu altruistischem Helfen führt, wurde der Versuchsperson 1 gesagt, dass sie in Bezug auf Werthaltungen und Interessen Elaine sehr ähnlich sei; Versuchsperson 2 wurde mitgeteilt, dass sie Elaine unähnlich sei. In dieser Versuchsanordnung wurde folgende Hypothese getestet: *Hohe Ähnlichkeit in Persönlichkeitsmerkmalen und Interessen führt zu hoher Empathie und Hilfsbereitschaft.*[20]

In einem weiteren Experiment wurden die Bedingungen des Nichthelfens manipuliert. Versuchsperson 1 wurde mitgeteilt, sie könne das Labor sofort verlassen und brauche nicht das Leid von Elaine mitansehen: leichter Ausweg – niedrige Kosten des Nichthelfens. In einer anderen Bedingung musste die Versuchsperson im Labor bleiben und alle Durchgänge des Lernexperiments mitansehen: schwieriger Ausweg – hohe Kosten des Nichthelfens.

Spieltheorie

Sie sitzen nach der Schule mit einer Kollegin in einem Café. Ein Unbekannter gibt Ihnen 100 Euro unter der Voraussetzung, dass Sie Ihrer Kollegin ein Teilungsangebot machen. Wenn Ihre Kollegin akzeptiert, bekommen Sie den Anteil von 100 Euro; wenn die Kollegin nicht akzeptiert, bekommen Sie nichts:

- Sie können nun egoistisch handeln, also den eigenen Nutzen zu optimieren versuchen, und bieten Ihrer Kollegin fünf Euro an. Die Wahrscheinlichkeit, dass Ihre Kollegin ablehnt, ist sehr groß.
- Tatsächlich zeigt sich in vielen Wiederholungen dieses Spiels, dass Angebote unter 30 Prozent so gut wie immer ausgeschlagen werden und auch sehr selten gemacht werden. Die meisten bieten über 30 Prozent.

Die Spieltheorie versucht, für verschiedene typische Handlungssituationen eine Auswahl an rationalen Handlungsstrategien für die beteiligten Akteurinnen/Akteure zu ermitteln. Mit ihrer Hilfe soll die/der Einzelne zu rationalen Entscheidungen gelangen, selbst wenn keine Kommunikation mit den anderen möglich ist. Dies wird im sogenannten *Gefangenendilemma* veranschaulicht. Person A und Person B haben einen Einbruch begangen und

Im Zentrum spieltheoretischer Überlegungen stehen rationale Entscheidungen in sozialen Situationen. Es geht zunächst um strategische Klugheit; Fragen der Moral spielen eine untergeordnete Rolle.

[20] Vgl. Stefan Stürmer, Sozialpsychologie. UTB Basics, München: Ernst Reinhardt 2009, S. 102f.

sitzen in getrennten Zellen. Der Staatsanwalt hat keine hinreichenden Beweise und kann nur unerlaubten Waffenbesitz anklagen. So bietet der Staatsanwalt jedem Häftling einen Handel an:

- Wenn er gesteht, geht er frei (Kronzeugenregelung) und der Komplize bekommt zehn Jahre.
- Wenn jeder gesteht, braucht der Staatsanwalt keinen Kronzeugen: Beide bekommen fünf Jahre.
- Gesteht keiner, gibt es wegen unerlaubten Waffenbesitzes zwei Jahre.

	B schweigt	B redet
A schweigt	A 2 Jahre B 2 Jahre	A 10 Jahre B 0 Jahre
A redet	A 0 Jahre B 10 Jahre	A 5 Jahre B 5 Jahre

Beide Gefangenen wissen nicht, wie sich der andere verhalten wird. Gestehen kann zur besten, aber auch zur zweitschlechtesten Situation führen. Nichtgestehen kann zur zweitbesten, aber auch zur schlechtesten Situation führen.
Eine rein egoistische Interessenverfolgung im Sinne einer Minimierung der persönlichen Gefängnisstrafe ist hier offenkundig irrational und unklug. Das eigene Optimum ist auf Dauer nicht zu verwirklichen. Es ist oft besser, sich mit einer zweitbesten Lösung zufriedenzugeben. Kooperation ist auf Dauer nützlicher als egoistisches Handeln.[21]

Mensch als kooperatives Wesen

Reziproker Altruismus

Spieltheoretische Überlegungen beruhen auf dem Prinzip der Wechselseitigkeit: *Wie du mir, so ich dir*. Für moralisches Handeln und ethisches Urteilen spielt das Prinzip der Perspektivenübernahme (des hypothetischen Rollentausches) eine wichtige Rolle: *Behandle die anderen so, wie du selbst behandelt werden möchtest, wenn du dich mit ihren Interessen in ihrer Situation befändest!*

Der Mensch ist ein soziales Wesen.

Neuere Erkenntnisse der Neurowissenschaften und Motivationsforschung scheinen ARISTOTELES zu bestätigen, dass der Mensch primär ein soziales Wesen ist, wenn in der Erziehung Werte wie Zuneigung, Respekt, Anerkennung und gegenseitige Achtung forciert werden.

[21] Vgl. Dagmar FENNER, Ethik. UTB Basics, Tübingen: A. Francke 2008, S. 78.

Das natürliche Ziel der Motivationssysteme sind soziale Gemeinschaft und gelingende Beziehungen mit anderen Individuen, wobei dies nicht nur persönliche Beziehungen betrifft, Zärtlichkeit und Liebe eingeschlossen, sondern alle Formen sozialen Zusammenwirkens. Für den Menschen bedeutet dies: Kern aller Motivation ist es, zwischenmenschliche Anerkennung, Wertschätzung, Zuwendung oder Zuneigung zu finden und zu geben. Wir sind – aus neurobiologischer Sicht – auf soziale Resonanz und Kooperation angelegte Wesen [...]
Neurobiologische Studien zeigen: Nichts aktiviert die Motivationssysteme so sehr wie der Wunsch, von anderen gesehen zu werden, die Aussicht auf soziale Anerkennung, das Erleben positiver Zuwendung und – erst recht – die Erfahrung von Liebe [...]
Die Einsicht, dass Akzeptanz und Anerkennung, die wir bei anderen finden, der tiefste Grund aller Motivation ist, ergab sich erst in den letzten fünf bis zehn Jahren und ist das Ergebnis einer Serie von teilweise überaus aufwändigen Untersuchungen. Entdeckt wurde dabei: Die Motivationssysteme schalten ab, wenn keine Chance auf soziale Zuwendung besteht, und sie springen an, wenn das Gegenteil der Fall ist, wenn also Anerkennung oder Liebe im Spiel ist [...]
Das Bemühen des Menschen, als Person gesehen zu werden, steht noch über dem, was landläufig als Selbsterhaltungstrieb bezeichnet wird. Nicht nur Personen, auch Tiere, die gegen ihren Willen dauerhaft ausgegrenzt und isoliert werden, verlieren alles Interesse am Leben, verweigern die Nahrung, werden krank und sterben [...]
Angesichts der Beobachtung von Spiegel- und Resonanzphänomenen bei einfachsten biologischen Strukturen wie der DNA ist es keine überraschende Erkenntnis, dass Spiegelungs- und Resonanzprozesse auch bei höheren Lebewesen wie dem Menschen eine überaus bedeutende Rolle spielen [...]
Zu den kulturellen Formen des Lebens gehören nicht nur die Künste, sondern auch die vielfältigen Formen des sozialen Zusammenwirkens. Sie umfassen die Erziehung unserer Kinder zu Menschlichkeit, die Bildung und die Bereitschaft, uns in materieller und gesundheitlicher Not gegenseitig zu unterstützen. Wir haben heute die Möglichkeit, uns aus dem Albtraum des Darwinismus und der Soziobiologie zu befreien. Die Alternative heißt Kooperation. Das Ergebnis gelingender Kooperation hieße: Menschlichkeit.[22]

Für das Funktionieren und Instandhalten aller biologischen Systeme gilt ein Satz: *Use it or lose it.*

Bleiben während Kindheit und Jugend gute Beziehungserfahrungen aus, hat dies fatale Folgen für die spätere Beziehungsfähigkeit der betroffenen Individuen.

Nicht Konkurrenz, sondern Kooperation macht die Menschen glücklicher.

Spiegelneuronen = das Beobachten von Schmerz oder Gefühlen (Angst, Trauer, Glück etc.) aktiviert einen Resonanzmechanismus, der es uns ermöglicht, die Handlungen anderer von innen heraus zu verstehen.

Darwinismus (hier): Egoismus und Stärke sind im Kampf ums Dasein entscheidend.

[22] Joachim Bauer, Prinzip Menschlichkeit. Warum wir von Natur aus kooperieren, München: Heyne 2008, S. 36f., 39 und 224f. Copyright © 2006 by Hoffmann und Campe Verlag, Hamburg.

AUFGABEN

1. Wissen reproduzieren

Egoismus bedeutet für mich ______________________________.
Altruismus bedeutet für mich ______________________________.
Die Hilfeleistung in Not befindlicher Menschen wird von drei Faktoren beeinflusst:
______________, ______________, ______________.
Wenn ich in einer Notsituation bin und Hilfe benötige,
______________________________.
Die Empathie-Altruismus-Hypothese besagt: ______________________________.
Aus den spieltheoretischen Erkenntnissen kann man Folgendes für Entscheidungsfindungen ableiten: ______________________________.
Der Mensch wird zu einem sozialen Wesen, wenn ______________________________.
Spiegelneuronen befähigen uns dazu, ______________________________.

2. Zivilcourage

Zivilcourage (Tapferkeit) zählt neben Gerechtigkeit, Besonnenheit (Maßhalten) und Weisheit zu den wichtigsten Tugenden.
Was verstehen Sie unter Zivilcourage?

Kreuzen Sie von den angeführten Aussagen drei für Zivilcourage nicht passende an. Warum sind diese nicht passend?

- O Sich für andere einsetzen, auch wenn Wegsehen und Weglaufen einfacher wären.
- O Jemandem, der in Not ist, helfen.
- O Die Meinung sagen, auch wenn fast alle in der Gruppe anders denken.
- O Den anderen zeigen, dass man stärker ist.
- O Andere einschüchtern.
- O Ohne Rücksicht auf Verluste ein Wagnis eingehen.

3. Experiment mit Kapuzineraffen

Kapuzineraffen lieben Weintrauben und verabscheuen Gurken. Verschiedene Aufgaben führten sie aus, weil sie vermuteten, sie bekämen als Belohnung Weintrauben. Es wurden zwei Gruppen gebildet, die sich gegenseitig beobachten konnten. Die eine Gruppe der Affen bekam für die gleiche Aufgabe Weintrauben, die andere Gurken. Nach einiger Zeit verloren die Affen, die die Gurken bekamen, die Lust an der Erledigung der Aufgaben.
In einer weiteren Versuchsanordnung wurde eine Gruppe mit Trauben gefüttert, ohne eine Leistung zu erbringen. Daraufhin bewarfen die Affen, die für ihre Leistung nur Gurken bekamen, das Forschungsteam mit den Gurken.[23]
Stellen Sie Vermutungen an, welche Werte für das Verhalten der Kapuzineraffen verantwortlich sein könnten. Sinn für Unfairness? Gefühl für Fairness und Gerechtigkeit?

[23] Vgl. Richard David Precht, Die Kunst, kein Egoist zu sein. Warum wir gerne gut sein wollen und was uns davon abhält, München: Goldmann 2010, S. 102–107.

4. **Spiel: Im Geldfieber**
Bilden Sie Gruppen von vier oder fünf Personen. Sie basteln eine Tüte aus Papier (= die Bank) und legen in diese Tüte 50 kleine Papierkügelchen (= Cent). Pro Spielerin/Spieler legen Sie nun drei Cent (Papierkügelchen) in die Mitte des Tisches. Das Spiel besteht aus sechs Runden. Sie losen, wer beginnt. Nacheinander nimmt jede Spielerin/jeder Spieler reihum jeweils ein bis maximal drei Cent von der Mitte des Tisches. Nach einer Runde muss jede Person einen Cent in die Bank (= Tüte) zurücklegen. Jetzt wird die Anzahl der Cent, die noch auf dem Tisch liegen, mit Cent-Stücken aus der Bank verdoppelt: Wenn z. B. noch zwei Cent in der Mitte des Tisches liegen, werden weitere zwei Cent aus der Bank ergänzt. Wenn die Bank nicht mehr genug Cent hat, werden so viele wie möglich hinzugefügt. Das Spiel geht dann einfach weiter. Ziel des Spiels ist es, so viele Cent wie möglich in sechs Runden zu sammeln. Wenn keine Cent mehr in der Mitte des Tisches liegen, endet das Spiel. Das kann auch bereits vor Ablauf der sechs Runden geschehen.

Aufgabenstellung:
a. Lesen Sie die Spielanleitung. Spielen Sie „Im Geldfieber", ohne eine Spielstrategie zu besprechen. Schreiben Sie am Ende des Spiels auf, wie viele Cent Sie gewonnen haben und wie viele Runden Sie spielen konnten.
b. Spielen Sie „Im Geldfieber" nochmals. Diesmal besprechen Sie vor dem Spiel eine Strategie. Schreiben Sie am Ende des zweiten Spiels auf, wie viele Cent Sie gewonnen haben und wie viele Runden Sie spielen konnten.
c. Spielen Sie „Im Geldfieber" einige Male mit verschiedenen Strategien. Notieren Sie jeweils die optimale Strategie für die Gruppe, für eine einzelne Person etc. Diskutieren Sie Bezüge zur Spieltheorie.[24]

5. **Was ist nützlich?**
Formulieren Sie zunächst schriftlich, was Sie unter „nützlich" verstehen. Tauschen Sie Ihre Gedanken in Partnerarbeit aus.
Lesen Sie nun die Ansichten von zwei Philosophen. Worin stimmen Ihre Ansichten mit denen der Philosophen überein? Wo können Sie Unterschiede erkennen?
Jeremy Bentham (1748–1832), Vertreter des Utilitarismus, definiert „nützlich" etwa so: *Unter dem Prinzip der Nützlichkeit ist jenes Prinzip zu verstehen, das das Glück der Gruppe vermehrt. Beim Utilitarismus gilt es, herauszufinden, was wirklich den Menschen das größtmögliche Glück verschafft. Denn auch etwas, das vorerst von Nutzen sein kann, kann sich langfristig als nicht nützlich oder gar als Schaden herausstellen.*
John St. Mill (1806–1873), ebenfalls ein Vertreter des Utilitarismus, beschreibt Nützlichkeit in Form eines Vergleichs: *In Jesus von Nazareth tritt uns der Geist der utilitaristischen Moral voll und ganz entgegen. Tue so, wie du willst, dass andere dir tun (Goldene Regel) – und: Liebe deinen Nächsten wie dich selbst. Diese Forderungen sprechen das Ideal der utilitaristischen Moral aus.*

[24] Vgl. Regine Rompa, Philosophie, Ethik. Fertige Stundenbilder für Highlights zwischendurch, Klasse 7–10, Mühlheim: Verlag an der Ruhr 2014, S. 96f.

5 Wiederholung

Familie

Unter *Familie* versteht man eine soziale Gruppierung, deren Verbindung auf Verwandtschaft, Heirat oder längerfristigem Zusammenhang beruht:

- Ehepaar oder Lebensgemeinschaft ohne Kinder,
- Ehepaar oder Lebensgemeinschaft mit Kindern,
- alleinerziehende Mutter oder alleinerziehender Vater,
- gleichgeschlechtliche Partnerschaft.

Gestaltung von Beziehungen

Beziehungen werden durch sogenannte Transaktionen (= Botschaften) in sprachlicher und nichtsprachlicher Form gestaltet. Die Botschaften können von verschiedenen Ich-Zuständen her ausgesendet werden, und die Adressatin oder der Adressat kann von verschiedenen Ich-Zuständen her antworten. Eric BERNE unterscheidet drei Ich-Zustände:

- Das Erwachsenen-Ich ist der Bereich von Denk- und Verhaltensweisen, die überlegt und verantwortlich gestaltet sind.
- Das Eltern-Ich repräsentiert die im Laufe der Erziehung übernommenen Denk- und Verhaltensweisen.
- Das Kindheits-Ich repräsentiert die in der Kindheit entwickelten Denk- und Verhaltensweisen.

Mediation

Unter *Mediation* versteht man die Behandlung eines Konflikts durch Einschaltung einer neutralen Person. Diese Streitschlichterin hat keine Entscheidungsbefugnis, wie beispielsweise eine Richterin oder ein Richter; sie hilft den Streitparteien bei ihrer Suche nach einer Konfliktlösung.

Freundschaft

Freundschaft ist eine freiwillige Form einer sozialen Partnerschaft, die durch das Gefühl gegenseitiger Anziehung, Vertrautheit und Nähe bestimmt ist.

Liebe

Das Wort *Liebe* wird in sehr unterschiedlichen Bedeutungen verwendet:

- Unter erotischer Liebe versteht man die emotionale Hinwendung zu einer Sexualpartnerin/einem Sexualpartner.
- Die Liebe der Eltern zu ihren Kindern ist vor allem durch Schutz und Hilfestellungen charakterisiert.
- Im Christentum wird Liebe als Nächstenliebe konkretisiert – *Liebe deinen Nächsten wie dich selbst*!

Umgang mit dem Fremden

Unser Umgang mit dem *Fremden* kann sehr unterschiedlich sein. Wir erleben im Fremden einerseits eine ästhetische Qualität, andererseits erleben wir das Fremde als bedrohlich und beängstigend.

Inklusion bedeutet, dass kein Mensch ausgeschlossen oder ausgegrenzt werden darf. Jegliche Form von Diskriminierung, zum Beispiel aufgrund einer Behinderung, der Hautfarbe, der Herkunft, der Geschlechtsidentität etc. ist zu vermeiden.

Inklusion

Interkulturalität kann man umschreiben als das Aufeinandertreffen mehrerer Kulturen, das Bewusstwerden der Unterschiede und die gegenseitige Beeinflussung. *Transkulturalität* geht davon aus, dass Kulturen nicht voneinander abgrenzbare Einheiten sind, sondern zunehmend vernetzt und vermischt werden.

Interkulturalität

Transkulturalität

Vorurteile sind vorschnelle Urteile. Es handelt sich dabei um teilweise falsche Urteile, die auf mangelhafte Informationen zurückzuführen sind. Bei Vorurteilen werden einer fremden Person oder Gruppe (meist) negative Eigenschaften zugesprochen.

Vorurteile

Im *Umgang mit Menschen mit Behinderung* ist zu beachten: Mobilität bedeutet Selbstbestimmung. Sprachliche Diskriminierungen müssen reflektiert und vermieden werden.

Umgang mit Menschen mit Behinderung

Unter *Angst* versteht man die Aufgeregtheit angesichts von Situationen, die persönlich als bedrohlich und ungewiss eingeschätzt werden. Fritz RIEMANN geht davon aus, dass alle Menschen individuelle Ängste haben, dass es aber vier Grundformen von Angst gibt, die die Persönlichkeitsstruktur prägen: Existenzangst, Trennungsangst, Gewissensangst, Versagensangst.

Angst

Das *Prinzip der Wohltätigkeit* besagt: *Hilf anderen Personen in der Not, sofern du dazu in der Lage bist*. Die *Empathie-Altruismus-Hypothese* meint: Hohe Ähnlichkeit in Persönlichkeitsmerkmalen führt zu hoher Empathie und Hilfsbereitschaft.

Hilfsbereitschaft

Empathie-Altruismus-Hypothese

Im Zentrum spieltheoretischer Überlegungen stehen rationale Entscheidungen in sozialen Situationen. Es geht zunächst um strategische Klugheit, Fragen der Moral spielen eine untergeordnete Rolle. Die Spieltheorie beruht auf dem Prinzip der Wechselseitigkeit: *Wie du mir, so ich dir*. Für moralisches Handeln und ethisches Urteilen spielt das Prinzip der Perspektivenübernahme (des hypothetischen Rollentausches) eine wichtige Rolle: *Behandle die anderen so, wie du selbst behandelt werden möchtest, wenn du dich mit ihren Interessen in ihrer Situation befändest!*

Spieltheorie

Reziproker Altruismus

Perspektivenübernahme

Neuere Erkenntnisse der Neurowissenschaften und Motivationsforschung scheinen zu bestätigen, dass der Mensch primär ein soziales Wesen ist, wenn in der Erziehung Werte wie Zuneigung, Respekt, Anerkennung und gegenseitige Achtung forciert werden.

Kooperation

AUFGABEN zur Wiederholung und Vertiefung

1. Sortieraufgabe

Setzen Sie hinter jeden Begriff, den Sie einer anderen Person nicht erklären können, ein Minuszeichen (–); hinter jeden Begriff, den Sie erklären können, setzen Sie ein Pluszeichen (+). Fragen Sie anschließend Ihre Sitznachbarin bzw. Ihren Sitznachbarn, ob sie/er beim Begriff bzw. bei Begriffen mit Minuszeichen weiterhelfen kann.

Kernfamilie	Transaktion	Mediation
VW-Regel	emotional	Inklusion
heterosexuell	homosexuell	transsexuell
Diskriminierung	Autonomie	Maxime
Interkulturalität	Transkulturalität	Bystander-Syndrom
Altruismus	Spieltheorie	Kooperation

2. Lernreflexion

Am Ende eines jeden Kapitels werden Sie dazu aufgefordert, über das bisher Gelernte nachzudenken und zu reflektieren. Lernen ist ein Prozess, der ein Leben lang stattfindet. Es ist sinnvoll, nach einer gewissen Zeit über Lernfortschritte nachzudenken. Die folgenden Fragen sollen für Sie lediglich Anregung sein, Sie brauchen die Fragen nicht Punkt für Punkt zu beantworten:

- Welche Themen haben mich angesprochen?
- Welche Themen haben mich nicht so sehr interessiert?
- Welche Ideen habe ich zu den Themen beigetragen?
- Welche Methoden sagen mir im Unterricht besonders zu (Vortrag, Arbeiten am Computer, Gruppenarbeit, offene Lernformen, Diskussion …)?
- Gibt es Inhalte, die meine bisherigen Ansichten verändert haben?

3. Reflexion: Familie, Partnerschaft, Zivilcourage

Beantworten Sie die Fragen zunächst in Einzelarbeit. Wenn Sie die Fragen für sich beantwortet haben, bilden Sie einen Innen- und einen Außenkreis; anschließend diskutieren Sie mit Ihrem Gegenüber drei Fragen. Die im Außenkreis Stehenden gehen nach ca. drei Minuten im Uhrzeigersinn einen Platz weiter. Anschließend diskutieren Sie mit Ihrem neuen Gegenüber wieder drei Fragen etc.

- Eltern, die die Freundinnen/Freunde ihres Kindes nicht mögen, sollen
  a) nichts sagen.
  b) abfällige Bemerkungen machen.
  c) mit dem Kind über ihre eigenen Vorbehalte reden.
- Eine vernünftige Zeit, am Wochenende wieder zu Hause zu sein, ist
  a) 22:00 Uhr. b) 23:00 oder 24:00 Uhr. c) 1:00 oder 2:00 Uhr.
- Bei einer Party sollten die Eltern
  a) außer Haus, besser: außer Landes sein. b) mit den Kids tanzen.

- Wenn ich den Eltern meiner Freundinnen/Freunde zum ersten Mal begegne, bin ich nervös, weil …
- Die Eigenschaften, die ich an Freundinnen/Freunden am meisten schätze, sind
  a) Sinn für Humor, Kreativität.
  b) Intelligenz.
  c) Freundlichkeit.
  d) Sportlichkeit.
  e) Ehrlichkeit.
  f) Sensibilität und Mitgefühl.
- Wenn ich jemanden mag,
  a) soll das jede/jeder wissen. b) möchte ich, dass es ein Geheimnis bleibt.
- Wenn jemand nur wegen meines Aussehens mit mir ausgeht, finde ich das …
- Der schönste Augenblick in meinem Leben war …
- Die schwierigste Phase in meinem Leben war …
- Meine größte Sorge ist …
- Wenn Witze über Ausländerinnen/Ausländer gemacht werden,
  a) höre ich zu und lache.
  b) ist es mir peinlich, ich sage aber nichts.
  c) widerspreche ich, stehe auf und gehe.
- Wenn ich sehe, dass jemand zusammengeschlagen wird,
  a) haue ich ab. b) verständige ich die Polizei.
- Ich bin ein Feigling, wenn …

4. **Brief in die Zukunft**
Schreiben Sie einen Brief an sich selbst: *Wie stelle ich mir meine zukünftige Partnerschaft vor?*

5. **Reflexion über Vorurteile**
Ergänzen Sie zunächst in Einzelarbeit die unten stehenden Sätze. Diskutieren Sie anschließend Ihre Behauptungen in Kleingruppen einerseits in Bezug auf Abwertungen, nicht reflektierte Äußerungen, Feindseligkeiten, andererseits in Bezug auf vorläufige Zwischenergebnisse, neutrale Aussagen.

a) Alte Menschen sind …
b) Bettlerinnen/Bettler sind …
c) Fußballfans sind …
d) Klassenbeste sind …
e) Lesben/Schwule sind …
f) Lehrerinnen/Lehrer sind …
g) Jüdinnen/Juden, Christinnen/Christen, Musliminnen/Muslime sind …
h) Raucherinnen/Raucher sind …
i) Politikerinnen/Politiker sind …
j) Bankerinnen/Banker sind …

Vorurteile	
abwertend, unreflektiert, feindselig	neutral, vorläufig, diskutierenswert

Kapitel 4: Umwelt

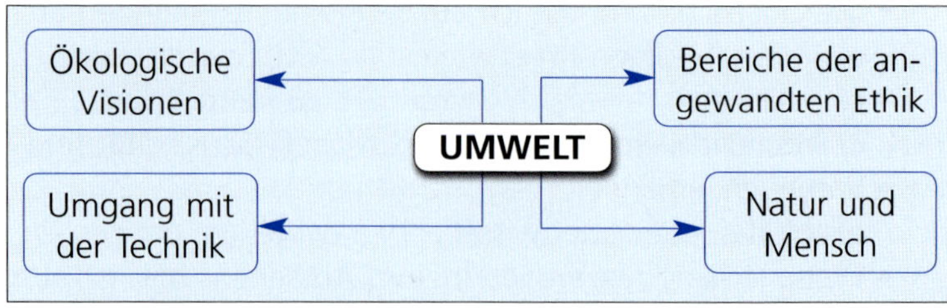

VORKENNTNISSE AKTIVIEREN

1. **Wahr oder falsch?**
   Diskutieren Sie zunächst, ob die angeführten Behauptungen stimmen, anschließend, ob Sie diese Sachverhalte für moralisch vertretbar oder bedenklich halten:
   - Eine 65-jährige Frau bekommt mithilfe medizinischer Unterstützung Vierlinge.
   - Eine Gruppe von Forscherinnen/Forschern vom Biozentrum in Basel hat Fliegen mit 14 Augen hergestellt.
   - Das belgische Parlament hat Sterbehilfe für Kinder legalisiert.
   - Jeffrey Steinberg, Leiter eines medizinischen Instituts, bietet Eltern um 14 000 Dollar an, ihr Wunschkind bezüglich Geschlecht, Augen- und Haarfarbe zu designen.

2. **Was ist Natur?**
   Der Naturbegriff wird in vielen Zusammenhängen verwendet. Versuchen Sie, den Naturbegriff (natürlich versus künstlich/technisch, natürlich/gut vs. widernatürlich/schlecht, natürlich vs. übernatürlich) zu konkretisieren und problematische Argumentationen zu widerlegen.
   - Im Urlaub können wir wieder die Natur genießen.
   - Mit der natürlichen Kraft des Ginkgo … für weniger Vergesslichkeit und mehr geistige Leistungsfähigkeit.
   - Die Natur lehrt uns, dass der Stärkere über den Schwächeren herrschen muss.
   - Männer sind von Natur aus stärker als Frauen, deshalb sollten sie auch das alleinige Stimmrecht besitzen.
   - Die Homo-Ehe ist sittlich schlecht, weil sie gegen die Natur gerichtet ist. Der ganzen Natur ist ein Gesetz eingeschrieben: das natürliche Sittengesetz als Naturgesetz.

Experiment
Im Wissenschaftsjournal Science (2013) wurde folgendes Experiment publiziert:
1. Die Versuchspersonen müssen sich entscheiden: 10 Euro nehmen und den Tod einer Labormaus in Kauf nehmen oder auf das Geld verzichten und das Leben der Labormaus retten.
2. Ein Verkäufer hat eine Maus im Angebot, ein Käufer 20 Euro. Geld gibt es für beide nur, wenn ein Maus-Verkauf gelingt: Der Verkäufer bekommt den ausgehandelten Preis, der Käufer darf den Rest seiner 20 Euro behalten. Kommt ein Deal zustande, stirbt die Maus. Käufer und Verkäufer hatten die Wahl, ein Geschäft abzuschließen oder den Deal zu verweigern.
Stellen Sie Vermutungen an, wie viel Prozent den Tod der Maus bei Experiment 1 bzw. 2 in Kauf nahmen?[1]

[1] Vgl. www.ksta.de/panorama/schockierendes-experiment-toeten-fuer-zehn-euro-3981984 (14. 2. 2017).

1 Angewandte Ethik

Durch die rasante Entwicklung der Naturwissenschaften und der Technik ergeben sich viele Handlungsmöglichkeiten, die neue ethische Fragen aufwerfen: Soll bei einer 64-jährigen Frau die In-vitro-Fertilisation angewendet werden? Soll Gentechnik eingesetzt werden, obwohl die Risiken nicht abschätzbar sind? Ist Massentierhaltung noch zu verantworten? Ist ein unkontrolliertes Internet ohne Datenschutz verantwortbar? Vor allem in demokratischen Gesellschaften geht es darum, den Bürgerinnen und Bürgern praktische Orientierungshilfen anzubieten, die sie in ihrer Entscheidungsfähigkeit unterstützen und ihre Urteilskraft schärfen. Ethikkommissionen werden in vielen Fragen der angewandten Ethik von der Politik als Unterstützung eingesetzt.

Ethik spielt heute in folgenden Bereichen eine wichtige Rolle:

Umwelt-, Tier- und Medizinethik wird auch als Bioethik bezeichnet.

- *Umweltethik* (ökologische Ethik) beschäftigt sich mit der Verantwortung gegenüber der Natur, mit nachhaltigem Umweltschutz u. Ä.
- *Tierethik* behandelt Fragen der Massentierhaltung, des Tierschutzes, die Problematik von Tierversuchen.
- *Medizinethik* beschäftigt sich mit Fragen der Beziehung zwischen Ärztin / Arzt und Patientin / Patient, der Organtransplantation, dem Schwangerschaftsabbruch, der Sterbehilfe etc.

Medizinethische Fragen werden in Kernbereiche Ethik 2 behandelt.

Ein aktuelles Problemfeld der Wissenschaftsethik ist die Stammzellenforschung.

- *Wissenschaftsethik* befasst sich mit Fragen der Forschung und deren Folgen: Was ist im Rahmen des wissenschaftlich Möglichen ethisch vertretbar? Welche Bereiche sollten besser nicht erforscht werden? Inwiefern tragen Wissenschafterinnen / Wissenschafter Verantwortung für die Folgen ihrer Erkenntnisse?
- *Technikethik* beschäftigt sich vor allem damit, welche Folgen technischer Fortschritt für den Menschen haben kann (z. B. Atomkraft) und welche Verantwortung der Mensch im Umgang mit Technik hat: Beherrschen wir technologische Entwicklungen in ihren Folgen? Ist es moralisch zu verantworten, zahllose Produkte einzeln zu verpacken und so begrenzte Ressourcen zu verschwenden?

Wirtschafts- und Medienethik beschäftigen sich mit sozialethischen Fragen. Medienethische Fragen werden in Kernbereiche Ethik 2 behandelt.

- *Wirtschaftsethik* umfasst Problembereiche wie freie Marktwirtschaft (Neoliberalismus) etc.
- *Medienethik* beschäftigt sich mit Chancen und Risiken moderner Informationstechnologien, dem Datenschutz u. Ä.[2]

[2] Vgl. Barbara Brüning, Und die Welt von morgen? Ethische Fragen aus Natur und Technik im Unterricht behandeln, Weinheim, Basel: Beltz 2009, S. 10f.; Literaturhinweis: Dagmar Fenner, Einführung in die angewandte Ethik, Tübingen: Francke 2010.

2 Natur und Mensch

Der Mensch ist ein Mängelwesen, er kommt schwach auf die Welt, wäre ohne Schutz und Hilfe nicht überlebensfähig. Der Mensch muss, um überleben zu können, in die Natur eingreifen. Der Eingriff in die Natur reduziert die Knappheit der Lebensmittel, verspricht durch die Ausnutzung von Technik und Wissenschaft z. B. eine gewisse Sicherheit vor Naturkatastrophen und erweitert die Möglichkeiten der Selbstentfaltung – man denke an die Arbeitserleichterungen, die sich durch die Erfindung von Maschinen ergeben haben. Mit dem Menschen kommt ein Riss in die Natur, etwas Fragwürdiges und Zweideutiges, etwas Widersprüchliches.

2.1 Indianisches Naturverständnis

Harmonie Natur – Mensch: Die Indianer glauben, alles sei beseelt. Eine solche Haltung nennt man „Animismus" oder „Pantheismus".

Das indianische Menschenbild und der entsprechende Lebensstil kommen in einer (angeblich so gehaltenen) Rede des Indianerhäuptlings SEATTLE zum Ausdruck. Der amerikanische Präsident Franklin PIERCE hatte 1855 angeordnet, den Indianerinnen/Indianern Land für weiße Siedlerinnen und Siedler abzukaufen und die Indianerinnen/Indianer in Reservate zu stecken. Darauf reagierte der Häuptling mit folgender Rede:

> Unsere Toten vergessen die wunderbare Erde nie, denn sie ist des roten Mannes Mutter. Wir sind ein Teil der Erde, und sie ist ein Teil von uns. Die duftenden Blumen sind unsere Schwestern, die Rehe, das Pferd, der große Adler – sind unsere Brüder. Die felsigen Höhen, die saftigen Wiesen, die Körperwärme des Ponys und des Menschen – sie alle gehören zu der gleichen Familie. [...] Wenn wir unser Land verkaufen, so müsst ihr euch daran erinnern und eure Kinder lehren: Die Flüsse sind unsere Brüder und eure –, und ihr müsst von nun an den Flüssen eure Güte geben, so wie jedem anderen Bruder auch. Der rote Mann zog sich immer zurück vor dem eindringenden weißen Mann – so wie der Frühnebel in den Bergen vor der Morgensonne weicht. Aber die Asche unserer Väter ist heilig, ihre Gräber sind geweihter Boden, und so sind diese Hügel, diese Bäume, dieser Teil der Erde uns geweiht. [...] Wenn der letzte rote Mann von dieser Erde gewichen und sein Gedächtnis nur noch der Schatten einer Wolke über der Prärie, wird immer noch der Geist meiner Väter in diesen Ufern und diesen Wäldern lebendig sein. Denn sie liebten diese Erde wie das Neugeborene den Herzschlag seiner Mutter. Wenn wir euch unser Land verkaufen, liebt es, so wie wir es liebten, kümmert euch, so wie wir uns kümmerten, behaltet die Erinnerung an das Land so, wie es ist, wenn ihr es nehmt. Und mit all eurer Stärke, eurem Geist, eurem Herzen erhaltet es für eure Kinder und liebt es – so wie Gott uns alle liebt. Denn eines wissen wir – unser Gott ist derselbe Gott. Diese Erde ist ihm heilig. Selbst der weiße Mann kann der gemeinsamen Bestimmung nicht entgehen. Vielleicht sind wir doch – Brüder. Wir werden sehen.[3]

[3] http://www.humanistische-aktion.de/seattle.htm (14. 2. 2017).

2.2 Biblisches Naturverständnis

Der folgende Bericht wurde im 10. Jh. v. Chr. am Königshof Jerusalems von einem unbekannten Schreiber aufgezeichnet. Er verwendete für Gott die Bezeichnung „Jahwe", weshalb er als der „Jahwist" bezeichnet wird (Gen 2, 4b–22):

Zur Zeit, als Gott, der Herr, Erde und Himmel machte, gab es auf der Erde noch keine Feldsträucher und wuchsen noch keine Feldpflanzen; denn Gott, der Herr, hatte es auf die Erde noch nicht regnen lassen und es gab noch keinen Menschen, der den Ackerboden bestellte; aber Feuchtigkeit stieg aus der Erde auf und tränkte die ganze Fläche des Ackerbodens.
Da formte Gott, der Herr, den Menschen aus Erde vom Ackerboden und blies in seine Nase den Lebensatem. So wurde der Mensch zu einem lebendigen Wesen.
Dann legte Gott, der Herr, in Eden, im Osten, einen Garten an und setzte dorthin den Menschen, den er geformt hatte.
Gott, der Herr, ließ aus dem Ackerboden allerlei Bäume wachsen, verlockend anzusehen und mit köstlichen Früchten, in der Mitte des Gartens aber den Baum des Lebens und den Baum der Erkenntnis von Gut und Böse. [...]
Gott, der Herr, nahm also den Menschen und setzte ihn in den Garten von Eden, damit er ihn bebaue und hüte.
Dann gebot Gott, der Herr, dem Menschen: Von allen Bäumen des Gartens darfst du essen, doch vom Baum der Erkenntnis von Gut und Böse darfst du nicht essen; denn sobald du davon isst, wirst du sterben.
Dann sprach Gott, der Herr: Es ist nicht gut, dass der Mensch allein bleibt. Ich will ihm eine Hilfe machen, die ihm entspricht.
Gott, der Herr, formte aus dem Ackerboden alle Tiere des Feldes und alle Vögel des Himmels und führte sie dem Menschen zu, um zu sehen, wie er sie benennen würde. Und wie der Mensch jedes lebendige Wesen benannte, so sollte es heißen. Der Mensch gab Namen allem Vieh, den Vögeln des Himmels und allen Tieren des Feldes. Aber eine Hilfe, die dem Menschen entsprach, fand er nicht.
Da ließ Gott, der Herr, einen tiefen Schlaf auf den Menschen fallen, sodass er einschlief, nahm eine seiner Rippen und verschloss ihre Stelle mit Fleisch.
Gott, der Herr, baute aus der Rippe, die er vom Menschen genommen hatte, eine Frau und führte sie dem Menschen zu.

Der jüngere Schöpfungsbericht entstand 550 v. Chr. (Gen. 1, 26–28).

Dann sprach Gott: Lasst uns Menschen machen als unser Abbild, uns ähnlich. Sie sollen herrschen über die Fische des Meeres, über die Vögel des Himmels, über das Vieh, über die ganze Erde und über alle Kriechtiere auf dem Land.
Gott schuf also den Menschen als sein Abbild; als Abbild Gottes schuf er ihn. Als Mann und Frau schuf er sie.
Gott segnete sie und Gott sprach zu ihnen: Seid fruchtbar und vermehrt euch, bevölkert die Erde, unterwerft sie euch und herrscht über die Fische des Meeres, über die Vögel des Himmels und über alle Tiere, die sich auf dem Land regen.

2.3 Antikes Naturverständnis

Für die Griechinnen und Griechen war die Natur ein geordnetes Geschehen, das unveränderlichen Gesetzen folgte. Das geordnete Geschehen nannten sie Kosmos. Die Stellung des Menschen in der Natur beschrieb der Dichter SOPHOKLES (497–406 v. Chr.) sehr differenziert und ambivalent:

ambivalent = doppeldeutig

> Es gibt viel Ungeheuerliches. Aber nichts ist ungeheuerlicher als der Mensch. Über das graue Meer fährt er, er überwindet Stürme und tosende Wellen. Die Erde, das höchste aller Güter, die unzerstörbar und nie müde zu werden scheint, belästigt er. Er wühlt sie auf mit den Pflügen, Jahr für Jahr von den Pferden gewendet. Und den Vögeln lauert er auf und fängt sie, ja sogar wilde Tiere und die riesigen Bewohner des Meeres. Er fängt sie mit geflochtenem Netz, der ringsum verständige Mensch. Mit vielerlei Kunst besiegt er das Wild auf den Höhen. Pferde und Stiere zähmt er und unterwirft sie seinem Joch. Der Mensch lernte die Natur insgesamt zu zähmen. Reich an Erfahrung trifft ihn nie Unerwartetes. Sogar den Krankheiten zu entfliehen, das versteht der Mensch gut. Nur vor dem Tode weiß er keinen Rat.[4]

2.4 Neuzeitliches Naturverständnis

Francis BACON (1561–1626)

René DESCARTES (1596–1650)

Lange Zeit haben wir die unmittelbaren Gewaltakte gegen die Natur weit von uns weggeschoben: Wem ist schon klar, dass der Druck auf das Gaspedal eines Autos ein Stück Gewalt gegen die Natur ist? Wer denkt beim Schnitzel auf seinem Teller an das Leid der Tiere, die in Massen gehalten, qualvoll transportiert und dann unter enormem Stress geschlachtet werden? Wer denkt daran, dass ein einziger falscher Knopfdruck in einem Atomkraftwerk dramatische Folgen haben kann? Die Vordenker der neuzeitlichen Naturwissenschaft und Technik waren Francis BACON und René DESCARTES. Das höchste und vornehmste Machtstreben nach BACON ist die Macht und Herrschaft des menschlichen Geschlechts über die Natur. Diese menschliche Machtergreifung über die Natur erfolgt durch Wissenschaft und Technik. Dabei hatten DESCARTES und BACON sehr edle Absichten:

1. Die Natur war für den Menschen die längste Zeit seines Daseins auf der Erde bedrohlich und angsterregend. Es gab also sehr existenzielle Gründe, sich gegen die Natur und die Naturgewalten auch mit Gewalt zu wehren.
2. Das soziale Elend im 16. und 17. Jahrhundert war augenscheinlich. Durch Eingriffe in die Natur wollte man soziale Not lindern: Was die Natur nicht freiwillig hergibt, muss sich der (notleidende) Mensch durch Ausnutzung der Technik eben selbst holen![5]

4 SOPHOKLES, Antigone 332ff. (freie Übersetzung des Autors).
5 Vgl. Karl LAHMER, Das Verhältnis von Natur und Mensch in Antike und Gegenwart, Bamberg: C. C. Buchner 1996, S. 87–95.

2.5 Aktuelle Positionen

Die Konferenz der Vereinten Nationen über Umwelt und Entwicklung, die 1992 in Rio de Janeiro stattfand, hatte das Ziel, globale Kooperationsebenen zwischen den Staaten zu schaffen und internationale Vereinbarungen zu treffen, die helfen, die wechselseitige Abhängigkeit von Natur und Mensch anzuerkennen und umzusetzen.

Auszüge aus der Erklärung von Rio de Janeiro

(1) Die Menschen stehen im Mittelpunkt der Bemühungen um eine nachhaltige Entwicklung. Sie haben das Recht auf ein gesundes und produktives Leben im Einklang mit der Natur.

(3) Das Recht auf Entwicklung muss so verwirklicht werden, dass den Entwicklungs- und Umweltbedürfnissen der heutigen und der kommenden Generationen in gerechter Weise entsprochen wird.

(4) Damit eine nachhaltige Entwicklung zustande kommt, muss der Umweltschutz Bestandteil des Entwicklungsprozesses sein und darf nicht von diesem getrennt betrachtet werden.

(6) Erhöhter Vorrang gebührt der besonderen Situation und den besonderen Bedürfnissen der Entwicklungsländer, vor allem der am wenigsten entwickelten Länder und der Länder, die im Hinblick auf die Umwelt am meisten gefährdet sind. […]

(7) […] Die entwickelten Staaten erkennen die Verantwortung an, die sie in Anbetracht des Drucks, den ihre Gesellschaften auf die globale Umwelt ausüben, sowie in Anbetracht der ihnen zur Verfügung stehenden Technologien und Finanzmittel bei dem weltweiten Streben nach nachhaltiger Entwicklung tragen.

(10) Umweltfragen sind am besten auf entsprechender Ebene unter Beteiligung aller betroffenen Bürger zu behandeln. […]

(13) Die Staaten werden innerstaatliche Rechtsvorschriften betreffend die Haftung für Umweltverschmutzungen und andere Umweltschäden und betreffend die Entschädigung der Opfer schaffen. […]

(Aus: www.un.org/Depts/german/conf/agenda21/rio.pdf, 14. 2. 2017)

In der oben zitierten Erklärung wird eine anthropozentristische Umweltethik vertreten: *Der Mensch steht im Mittelpunkt und greift in die Natur interessengeleitet ein.* In der ökologischen Ethik werden heute zum Verhältnis von Natur und Mensch auch andere Positionen vertreten.

Anthropozentrismus = Mensch im Mittelpunkt (gr. *anthropos* = Mensch)

Der *pathozentristischen Umweltethik* geht es um das Wohl und die Schmerzvermeidung bei Menschen und Tieren.

Pathozentrismus = auch Tiere werden respektiert (gr. *pathos* = Mitgefühl)

Bei der *biozentristischen Umweltethik* geht es um den Erhalt des Lebens um seiner selbst willen. Die Ehrfurcht vor der belebten Natur bringt für die Menschen auch bestimmte Pflichten mit sich. Biozentrismus heißt: das Leben in den Mittelpunkt stellen. Alles, was lebt, hat aus dem Leben heraus grundsätzlich ein Recht auf Existenz.

Biozentrismus = die gesamte belebte Natur wird respektiert (gr. *bios* = Leben)

AUFGABEN

1. Umweltethiken

Analysieren Sie die folgenden Statements. Welche Position (anthropozentrisch, pathozentrisch, biozentrisch) wird jeweils vertreten?

a. Die Nutztierhaltung wird als Kompromiss akzeptiert, muss aber strengen Anforderungen genügen. Das Prinzip optimalen Wohlergehens und der Schmerzvermeidung wird auch auf Tiere angewendet.
b. Das Recht auf Leben steht grundsätzlich nicht zur Disposition. Alles, was lebt, hat Rechte und muss ohne Ansehen der Lebensform auch dementsprechend behandelt werden.
c. Schaffe bei ethischen Überlegungen die Unterscheidung zwischen Mensch und Natur radikal ab! (Alfred Treml)
d. Der Mensch ist das Maß aller Dinge. Was für den Menschen nützlich ist, ist gut und erlaubt. (Protagoras)
e. Wenn in unseren Schlachthäusern so viel Rohheit waltet, wenn Tiere durch unbarmherzige Menschen Unmögliches erdulden, tragen wir alle Schuld daran. (Albert Schweitzer)
f. Gut ist, Leben erhalten und Leben fördern. Böse ist, Leben vernichten und Leben hemmen. (Albert Schweitzer)
g. Es ist sehr bemerkenswert, dass es keine so dummen Menschen gibt, die nicht fähig wären, verschiedene Worte zusammenzuordnen und daraus eine Rede zu bilden, wodurch sie ihre Gedanken verständlich machen; wohingegen es kein anderes noch so vollkommenes und noch so glücklich veranlagtes Tier gibt, das etwas Ähnliches tut. (René Descartes)

2. Vergleich in Stichworten

Vergleichen Sie die verschiedenen Naturauffassungen und beschreiben Sie die Stellung des Menschen in der Natur.

	Natur	Mensch
indianisch		
Bibel		
Antike		
neuzeitlich		

3. Ist ein Hundeleben genauso viel wert wie ein Menschenleben?

Das folgende Gespräch wurde in Hamburg zwischen zwölfjährigen Schülerinnen und Schülern zur Geschichte über den Hund Dar geführt. Dar war der Hund des Künstlers Alexej. Der liebte ihn über alles. Als der Krieg kam und der Künstler halb verhungert war, gab der Hund Elena, der Frau des Künstlers, zu verstehen, dass er sich opfern wolle, damit der Mann weiterleben kann. Der Künstler überlebte, starb aber kurze Zeit später aus Kummer über den Verlust des Hundes.

> Barbara: Hättet ihr auch so wie Elena gehandelt und den Hund Dar geopfert, um den Künstler Alexej zu retten?
> Simone: Der Hund hat keinen Widerstand geleistet, als der Hausmeister ihn holte. Anscheinend hat er gemerkt, es ging um sein Herrchen, und er wollte sein Herrchen retten. Und ein Hundeleben ist eigentlich nicht so viel wert wie ein Menschenleben.
> Kati: Also, ich würde auch eher meinen Hund opfern, als dass ich z.B. meinen Bruder draufgehen lasse.
> Janique: Simone hat gesagt, dass ein Hundeleben nicht so viel wert ist wie ein Menschenleben. Also, für jemanden, der einen Hund lange Jahre wie ein Kind großzieht, dem ist das wahrscheinlich nicht so gleichgültig, einen Hund zu opfern.
> Patrick: Wieso soll eigentlich ein Hundeleben weniger wert sein als ein Menschenleben? Wer bestimmt das?
> Kati: Naja, ein Hund, der kann nicht denken. Er benimmt sich auch nicht wie ein Mensch. Er könnte z.B. nicht an unserem Gespräch teilnehmen und sich Gedanken über sich selbst machen.[6]

- Begründen Sie Ihren Standpunkt: Ist ein Hundeleben genauso viel wert wie ein Menschenleben?
- Im Pathozentrismus wird der Respekt gegenüber Tieren thematisiert. Respekt (lat.) heißt wörtlich *genau hinschauen*. Was bedeutet es, Respekt gegenüber Tieren zu zeigen?
- Analysieren Sie die Ambivalenz: einerseits Tiere lieben und respektieren, andererseits Tiere töten und verzehren.

4. Was ist natürlich und gut?

Schreiben Sie zu jeder Frage ein Pro- und Kontra-Argument.

- Weil es der Tradition entspricht; weil es alle tun?
- Weil Gott es so will (Zehn Gebote, Scharia)?
- Weil es vernünftig ist? Ist es vernünftig, das Leben Schwerstkranker zu verlängern?
- Weil es Gesetze/Regeln vorschreiben?
- Weil mein Gewissen es so verlangt? Aber was ist Gewissen? Das Ergebnis einer frühkindlichen Prägung oder die Stimme Gottes?
- Weil es für mich ein Vorteil ist? Die anderen interessieren mich nicht.

6 Barbara Brüning, Und die Welt von morgen? Ethische Fragen aus Natur und Technik im Unterricht behandeln, Weinheim, Basel: Beltz 2009, S. 35f.

3 Umgang mit der Technik

Der Mensch ahmt die Natur nach
Lange bevor der Mensch die Injektion erfunden hat, hat die Natur den Giftzahn erfunden; lange bevor der Mensch die Schere erfunden hat, hat die Natur die Krebsschere erfunden.

Mit „Moderne" ist die Zeit ab dem 16. Jh. gemeint.

Der griechische Philosoph ARISTOTELES (4. Jh. v. Chr.) trennte erstmals Technik und Natur in zwei voneinander abgegrenzte Bereiche; Künstliches und Natürliches bestimmen sich wechselseitig als Gegenbegriffe, wobei die Natur zum Nachahmungsmodell für die menschliche Technik und Kunst wird: *In allem, was der Mensch produziert, ahmt er die Natur nach.* Technik kann Natur also nachahmen oder vollenden.

Das moderne Naturverständnis kommt am klarsten in Francis BACONS Leitsatz zum Ausdruck: *Wenn man die verborgenen Kräfte in der Natur ergründet, erweitert man die menschliche Macht, weil man nur so die momentanen Grenzen durchstoßen kann. Seinen größten Ehrgeiz muss der Mensch daran setzen, Macht und Herrschaft über die Natur zu erweitern.*[7]

3.1 PROMETHEUS und das Feuer

Technik wurde seit Beginn der Menschheit ambivalent gesehen. Dies zeigen auch die Mythen verschiedener Kulturen. Im griechischen Mythos steht PROMETHEUS für Menschenfreundlichkeit, ohne ihn hätte der Mensch nicht überleben können. PROMETHEUS brachte dem Menschen das Feuer, ein Symbol für technischen Fortschritt.

Als es in ältester Zeit nur die unsterblichen Götter gab und keine sterblichen Menschen auf der Erde lebten, beschlossen die Unsterblichen, Wesen zu schaffen, die auf ihr wohnen sollten. Zeus befahl den beiden Brüdern Prometheus und Epimetheus, den irdischen Wesen, also Tieren und Menschen, verschiedene Eigenschaften und Fähigkeiten zu verleihen.
Epimetheus wollte, dass sein Bruder ihm diese Aufgabe überlasse. Er gab nun dem einen Lebewesen Schönheit, einem anderen Kraft, das eine machte er klein, aber schnell, ein anderes groß und klug. Eifrig beschenkte Epimetheus die Tiere. Da er aber nicht so klug war wie sein Bruder, vergab er alle Waffen und Fähigkeiten an die Tiere. Den Menschen ließ er am Ende nackt und schutzlos und ohne natürliche Waffen. Um diesen Missstand auszugleichen, stahl Prometheus, der ein Freund der Menschen war, von der Göttin Athene die Klugheit und gab ihnen Vernunft. Danach nahm er aus der Werkstatt des Hephaistos das Feuer und schenkte es den Menschen. Seit jener Zeit kann sich der Mensch wärmen, lebt und arbeitet mit dem Feuer. Prometheus sorgte für das Menschengeschlecht und lehrte es den nutzvollen Umgang. Zeus wurde jedoch zornig, dass er den Menschen so geholfen hatte, dass sie fast den Göttern glichen. Als er dann erfuhr, dass Prometheus ihnen das Feuer gebracht hatte, schleuderte er in seinem Zorn Blitze und ließ es donnern. Denn das Feuer war ausschließlich Besitz der Götter. Zeus strafte Prometheus sehr hart und ließ ihn am Rande der Welt an den Gipfel des Kaukasus schmieden. Täglich kam ein Adler, der seine Leber fraß, die in der Nacht aber nachwuchs und am nächsten Tag erneut von dem Adler gefressen wurde.

[7] Francis BACON, Novum Organum I, 129.

Die Menschen waren nun im Besitz des Feuers und konnten z. B. Waffen herstellen, um sich gegen wilde Tiere zu verteidigen. Da sie jedoch in jeder Hinsicht schwächer waren als die Tiere, versuchten sie sich zu sammeln und Städte zu gründen. Dies gelang ihnen nicht, sie taten einander Unrecht, betrogen einander und lebten wiederum in Kleingruppen. Da hatte Zeus mit dem Menschengeschlecht Erbarmen. Er gab jedem Einzelnen *die Scheu vor dem Unrecht* und *das Gefühl für das Recht*. Diese beiden Tugenden ließen Gemeinschaften wachsen, gemeinsam waren die Menschen gegen wilde Tiere geschützt.[8]

3.2 Ikarus und der Absturz

Die Gefahren, die technische Errungenschaften mit sich bringen können, zeigt der Mythos von Dädalus und Ikarus.

Dädalus war ein genialer Erfinder, Architekt und Bildhauer. Nachdem er ein Labyrinth für Minotaurus, einem Wesen halb Stier – halb Mensch, gebaut hatte, wurde er von König Minos gewaltsam festgehalten. Da es keine andere Fluchtmöglichkeit gab, konstruierte er für sich und seinen Sohn Ikarus Flügel. Das Einzige, worüber Minos keine Macht hatte, war die Luft. Vor dem Abflug belehrte Dädalus seinen Sohn: „Ich mahne dich, Ikarus, fliege stets auf dem mittleren Pfad! Denn wenn du dich tiefer hinabsenkst, lastet das Nass auf den Federn, wenn höher, verbrennt sie das Feuer. Flieg in der Mitte der Bahn! Nicht wende den Blick von mir! Lass dich geleiten von mir!“ Auch im Fliegen erteilte er ihm Weisung, und an den Schultern befestigte er ihm das fremde Gefieder. Er ermahnte ihn zu folgen und lehrte ihn die schädlichen Künste, selber schwang er die Flügel und schaute nach den Schwingen des Knaben. Und schon lag Samos, die Insel der Juno, links – sie waren an Delos und Paros vorübergeflogen: Da begann sich der Knabe des kühnen Fluges zu freuen und verließ seinen Führer. Von Himmelssehnsucht gezogen, stieg er noch höher hinan. Die Nähe der raffenden Sonne schmolz das duftende Wachs, das Bindemittel der Federn.[9]

Der Mythos von Ikarus spiegelt in vielerlei Hinsicht die Gefahren im Umgang mit Technik wider:

1. Jemand befindet sich in einer Notsituation. Er wendet all seine Fähigkeiten der Technik an, um der Situation zu entkommen. Er ist überzeugt, mithilfe der Technik das Problem lösen zu können. Aufgrund unvorhergesehener Konflikte kommt es zur Katastrophe.
2. Der Vogelflug diente Dädalus als natürliches Vorbild. Der Mensch versucht mit der Technik, die Natur zu perfektionieren.
3. Das Problem des Menschen im Umgang mit den technischen Erneuerungen scheint zu sein, dass er die Folgen nicht realistisch abschätzen kann.

8 Platon, Protagoras 320c–328d (Übersetzung vom Autor, gekürzt).
9 Ovid, Metamorphosen 8, 198ff. (Übersetzung vom Autor, gekürzt).

3.3 Gentechnik – Klonen

Unter *Gentechnik* versteht man das Verfahren zur gezielten Veränderung vererbter Eigenschaften eines Organismus durch Eingriff in dessen Erbmaterial. Ein wichtiges Gebiet der Gentechnik ist die medizinische Gentherapie:

Gen = Träger der Erbanlagen, durch die die Ausbildung bestimmter Merkmale bei Lebewesen beeinflusst wird

- Bei der *somatischen Gentherapie* geht es um die gezielte Behebung von Gendefekten durch die Übertragung von gesunden Genen in Körperzellen. Diese Methode ist aus ethischer Sicht kaum umstritten.
- Bei der *Keimbahntherapie* wird ein Gen in die Keimzelle eingepflanzt, sodass die Veränderung des Gens nicht nur das einzelne Individuum betrifft, sondern auch alle zukünftigen Lebewesen, die von ihm abstammen. Eine Risikoabschätzung ist aus heutiger Sicht nicht gegeben.

Klon (gr.) = Zweig

Eineiige Zwillinge sind zumindest bei der Geburt Klone.

Unter *Klonen* versteht man in der Wissenschaft einen natürlichen oder künstlichen Vorgang, bei dem eine genetisch identische Kopie eines Lebewesens entsteht. Bei Pflanzen kommen Klone häufig vor, bei Menschen und Tieren eher selten. Für künstliches Klonen gibt es mehrere Methoden.

Beim *Embryo-Splitting* werden in einem sehr frühen embryonalen Stadium die Zellen getrennt und aus jeder Zelle entstehen dann völlig erbgleiche Tiere. Bei der *Zellkern-Transplantation* werden keine embryonalen Zellhaufen mehr aufgetrennt, sondern es wird das Erbgut aus Zellen eines mehrzelligen Embryos in vom Erbgut befreite Eizellen eingesetzt. Der Chromosomensatz aus der Zelle des „Spenderorganismus" ersetzt den Chromosomensatz der befruchteten Eizelle, der sonst normalerweise jeweils zur Hälfte von der Mutter und vom Vater stammt. Die Lebewesen, die aus den so künstlich „befruchteten" Eizellen entstehen, sind ebenfalls genetisch identisch. Dabei wird das Klonen umso schwieriger, je älter und damit spezialisierter die Zelle ist, deren Erbmaterial verwendet wird. Aber auch mit schon *spezialisierten Körperzellen* wurde versucht, Klone zu produzieren. So beschäftigten sich Wissenschaftler bereits in den Sechzigerjahren mit zunehmendem Erfolg mit Experimenten, bei denen Zellkerne aus Haut- und Darmzellen von Fröschen verwendet wurden. 1997 sorgten dann schottische Wissenschaftler für Aufregung, die nach eigenen Angaben das Schaf Dolly aus einer Euterzelle eines bereits erwachsenen Schafes erzeugt hatten.[10]

Das Klonen eines Menschen ist – ganz abgesehen davon, dass es in den meisten Ländern verboten ist – technisch äußerst schwierig. 2013 gelang es einem Forschungsteam erstmals, menschliche Embryonen zu klonen. Das Ziel dieses Experiments bestand allerdings nicht darin, einen Menschen zu klonen, sondern aus Embryonen Stammzellen zu gewinnen, die dann therapeutisch verwendet hätten werden können. Ob diese Embryonen tatsächlich lebensfähig gewesen wären, bleibt unklar.

[10] Menschen klonen – alles ganz normal? Hannover: Schroedel aktuell 2002, S. 2.

AUFGABEN

1. **Prometheus-Mythos**
   Der Mythos deutet charakteristische Merkmale der Ambivalenz von Natur und Technik an. Ergänzen Sie die Sätze:
   Scheu vor dem Unrecht (Sinn für Unfairness), Fortschritt, Gefühl für das Recht, Leben, überlebensfähig

   a. Ohne Technik (Feuer) ist der Mensch in der rauen Umwelt nicht ____________________.

   b. Technische Fähigkeiten bringen ____________________ und erleichtern das ____________________.

   c. Als Regulativ zur Technik braucht der Mensch auch ein moralisches Gewissen, das vor allem die Förderung der Gemeinschaft zum Ziel hat. Alle Menschen haben Anteil an der ____________________ und dem ____________________.

2. **Ikarus-Mythos**
   Der Ikarus-Mythos thematisiert positive wie negative Aspekte von technischen Erfindungen. Schreiben Sie einen kurzen Essay, indem Sie die folgenden Stichworte mit dem Ikarus-Mythos in Beziehung setzen:

   - Der Mensch ist von Neugier getrieben, er reizt die Grenzen aus.
   - Alle erzieherischen oder mahnenden Maßnahmen, die Neugier zu bremsen, fruchten nichts.
   - Der Mensch kann nicht alle Eventualitäten im Voraus abschätzen. Beispiel *Absturz der Concorde im Jahr 2000:* Eisenstücke auf der Rollbahn – Reifenschaden – Beschädigung der Tragflächen – Kerosin strömt aus – Triebwerke werden beschädigt – das Flugzeug stürzt ab.

3. **Beherrschen wir die Technik noch?**
   Der Philosoph Hans Jonas (1903–1993) stellt zum technologischen Fortschritt fest:
   Die Schwierigkeit ist die: Nicht nur wenn die Technik für böse Zwecke missbraucht wird, sondern selbst wenn sie gutwillig für ihre eigentlichen und höchst legitimen Zwecke eingesetzt wird, hat sie eine bedrohliche Seite an sich, die langfristig das letzte Wort haben könnte.[11]

   Diskutieren Sie in Bezug auf Gentechnik/Klonen: Warum soll der Mensch klonen?
   - Um Menschen mit mehr Schönheit und Intelligenz zu erzeugen?
   - Um Erbkrankheiten auszumerzen?
   - Um identische Individuen für den Einsatz von Spionageaktionen zu erhalten?
   - Um eine Organreserve für Transplantationen zu haben?
   - Um das Wissen weiterzuentwickeln? – Der Mensch ist ein Neugierwesen.

4. **Gedankenexperiment: Pro- und Kontra-Diskussion**
   Stellen Sie sich vor, Sie hätten die Chance, sich klonen zu lassen.

[11] Hans Jonas, Das Prinzip Verantwortung: Versuch einer Ethik für die technologische Zivilisation, Frankfurt am Main: Suhrkamp 1987, S. 82.

4 Ökologische Visionen

Österreich hat im Bereich der Beziehung von Mensch und Natur einige aufsehenerregende Ereignisse aufzuweisen.

4.1 Zwentendorf

Zwentendorf liegt westlich von Wien in der Nähe von Tulln.

1976 beschloss die österreichische Bundesregierung unter Bundeskanzler Bruno KREISKY einen Energieplan, u. a. den Bau des ersten Kernkraftwerks in Zwentendorf. Im Jänner 1978 wurden die Brennelemente eingesetzt. Im Herbst 1978 begann sich eine breite Front von Atomkraftwerksgegnerinnen und -gegnern zu formieren. Die aktivsten Gegnerinnen und Gegner des Atomkraftwerks kamen aus der Jugend. Kirchliche und sozialistische Jugendorganisationen warben ebenso für ein „Nein" wie die Österreichische Hochschülerschaft. Wissenschafterinnen und Wissenschafter, Ärztinnen und Ärzte sowie Künstlerinnen und Künstler sprachen sich öffentlich gegen Zwentendorf aus.

KREISKY machte die für November 1978 angesetzte Volksabstimmung zur Vertrauensfrage über seine Person und seine Regierung.

Bei der ersten Volksabstimmung in der 2. Republik wurden insgesamt 3 183 486 Stimmen abgegeben, 64,1 % der Abstimmungsberechtigten gaben ihre Stimme ab. 49,5 % der Stimmberechtigten waren für Zwentendorf, 50,5 % stimmten dagegen. Im Dezember 1978 beschloss der Nationalrat das Atomsperrgesetz: Dieses kann nur durch eine weitere Volksabstimmung außer Kraft gesetzt werden.

4.2 Hainburg

Im Raum Hainburg wurde nach Abschluss der behördlichen Verfahren am 5. Dezember 1984 mit den Arbeiten zur Errichtung eines Wasserkraftwerks begonnen. Am 8. Dezember organisierte die Österreichische Hochschülerschaft einen Sternmarsch, mehrere hundert Personen blieben in der Au und erzwangen die Einstellung der Rodungsarbeiten. Nachdem die Au zum Sperrgebiet erklärt worden war, kam es am 19. Dezember zu Zusammenstößen zwischen 2 000 Polizisten und 4 000 Aubesetzerinnen und Aubesetzern. Kurz darauf verhängte die österreichische Bundesregierung unter Bundeskanzler Fred SINOWATZ einen Rodungsstopp.

1985 wurde das Konrad-Lorenz-Volksbegehren durchgeführt, das u. a. ein Verbot von Großkraftwerken wie Hainburg und die Errichtung eines Nationalparks im Gebiet von Hainburg verlangte.

Seit 1996 gehört das Gebiet der Hainburger Au zum Nationalpark Donau-Auen. Der Nationalpark erstreckt sich über eine Gesamtfläche von 9 300 Hektar.

Hainburg ist zum Symbol für die Rettung einer wunderbaren Naturlandschaft geworden, deren wilde Schönheit und Artenvielfalt einmalig und schützenswert sind.

4.3 Rückkehr zum menschlichen Maß

Leopold KOHR (1909–1994), geboren in Oberndorf bei Salzburg, gilt als der Begründer des Mottos *Small is beautiful*. Er wandte sich gegen die Auffassung, ständiges Wirtschaftswachstum könne alle Probleme lösen, und forderte die Rückkehr zum menschlichen Maß. KOHR lieferte mit seinen Ideen viele Anregungen für die Grün- und Ökologiebewegungen. 1983 erhielt er für sein Lebenswerk den *Alternativen Nobelpreis*.
KOHR geht vom sogenannten Homo-Mensura-Satz des griechischen Sophisten PROTAGORAS (5. Jh. v. Chr.) aus: *Der Mensch ist das Maß aller Dinge*. KOHR interpretiert den Homo-Mensura-Satz in Form eines ökologischen Appells:

Nur ein einziger Satz des griechischen Philosophen Protagoras ist in seinem Wortlaut erhalten geblieben. Trotz seiner Kürze kann er an Bedeutung kaum übertroffen werden. *Der Mensch ist das Maß aller Dinge*. Als ich diesen Satz im Griechischunterricht eines Salzburger Gymnasiums kennen lernte, konnte ich damit nicht viel anfangen. Erst später begann ich zu begreifen, dass das Verständnis von der richtigen Betonung abhing: *Der* ***Mensch*** *ist das Maß*. Es ist nicht die Gesellschaft, nicht der Staat, nicht die Menschheit, die alle so viel wichtiger zu sein scheinen, weil sie alle so viel größer sind. Nein, was Protagoras meinte, war, dass in all seiner Kleinheit der Mensch, der Einzelmensch, im Zentrum der Schöpfung steht. Er allein ist das Maß für die Dinge. Dem Menschen muss alles angepasst werden: sein Haus, sein Eigentum, seine Institutionen, sein Staat, seine Ziele. Und da der Mensch eben klein ist, heißt das, dass alles, was er schafft, beschränkt sein muss, dass alles seine Grenzen hat. Wie schon Aristoteles in seiner berühmten Analogie zur Staatsgröße gesagt hat: *Ein größeres Schiff kann ein besseres Schiff sein. Aber ein Schiff, das 1 cm oder 1 km lang ist, ist nicht ein schlechtes Schiff, sondern überhaupt kein Schiff mehr. Seine dem Menschen nicht angepasste Größe vernichtet seine Funktion*. Paracelsus hat es noch einfacher gesagt: *Alles ist Gift. Ausschlaggebend ist nur die Menge*.
Und das ist es, was ich seit fünfzig Jahren zu unterstreichen versucht habe, dass alles über gewisse Grenzen hinaus schlecht wird, auch das Gute, und dass innerhalb gewisser Grenzen alles gut oder doch erträglich wird, sogar das Schlechte. Deshalb ist das Problem, dem die Welt heute gegenübersteht, nicht der Krieg, nicht die Arbeitslosigkeit, nicht die Kriminalität, nicht die Verkehrsunfälle. Auch in den besten Gesellschaften werden Menschen sterben. Das Problem ist das **Ausmaß** des Krieges, der Arbeitslosigkeit, der Kriminalität. Es sind der Umfang und die Größe, die eine Sache zum Problem machen. Daher gibt es keinen Ausweg als eine Rückkehr – eine Rückkehr zum menschlichen Maß: Wenn man den Rand eines Abgrundes erreicht hat, ist das Einzige, was Sinn hat – zurückzugehen.[12]

[12] Referiert nach einem Vortrag von Leopold KOHR, Das Prinzip Arche Noah, gehalten in Salzburg 1982.
Literaturhinweis: Leopold KOHR, Das Ende der Großen. Zurück zum menschlichen Maß, Salzburg – Wien: Otto Müller 2002.

4.4 Stille Revolutionen

Nicht so in den Schlagzeilen, jedoch genauso sensationell sind die Projekte des Lungauers Sepp HOLZER.[13] HOLZER kämpft seit Längerem gegen Monokulturen, eine schwere Umweltsünde der Menschheit, denen er eine Art von Wildniskultur entgegensetzt. Damit ist eine Form von Permakultur gemeint, die sich durch größte Vielfalt, gegenseitige Förderung von Arten, biologische Selbstregulation und hohe Flächenproduktivität auszeichnet.

Sepp HOLZER (geb. 1942) hat alles durch Beobachten gelernt: *Die Schöpfung ist perfekt.* Der Mensch muss lernen, die grenzenlosen Möglichkeiten der Schöpfung zu erkennen, er muss kooperativ mit der Natur umgehen.

Permakultur ist eine naturbezogene, in Kreisläufen angelegte Landbewirtschaftung. Der Begriff Permakultur diente ursprünglich zur Beschreibung einer dauerhaften Landwirtschaft (abgeleitet von *permanent agriculture*), die sich am Vorbild eines vielfältigen Ökosystems orientiert. Auf Grundlage langfristiger Beobachtungen von Pflanzen, Tieren und anderen Elementen werden Modelle entwickelt, wie sich lebendige Systeme selbst erhalten und regenerieren können: Störungen (Unkraut, Schnecken etc.) werden nicht bekämpft, sondern sind Teil einer Lösung.

Das rechte Maß

An der Permakultur HOLZERS gibt es auch Kritik. Neben einigen erfolgreichen Projekten sind mehrere von ihm beratene Projekte dramatisch gescheitert und endeten für die betroffenen Eigentümerinnen bzw. Eigentümer in einem wirtschaftlichen Desaster.

Tiere können ohne Medikamentengaben des Menschen auskommen. Wenn beim Wild die Äsung so verarmt, dass keine Giftpflanzen mehr aufgenommen werden können, die als eine Art natürliches Medikament dienen, nimmt der Befall an Magen- und Darmparasiten stark zu. In der Folge treten Durchfälle auf, das Tier hat ein stumpfes, mattes Fell und macht einen kranken Eindruck.

Tritt in einem Gehege z. B. bei Rehen Durchfall auf, so werden die Tiere über längere Zeit in eine andere Koppel verbracht. Man wird sehen, dass Pflanzen wie etwa die Bitterlupine, der Wurmfarn, die Salweide oder auch der hochgiftige Eisenhut angeknabbert werden. In gesundem Zustand verschmähen die Tiere diese Pflanzen.

Grundsätzlich bietet die Permakultur kaum praktische Hilfestellung für eine produktive alternative Landwirtschaft: In finanzieller Hinsicht kann ein Betrieb mit Permakultur nicht überleben.

Permakultur in der Stadt

Hauswände bieten sich als Wärmespeicher und Spalierwände an, was zugleich auch als Temperaturregulator für das Gebäude wirkt. Grüne Spalierwände erzeugen ein positives Raumklima, zugleich reifen beispielsweise Weintrauben oder Kiwis. Nicht zuletzt wirkt eine solche Wand auch optisch sehr einladend.

[13] Vgl. Sepp HOLZER, Der Agrar-Rebell, Graz: Leopold Stocker Verlag 2003, S. 91 und 179.

AUFGABEN

1. **Erkundung zu Zwentendorf und Hainburg**
   An Zwentendorf und Hainburg erinnern sich Ihre Großeltern, Eltern, ältere Lehrpersonen etc. Führen Sie eine Erkundung in Form einer Befragung durch. Gehen Sie wie folgt vor:
   a. Bilden Sie Kleingruppen und erstellen Sie Interviewfragen, z. B.: Wie haben Sie die Diskussion um Hainburg erlebt?
   b. Präsentieren Sie Ihre Interviewfragen in der Klasse. Wählen Sie die wichtigsten zehn Fragen aus.
   c. Führen Sie die Befragung durch. Jede Person/Kleingruppe interviewt ca. zehn Personen.
   d. Werten Sie die Ergebnisse Ihrer Befragungen in Form von Zusammenfassungen aus.

2. **Leopold Kohr – Textanalyse**
   Ergänzen Sie die Teilsätze anhand des Textes auf S. 147:

   - Der Mensch ist das Maß. Es ist nicht …

   - Und da der Mensch eben klein ist, heißt das, dass alles, was …

   - Alles über gewisse Grenzen hinaus wird schlecht, auch das …

   - Das Problem ist das Ausmaß …

   - Wenn man den Rand eines Abgrundes erreicht hat,
     ist das Einzige, was Sinn hat – …

3. **Was können wir von Leopold Kohr lernen?**
   Wir müssen unsere vielfältige Verantwortung im Kleinen sehen und fühlen lernen, Verantwortung im persönlichen Umfeld einüben, um sie später auf die globalen Verhältnisse auszuweiten.
   Worin sehen Sie Ihre ökologische Verantwortung im Kleinen?

5 Wiederholung

Angewandte Ethik

Durch die rasante Entwicklung der Naturwissenschaften und der Technik ergeben sich viele Handlungsmöglichkeiten, die neue ethische Fragen aufwerfen. Diese Fragen werden in der Umweltethik, Technikethik, Medizinethik etc. diskutiert.

Natur und Mensch

Der Mensch ist ein Mängelwesen, er kommt schwach auf die Welt, wäre ohne Schutz und Hilfe nicht überlebensfähig. Der Mensch muss, um überleben zu können, in die Natur eingreifen. Der Eingriff in die Natur reduziert die Knappheit der Lebensmittel, verspricht durch die Ausnutzung von Technik und Wissenschaft eine gewisse Sicherheit vor Naturkatastrophen und erweitert die Möglichkeiten der Selbstentfaltung – man denke an die Arbeitserleichterungen, die sich durch die Erfindung von Maschinen ergeben haben.

Indianisches Naturverständnis

Das Naturverständnis ist von der Kultur und Geschichte wesentlich geprägt. Das indianische Naturverständnis ist animistisch, d. h., die gesamte Natur wird als beseelt und belebt aufgefasst.

Biblisches Naturverständnis

Das biblische Naturverständnis des Alten Testaments sieht den Menschen genauso wie den gesamten Kosmos und alle Lebewesen in ihm als von Gott geschaffen. Der Mensch hat insofern eine Sonderstellung, als er nach dem Ebenbild Gottes geschaffen ist.

Modernes Naturverständnis

Das moderne, technologische Naturverständnis ist von Macht und Herrschaft über die Natur geprägt. Technik und Wissenschaft machen es den Menschen möglich, die raue Natur zu unterwerfen: *Wenn man die verborgenen Kräfte in der Natur ergründet, erweitert man die menschliche Macht, weil man nur so die momentanen Grenzen durchstoßen kann.*

Umweltethiken

In der *anthropozentristischen Umweltethik* steht der Mensch im Mittelpunkt und greift in die Natur interessengeleitet ein. Der *pathozentristischen Umweltethik* geht es um das Wohl und die Schmerzvermeidung bei Menschen und Tieren. Bei der *biozentristischen Umweltethik* geht es um den Erhalt des Lebens um seiner selbst willen. Alles, was lebt, hat aus dem Leben heraus grundsätzlich ein Recht auf Existenz.

Gentechnik

Unter *Gentechnik* versteht man das Verfahren zur gezielten Veränderung vererbter Eigenschaften eines Organismus durch Eingriff in dessen Erbmaterial.

Klonen

Unter *Klonen* versteht man in der Wissenschaft einen natürlichen oder künstlichen Vorgang, bei dem eine genetisch identische Kopie eines Lebewesens entsteht.

AUFGABEN zur Wiederholung und Vertiefung

1. **Sortieraufgabe**
   Setzen Sie hinter jeden Begriff, den Sie einer anderen Person nicht erklären können, ein Minuszeichen (–); hinter jeden Begriff, den Sie erklären können, setzen Sie ein Pluszeichen (+). Fragen Sie anschließend Ihre Sitznachbarin bzw. Ihren Sitznachbarn, ob sie/er beim Begriff bzw. bei Begriffen mit Minuszeichen weiterhelfen kann.

Umweltethik	Technikethik	Animismus
Anthropozentrismus	Pathozentrismus	Biozentrismus
Ambivalenz	IKARUS	PROMETHEUS
Gentechnik	Klonen	Homo-Mensura-Satz

2. **Lernreflexion**
   Am Ende eines jeden Kapitels werden Sie dazu aufgefordert, über das bisher Gelernte nachzudenken und zu reflektieren. Lernen ist ein Prozess, der ein Leben lang stattfindet. Es ist sinnvoll, nach einer gewissen Zeit über Lernfortschritte nachzudenken. Die folgenden Fragen sollen für Sie lediglich Anregung sein, Sie brauchen die Fragen nicht Punkt für Punkt zu beantworten:
   - Welche Themen haben mich angesprochen?
   - Welche Themen haben mich nicht so sehr interessiert?
   - Welche Ideen habe ich zu den Themen beigetragen?
   - Welche Methoden sagen mir im Unterricht besonders zu (z. B. Vortrag, Arbeiten am Computer, Gruppenarbeit, offene Lernformen, Diskussion ...)?
   - Gibt es Inhalte, die meine bisherigen Ansichten verändert haben?

3. **Mein persönliches Umweltverhalten: Fragebogen zum Nachdenken**

   Alle wollen zurück zur Natur, aber niemand zu Fuß.

   - Kaufe ich meine Erfrischungsgetränke in Einwegflaschen?
   - Gibt es bei uns in der Schule Mülltrennung? Trenne ich tatsächlich den Müll?
   - Räume ich den Mist, den ich z. B. in der Klasse mache, ohne Aufforderung weg?
   - Esse ich nur das Fleisch von solchen Tieren, von denen ich weiß, dass sie artgerecht gehalten und schmerzfrei (ohne Stress durch Transport etc.) getötet wurden?
   - Wenn ich eine Biene im Zimmer bemerke – lasse ich sie frei?
   - Ökologische Krisen beunruhigen mich. Am meisten ...
   - Wenn an der österreichischen Grenze Atomkraftwerke gebaut werden, so beteilige ich mich an Protestaktionen.

Kapitel 5: Religionen

1 Begegnung der Religionen: Interreligiöser Dialog

Der Kailash ist für mehrere Religionen ein heiliger Berg.

Wenn jemand beobachtet, wie Menschen den heiligen Berg Kailash umrunden, indem sie sich mit Niederwerfungen fortbewegen, wenn Menschen ein Ritual mit Trancezuständen des Schamanen oder der Schamanin erleben, wenn in einer katholischen Messfeier die Menschen in einem kleinen Stück Brot den Leib Christi empfangen, so mag das für Außenstehende seltsam wirken.

Wissenschaftliches Interesse

Die Religionswissenschaft hat Interesse an Religion. Sie versucht, zu beobachten, Strukturen und Praktiken zu verstehen, zu systematisieren. Die Religionswissenschaft bemüht sich um Objektivität und Respekt. Der Blick von außen ist sehr hilfreich und kann manches bewusst machen, was den Gläubigen ganz unreflektiert als selbstverständlich gilt.

Persönliche Betroffenheit

Für einen gläubigen Menschen ist seine Religion Orientierung im Leben und Sinngebung. Religion hat für Glaubende oft einen sehr intimen Charakter, sie sind in diesem Bereich leicht verletzlich.

> Wer eine **Religion ganzheitlich verstehen** will, muss auf die Gläubigen dieser Religion mit Respekt hören. Außenstehende, die über eine fremde Religion schreiben oder sprechen, erfassen diese nur teilweise. Nützen Sie daher beim Thema Religion immer wieder die Gelegenheit, Praktizierende dieser Religion kennenzulernen und zu hören. Das ist eine wichtige Ergänzung zu den Beiträgen in diesem Buch.

Meine Religion – die einzig wahre Religion?

Wenn ich nach den Grundsätzen meiner Religion lebe, wenn sie für mich Heilsweg ist, bin ich überzeugt, dass sie die wahre Religion ist. Das ist nicht eine Wahrheit im Sinne der Logik, sondern es ist eine Wahrheit der Praxis. Es gibt mehrere Ansätze, von der eigenen Perspektive aus den Stellenwert einer anderen Glaubensgemeinschaft zu sehen:

1. *Exklusivistische Position:* Ein Beispiel aus der Tradition der katholischen Kirche – „Außerhalb der Kirche kein Heil" – wurde beim Konzil von Florenz 1441 formuliert.
2. *Inklusivistische Position:* Charakteristisch für diese Position ist, die anderen Gottesvorstellungen und Heilswege mit den eigenen in eine positive Beziehung zu bringen.
3. *Pluralistische Position:* Die pluralistische Religionstheologie sieht die Religionen als prinzipiell gleichberechtigte, unterschiedliche Wege, auf denen Frauen und Männer Lebenserfüllung und Erlösung finden können. Fragen drängen sich auf: Führt tatsächlich jeder Weg zum Ziel? Ist jede behauptete Position wirklich Religion?
4. *Atheistische Positionen:* Religionen haben keinen bedeutsamen Wahrheitsgehalt.[1]

Dazu ein Beispiel aus der Tradition der katholischen Kirche (2. Vatikanisches Konzil, 1962–1965): Die katholische Kirche lehnt nichts von alledem ab, was in diesen Religionen wahr und heilig ist. Unablässig aber verkündet sie und muss sie verkündigen – Christus.

Kennzeichen des interreligiösen Dialogs

Der interreligiöse Dialog ist die Begegnung von Menschen unterschiedlicher religiöser Einstellungen. Er braucht

- ein Bewusstsein über den eigenen Standort,
- ein Grundwissen über die anderen Religionen,
- Ehrlichkeit, die Offenlegung der Absicht der Begegnung.

Der Dialog der Religionen kennt mehrere Ebenen:

- Dialog des Lebens: Respekt und Gastfreundschaft.
- Dialog des Handelns.
- Dialog des theologischen Austausches: Wir kennen unsere Verschiedenheit.
- Dialog der religiösen Erfahrung: spiritueller Austausch.

Vor jeder religiösen Überzeugung sind wir Menschen

Religiöse Vielfalt begegnet uns in jedem Land und in jeder Stadt, oft in der Nachbarschaft und in den Familien. Der respektvolle Umgang im Bereich der Religion ist ein wesentlicher Faktor für das friedliche Zusammenleben insgesamt.

Im ANDERS-Gläubigen den anders GLÄUBIGEN sehen!

VORKENNTNISSE AKTIVIEREN

1. Eltern erziehen ihr Kind religionsfrei. Sie meinen, dass ein Kreuz im Kindergarten, der mehrheitlich von Kindern christlichen Bekenntnisses besucht wird, der Tochter schade und verlangen dessen Entfernung. Die Gerichte haben zu entscheiden, letztlich wird der Europäische Gerichtshof für Menschenrechte befasst. Sammeln Sie Argumente.
   Das Kreuz im Kindergarten soll bleiben, weil ...
   Das Kreuz im Kindergarten soll entfernt werden, weil ...
2. Die Bürgermeisterin einer größeren Stadt lädt Vertreterinnen/Vertreter aller Religionsgemeinschaften zu einer interreligiösen Plattform. Welche Themen sollten dort besprochen werden? Erstellen Sie eine Tagesordnung.

[1] Vgl. Helmut KRÄTZL, Christliches Zeugnis im Dialog der Religionen, aus: Religionen unterwegs 2 (1996), Nr. 3, S. 4–9.

2 Judentum

Monotheismus = Eingottglaube; der Glaube an einen einzigen Gott, der die Existenz anderer Götter ausschließt

Holocaust wird in der englischen wie auch in der deutschen Sprache als Ausdruck für die Verfolgung und planmäßige Ermordung der Jüdinnen und Juden im Nationalsozialismus verwendet.

Der Begriff *Schoah* ist der offizielle Begriff im Staat Israel. Schoah ist ein hebräisches Wort und bedeutet *Unheil, Verderben, Untergang.*

Wenn wir auf die drei eng verwandten monotheistischen Weltreligionen *Judentum, Christentum, Islam* blicken, so ist das Judentum die älteste und zahlenmäßig kleinste Religion. Etwa 15 bis 18 Millionen **Jüdinnen und Juden** gibt es weltweit, davon rund 5 Millionen im Staat Israel. Die meisten leben in der **Diaspora** (Zerstreuung), also unter allen Völkern und Kulturen der Welt, und haben dabei ihre eigene Identität bewahrt.

1935 lebten in Österreich ungefähr 200 000 Jüdinnen und Juden, davon 180 000 in Wien. Etwa 70 000, die in der Zeit des Nationalsozialismus nicht fliehen oder nicht weggehen konnten, wurden in den nationalsozialistischen Konzentrations- und Vernichtungslagern ermordet.

Heute leben in Österreich etwa 14 000 Jüdinnen und Juden; Gemeinden gibt es in Wien, Graz, Innsbruck, Salzburg, Linz und Baden bei Wien.[2]

Sehr viele Informationen über das Judentum beziehen sich auf Antisemitismus, Antijudaismus, auf die Schoah und auf den Konflikt Israel/Palästina. Diese Darstellung versucht das Judentum als Religion zu begreifen, im Bewusstsein, dass es das Judentum an sich nicht gibt.

VORKENNTNISSE AKTIVIEREN

1. Kreuzen Sie aus Ihrer Sicht Zutreffendes an.

Jemand ist jüdisch …	Ja	Nein
… durch Abstammung/Geburt?		
… durch Bekenntnis zur Religion?		
… durch Nationalität/Staat Israel?		
… durch Zugehörigkeit zur Kulturgemeinschaft?		
… durch Beschneidung?		

2. Welche Begriffe assoziieren Sie mit dem Judentum? Analysieren Sie anhand der Assoziationen Ihr Bild vom Judentum.
3. Begegnet Ihnen gelebtes Judentum in Ihrer Umgebung?
4. Gibt es in Ihrer Umgebung Spuren und Zeugnisse davon aus der Geschichte? Sind diese allgemein bekannt?
   Wie wird mit diesen Spuren umgegangen?

[2] Vgl. Werner Trutwin, Die Weltreligionen. Judentum, Düsseldorf: Patmos 2004, S. 22.

2.1 Was ist das Judentum?

Jüdin/Jude ist jemand, die oder der von einer jüdischen Mutter geboren wurde oder nach der **Halacha** zum Judentum übergetreten ist.

Halacha = der gesetzliche Teil der jüdischen Überlieferung

Das Judentum ist eine Religion, jedoch kennt die hebräische Sprache kein Wort für Religion. Sie verwendet *dat*, ein Lehnwort aus dem Persischen: *dat* bedeutet *Gesetz, Gewohnheit, Brauch, Anordnung*. Zwischen religiösen und weltlichen Bereichen des Lebens kann man nicht unterscheiden: Das ganze Leben ist Religion. Es gibt jedoch auch nicht wenige Jüdinnen und Juden, die sich nicht als religiös, sondern als säkular (= weltlich) verstehen. Eine allgemein gültige Definition von Judentum scheint nicht möglich zu sein. Theodor MUCH sagt: „Vorwiegend ist es eine Gemeinschaft von Menschen, die sich zu ‚ihrem Judentum' bekennen und sich durch ein Zugehörigkeitsgefühl verbunden wissen."[3]

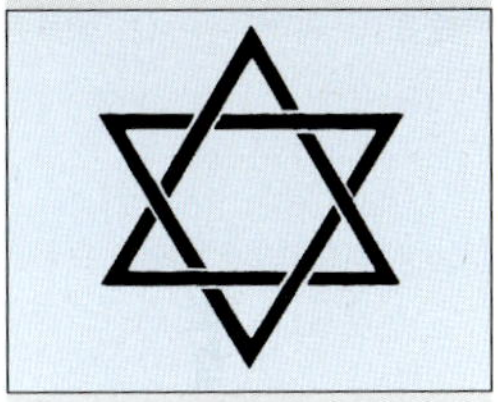

Davidstern
hebr. *Magen David = Schild Davids*

2.2 Aus der Geschichte

> Ein nomadisierender Aramäer war unser Vater, er stieg hinunter nach Ägypten und wohnte dort mit wenig Leuten. Dort wurde er zu einem großen, starken und zahlreichen Volk. Die Ägypter verfuhren bös mit uns, unterdrückten uns und behandelten uns als Zwangsarbeiter. Da schrien wir zu JHWH, dem Gott unserer Väter, und es hörte JHWH unsere Stimme, sah unsere Unterdrückung, unsere Mühsal und unsere Bedrängnis. Da führte uns JHWH hinaus aus Ägypten mit starker Hand und erhobenem Arm unter großer Furcht und mit Zeichen und Wundern. Er führte uns an diesen Ort und gab uns dieses Land, ein Land, fließend von Milch und Honig.[4]

Die biblischen „Protoisraeliten" waren Westsemiten und lebten um die Mitte des 2. Jahrtausends vor Christus. Die Glaubenserfahrungen der Menschen wurden an Abraham, Sara, Isaak, Rebekka, Jakob, Lea, Rachel etc. festgemacht.

Jener Gruppe der Protoisraeliten, die als Zwangsarbeiter in Ägypten war, gelang um 1300 v. Chr. die Flucht, der Auszug, der Exodus. Sie brachten die Überzeugung mit ins Land, dass JHWH der Gott der Väter ist und sein Volk aus der Knechtschaft befreit hatte. Dabei spielte die Person des MOSE eine wichtige Rolle.

Das Buch Genesis, Abkürzung *Gen*, ist das 1. Buch MOSE, hebräisch *Bereschit*.

[3] Theodor MUCH, Judentum wie es wirklich ist, Wien: Kremayr & Scheriau 1997, S. 59.

[4] Dtn 26,5–8, zitiert aus: Kurt SCHUBERT, Jüdische Geschichte, München: Beck 1999, S. 9.

Die einzelnen Stämme einten sich unter dem Druck von außen (Philister) und um 1000 v. Chr. entstand das Königtum. Der Bedeutendste unter ihnen war DAVID, der die Philister besiegte und Jerusalem zu seiner Hauptstadt machte. In die Zeit seines Nachfolgers SALOMO fiel die Errichtung des ersten Tempels in Jerusalem, der damals die zentrale, aber nicht die einzige Kultstätte war.

König DAVID

Nach dem Tod SALOMOS (926 v. Chr.) zerfiel das Reich in das Südreich Juda (mit Jerusalem) und das Nordreich Israel, das 722 durch die Assyrer erobert wurde.

586 wurde das Südreich durch die Babylonier besiegt, die Stadt Jerusalem und der Tempel wurden zerstört, die Oberschicht wurde nach Babylonien deportiert (Babylonisches Exil 586–538 v. Chr.). Fern der Heimat und ohne Zentrum der Religion trat ein neues Selbstverständnis in den Vordergrund:

- Der Sabbat wird zum Bekenntniszeichen (vgl. Gen 1–2,4a).
- Die heidnischen Götter werden entmythologisiert (Sonne und Mond sind keine Gottheiten, sondern wie Lampen, die Gott am Firmament befestigt). Demgegenüber lenkt JHWH, der geschichtsmächtige Bundesgott, die Entwicklung seines Volkes.

Der Perserkönig KYROS ließ 538 die Exilierten von Babylon nach Judäa zurückkehren.

63 v. Chr. begann die römische Herrschaft in Israel / Palästina. Unter HERODES dem Großen, König unter römischer Oberhoheit, (37–4 v. Chr.) wurde der Tempel in Jerusalem prachtvoll ausgebaut. Nach dem Aufstand der Juden gegen die Römer kam es 66–70 zum Krieg mit der Eroberung Jerusalems und der Zerstörung des zweiten Tempels. Die Westmauer (Klagemauer) in Jerusalem ist ein Überrest des 70 n. Chr. zerstörten Tempels.

Mit der Zerstörung des Tempels setzte eine Entwicklung ein, die die Tora, die heiligen Texte, anstelle eines heiligen Raumes im Mittelpunkt sieht (Rabbinisches Judentum).

Die mittelalterliche Geschichte ist eine Geschichte der wechselnden Zentren: Palästina, Babylonien, Nordafrika und Spanien sowie später dann Mittel- und Osteuropa. Ab dem 10. Jh. erlebten die Juden in Spanien ein Goldenes Zeitalter, das mit der Vertreibung 1492 ein trauriges Ende fand.

Die Neuzeit bringt den Chassidismus und die Haskalah, die jüdische Aufklärung, und erstrebt die Emanzipation, die Gleichberechtigung in der Gesellschaft. Nach dem faktischen Scheitern der Emanzipation Ende des 19. und Anfang des 20. Jhs. (neuzeitlicher Judenhass; blutige Verfolgungen – Pogrome in Osteuropa) entwickelt sich ein jüdischer Nationalismus. 1895 wird der Begriff des **Zionismus** geprägt. Sein Ziel ist der Aufbau einer Heimat für die Juden in Israel / Palästina. 1896 veröffentlicht Theodor HERZL „Der Judenstaat".

Zion = Berg in Jerusalem, oft Synonym für Jerusalem und Israel

Unter dem Eindruck der Schoah, der größten Katastrophe der jüdischen Geschichte, wurde 1948 Israel als souveräner Staat errichtet. Diese Staatsgründung führte in der Folge zu Kriegen, auch heute noch scheint der Weg zu einem tragfähigen Frieden in dieser Region weit zu sein.

Zionismus = von Theodor HERZL (1860–1904), einem Wiener Juden, gegründete Bewegung zur Schaffung eines jüdischen Nationalstaates

2.3 Schrifttum

Bibel (Tenach)

Die hebräische Bibel[5] (der Tenach) ist die Weisung Gottes für sein Volk. Durch die Jahrhunderte war und ist sie Grundlage für Gottesdienst und Unterricht, für das Leben. Die hebräische Bibel besteht aus drei Gruppen von Schriften, die unterschiedlichen Rang haben:

1. Tora: Die **Tora**, die fünf Bücher MOSE, ist die Mitte der Heiligen Schrift. Sie gilt als von Gott offenbart, ohne menschliches Zutun. Im Synagogengottesdienst einer orthodoxen Gemeinde wird im Laufe eines Jahres die gesamte Tora gelesen. Die Torarollen genießen besondere Verehrung und werden in einem Schrein aufbewahrt.
2. Neviim (Propheten): Die **Prophetenbücher** (Jesaja, Jeremia …) – auch die Geschichtsbücher werden dazugezählt – werden als von Gott offenbart gesehen, jedoch sind sie unter menschlicher Mithilfe zustande gekommen.
3. Ketuvim (Schriften): Zu den sogenannten **Schriften** gehören u. a. die Psalmen, das Buch Ijob (= Hiob) etc.

Die **Tora** sind die fünf Bücher MOSE:
1 Bereschit (Genesis)
2 Schemot (Exodus)
3 Wajikra (Levitikus)
4 Bamidbar (Numeri)
5 Devarim (Deuteronomium)

Torarollen = Buchrollen, die auf Hebräisch geschrieben sind

Rabbinisches Schrifttum

Eine zweite Säule des Judentums ist die mündliche Überlieferung, die von den Rabbinen weitergegeben wurde. Diese mündliche Tora stellt eine der Bibel vergleichbare Autorität dar. Im **Talmud** wurde diese mündliche Überlieferung niedergeschrieben. Der Talmud (hebr. *Studium, Lehre)* ist für das orthodoxe Judentum bis heute *die* Quelle der Religionslehre. Es gibt nach einer Zählung im Talmud 613 Vorschriften, 248 Gebote und 365 Verbote. *Der Jude bewegt sich gleichsam in einem von den göttlichen Vorschriften bestimmten Koordinatensystem.*[6]

[5] Vgl. Martin JÄGGLE/Thomas KROBATH (Hg.), Ich bin Jude, Moslem, Christ … Junge Menschen und ihre Religion, Innsbruck–Wien: Tyrolia 2002, S. 101ff.

[6] Chaim EISENBERG, Einführung in den Talmud, Informationszentrum im Dienste der christlich-jüdischen Verständigung Wien, IDCIV-Vorträge Nr. 11, Wien 1985, S. 18.

Jüdinnen/Juden sind überzeugt, dass die im Talmud niedergeschriebene und interpretierte mündliche Überlieferung wie die Tora MOSE am Berg Sinai von Gott übergeben wurde, sie wird daher auch als „vom Himmel gegebene Tora" *(tora min ha schamajim)* bezeichnet.

2.4 Strömungen im Judentum

Ein Judentum gibt es nicht. Das Fehlen einer zentralen Lehrautorität ermöglichte schon im Altertum die Entfaltung verschiedener Ausprägungen jüdischen Lebens und Denkens.

Gruppen zur Zeit Jesu

Das Neue Testament spiegelt mehrere Gruppen mit eigenständigem Profil wider. Am bedeutendsten ist die Gruppe der Pharisäer. Sie beachteten nicht nur die schriftliche, sondern auch die mündliche Tora. Reinheitsvorschriften, Speisegebote, die Heiligung des Sabbats und die Abgabe des Zehnten waren ihnen selbstverständliche Pflicht. Die Freude am Gesetz bestimmte ihr Leben. Sie lernten und lehrten in den Synagogen. Nach der „Zerstörung des Tempels von Jerusalem überlebten die Pharisäer. Zusammen mit den Rabbinen hielten sie in schwierigen Zeiten die alten Überlieferungen aufrecht, sodass es auch ihr Verdienst war, wenn das Judentum nach dieser Katastrophe seine Existenz und Identität bewahren konnte".[7]

Sefardim und Aschkenasim
Im Mittelalter entwickelten sich diese beiden Zweige des Judentums. Bis heute haben sie getrennte Synagogengemeinden, unterschiedliche Rituale und Bräuche. In Israel hat jede Gruppierung einen eigenen Oberrabbiner.

Die Rabbinen

Ihre Epoche ist die Zeit von der Zerstörung Jerusalems (70 n. Chr.) bis zur arabischen Eroberung Palästinas (638 n. Chr.). Dem Judentum ist das Zentrum Jerusalem und der Tempel für den priesterlichen Opferdienst verloren gegangen. Damals gelang es den Rabbinen, neue Formen der Frömmigkeit in den Mittelpunkt zu rücken. Gebete und Taten der Liebe traten an die Stelle des Tempelkultes. Heute werden die jüdischen Lehrer Rabbiner genannt. Sie üben keine priesterlichen Funktionen aus. Neben anderen Aufgaben entscheiden sie, wie die alten Traditionen unter den geänderten Lebensbedingungen anzuwenden sind.

Das **konservative Judentum** wirft dem Reformjudentum eine zu weit gehende Anpassung vor. Es versucht die Tradition so weit zu bewahren, wie sie mit der modernen Lebenswelt und den neuzeitlichen Wissenschaften vereinbar ist.

Reformjudentum

Das Reformjudentum, das auch als liberales Judentum oder progressives Judentum bezeichnet wird, entfernt sich am weitesten von den alten Traditionen. Es entstand in Europa im 19. Jh. Liberale Jüdinnen/Juden glauben, dass sich Gott jeder Generation

[7] Werner TRUTWIN, Die Weltreligionen. Judentum, Düsseldorf: Patmos 2004, S. 94.

offenbart und dass die Heiligen Schriften daher von jeder Generation neu ausgelegt werden dürfen. Generell gilt, dass das Verhalten des Menschen zu Gott und das Verhalten des Menschen zu seinen Mitmenschen vor der Einhaltung der religionsgesetzlichen Vorschriften steht. Moralische Verpflichtungen und ethisches Handeln werden höher bewertet als rituelle Frömmigkeit. Die Frau ist auch in religiösen Belangen dem Mann gleichgestellt, so gibt es auch Rabbinerinnen.

Orthodoxie

Das orthodoxe Judentum bekennt sich in der Tradition der alten Rabbinen uneingeschränkt zur Tora, sowohl die schriftliche als auch die mündliche Überlieferung (Talmud) behalten ihre Verbindlichkeit. Es versteht sich als authentische Richtung des Judentums und hat sehr starken Einfluss. Auch das orthodoxe Judentum ist keine einheitliche Größe. Die sogenannten Ultraorthodoxen leben streng getrennt von allen anderen, welche die jüdische Tradition nicht in ihrem Sinne vollziehen. Zum Teil lehnen sie auch den Staat Israel ab, weil dieser ein weltliches Gebilde ist.

Mystik

Kabbala und Chassidismus sind Ausdrucksformen jüdischer Mystik. Gegen Ende des 12. Jhs. entstand in Nordspanien und in der Provence die religiöse Bewegung der Kabbala, der Überlieferung von den göttlichen Dingen. Die Ausbreitung erfolgte über verschiedene Länder bis nach Safed in Galiläa, dem Zentrum der Mystik.

Der **Chassidismus**[8] hat sich im 18. Jh. in der Ukraine und in Polen in einer Situation politischer und sozialer Bedrängnis entwickelt. Mit einer Kurzformel kann er auch als popularisierte Form der Kabbala bezeichnet werden. Als Gründer gilt der charismatische Rabbiner Baal Schem Tov. Die Erfahrung der Nähe zu Gott ist auch den einfachen und ungebildeten Gläubigen möglich. „Für die Frommen ist keine Handlung zu gering, wenn sie nur mit der rechten inneren Einstellung getan wird. Durch Essen und Trinken, Arbeiten und Dienen, Helfen und Schenken hat der Chassid die Möglichkeit, das Göttliche, das wie ein Lichtfunke in

Die **Kabbala** knüpft an die Tora an, formt sie aber um, da sie auch andere Quellen aufnimmt und verarbeitet. Das Verwobensein seelischer Erfahrungen mit den geschichtlichen Erfahrungen des jüdischen Volkes machen den spezifischen Charakter der Kabbala aus. Jede/jeder Einzelne ist hier selbst das Ganze, das Gesetz der Tora wird zum Symbol des Weltgesetzes und die Geschichte des jüdischen Volkes zum Symbol des Weltprozesses. Das zentrale Werk der Kabbala ist das Buch Sohar, das Buch des Glanzes aus dem 13. Jh. Es will das Wesen Gottes durch die Deutung der Heiligen Schrift ergründen.

8 Vgl. Elie Wiesel, Chassidismus – ein Fest für das Leben. Legenden und Porträts, Freiburg – Basel – Wien: Herder Verlag (Herder spectrum Band 4768) 1988.

ihm ist, zum Leuchten zu bringen und den Weg zur Erlösung zu finden."[9]
Der Chassidismus steht für die Bejahung des jüdischen Lebens trotz Not und Unterdrückung, für soziales Engagement; er praktiziert eine freudige, extravertierte „Volksreligiosität". Bekannt sind viele Erzählungen und Geschichten, die von Martin BUBER gesammelt wurden.

2.5 Mitte der Religion

Die Beschneidung – sie erfolgt beim Knaben am achten Tag nach der Geburt – ist grundlegendes Zeichen der Zugehörigkeit zum Judentum.
Eine „Beschneidung" von Mädchen kennt das Judentum nicht. Für sie gibt es ein Fest der Namensgebung.

Abraham – „Unser Vater"
Der HERR sprach zu Abram: Geh weg aus deinem Land, aus deiner Verwandtschaft und aus deinem Vaterhaus, in das Land, das ich dir zeigen werde. Ich werde dich zu einem großen Volk machen, dich segnen und deinen Namen groß machen. Ein Segen sollst du sein.[10]

ABRAHAM kommt aus einer fremden Kultur mit einer götterreichen Religion und gilt als Stammvater Israels. Jüdinnen und Juden bezeichnen sich selbst als „Kinder ABRAHAMS", und ABRAHAM nennen sie „Unser Vater". Gott verheißt ABRAHAM Nachkommenschaft und Land und schließt mit ihm einen Bund. Die Beschneidung sollte für ihn und seine Nachkommen Zeichen des Bundes sein.

Mose von MICHELANGELO: Die Darstellung des gehörnten MOSE geht auf einen Übersetzungsfehler zurück, als das hebräische Wort *qaran (strahlend)* mit *cornuta (gehörnt)* statt mit *coronata (strahlend)* übersetzt wurde.

MOSE – „Unser Lehrer"

In der jüdischen Tradition wird MOSE als Mittler zwischen Gott und dem Volk sowie als Lehrer verehrt. Er hat am Sinai die schriftliche und die mündliche Tora in Empfang genommen, die Israels Lebenspraxis bestimmt.

JHWH
Da sagte Mose zu Gott: Gut, ich werde also zu den Israeliten kommen und ihnen sagen: Der Gott eurer Väter hat mich zu euch gesandt. Da werden sie mich fragen: Wie heißt er? Was soll ich ihnen sagen? Da antwortete Gott dem Mose: Ich bin, der ich bin.[11]

Gott offenbart sich dem MOSE im brennenden Dornbusch. In der hebräischen Bibel wird der Eigenname Gottes mit vier Konsonanten geschrieben: JHWH.

[9] Werner TRUTWIN, Die Weltreligionen. Judentum, Düsseldorf: Patmos 2004, S. 98.
[10] Gen 12,1–2, zitiert nach: Die Bibel. Einheitsübersetzung der Heiligen Schrift, vollständig durchgesehene und überarbeitete Ausgabe, Stuttgart: Katholisches Bibelwerk 2016.
[11] Ex 3,13–14.

Aus Ehrfurcht wird im Judentum der Name Gottes nicht direkt ausgesprochen. Beim Lesen wird eine Umschreibung verwendet: *Adonai (Herr)* oder *Elohim (Gott)*, der Ewige und andere. Wenn in der deutschen Sprache Gott im Sinne von JHWH verwendet wird, dann schreibt man häufig *G"tt*.

Gott ist ein Befreier-Gott

Dieses Ereignis der Befreiung aus der Sklaverei wird im Pesach-

> Ich bin der HERR, dein Gott, der dich aus dem Land Ägypten geführt hat, aus dem Sklavenhaus. Du sollst neben mir keine anderen Götter haben.[12]

fest vergegenwärtigt. In einer häuslichen Feier, in einem rituellen Mahl, *Seder* genannt, erfolgt die Erinnerung an die Befreiung aus Ägypten. Dahinter steht die feste Überzeugung, dass Gott nicht nur die Vorfahren erlöst hat, sondern auch die heute Lebenden.

Männern ist beim Gebet und bei anderen religiösen Handlungen eine Kopfbedeckung vorgeschrieben. Von Orthodoxen wird sie in Form eines kleinen Käppchens *(Kippa)* ständig getragen.

Schma Israel – das „Glaubensbekenntnis"

Das Judentum kennt kein für alle verbindliches Glaubensbekenntnis. Auch eine systematische Theologie hat im Judentum kaum Platz. Umso mehr wird betont, dass es wichtig ist, den Weisungen Gottes (Tora, Halacha) zu folgen. Der verbindliche Glaube findet sich vor allem im wichtigsten Gebet Israels, dem „Höre Israel" (hebr. *Schma Israel*).

> Höre Israel! Der HERR, unser Gott, der HERR ist einzig. Darum sollst du den HERRN, deinen Gott, lieben mit ganzem Herzen, mit ganzer Seele und mit ganzer Kraft.
> Und diese Worte, auf die ich dich heute verpflichte, sollen auf deinem Herzen geschrieben stehen. Du sollst sie deinen Kindern wiederholen. Du sollst sie sprechen, wenn du zu Hause sitzt und wenn du auf der Straße gehst, wenn du dich schlafen legst und wenn du aufstehst. Du sollst sie als Zeichen um das Handgelenk binden. Sie sollen zum Schmuck auf deiner Stirn werden. Du sollst sie auf die Türpfosten deines Hauses und in deine Stadttore schreiben.[13]

Mesusa (hebr.) bedeutet *Türpfosten*, Mesusa wird auch das Zeichen genannt, das am Türrahmen schräg angebracht ist. Das Schma Israel, auf Pergament geschrieben, wird neben anderen Bibeltexten in das kleine Gehäuse, in die kleine Kapsel, gegeben.

Mesusa

[12] Ex 20,2ff.
[13] Dtn 6,4–9.

Teffilin oder Gebetsriemen

Ein gläubiger Jude berührt die Mesusa, wenn er den Raum betritt, und spricht dabei ein Segensgebet. Die Mesusa ist also ein äußeres Bekenntnis zum Wort Gottes, unter dem das Haus und seine Bewohnerinnen bzw. Bewohner stehen.
Neben dem „Zeichen an der Tür" tragen gläubige Juden beim Morgengebet der Wochentage das Zeichen an Stirn und Arm, die sogenannten **Tefillin** oder **Gebetsriemen**. In den schwarzen Lederkapseln befinden sich Bibelabschnitte aus der Tora, darunter das Schma Israel. *In diesem Geist will ich beten, aus diesem Geist will ich leben, das will ich meinen Kindern weitergeben: Schma Israel.*[14]

Der Bund Gottes mit den Menschen

Jude sein heißt, in den Bund mit Gott hineingenommen zu sein. Das erfolgt im Abrahamsbund durch das Zeichen der Beschneidung. In der Gesetzgebung auf dem Sinai wird ganz Israel auf diesen Bund verpflichtet. Er ist nicht auf jene beschränkt, die selbst am Gottesberg standen, sondern ist offen auf alle Zeiten und für alle Nachfahren des Gottesvolkes.
In der jüdischen Religion steht nicht so sehr die/der Einzelne mit ihrem/seinem persönlichen Verhältnis zu Gott im Vordergrund, nicht die individuelle Erlösung, sondern die/der Einzelne handelt immer auch als Vertreterin/Vertreter des ganzen Volkes. Dieses Zusammenhalten der Jüdinnen und Juden ist nicht nur durch äußere Umstände (Minderheitensituation) begründet, sondern auch durch religiöse Grundsätze.

Bilderverbot
Der Monotheismus wird absolut verstanden: Gott wird nicht ins Bild gesetzt. Das Judentum ist eine Religion des Hörens bzw. des Wortes, nicht des Schauens bzw. des Bildes.

Das Land der Verheißung

Die jüdische Religion ist sehr stark auf Geschichtserfahrungen gegründet. Jüdinnen/Juden sind in die Geschichte ihres Volkes hineingestellt und vom Glauben an ein Handeln Gottes in der Geschichte geprägt. Dem Volk Israel ist von Gott auch das Land verheißen. Das Land Israel, dessen Grenzen in der Bibel nur vage angegeben sind, ist eigentlich Gottes Besitz, und Israel ist darin nur Gast.

Erwählung Israels

Denn du bist ein Volk, das dem HERRN, deinem Gott heilig ist. Dich hat der HERR, dein Gott, ausgewählt, damit du unter allen Völkern, die auf der Erde leben, das Volk wirst, das ihm persönlich gehört. Nicht weil ihr zahlreicher als die anderen Völker wäret, hat euch der HERR ins Herz geschlossen und ausgewählt; ihr seid das kleinste unter allen Völkern. Weil der HERR euch liebt [...][15]

[14] Eigene Formulierung, nach Dtn 6,4–9.
[15] Dtn 7,6ff.

Die Erwählung ist nicht Verdienst Israels, sondern ein Auftrag Gottes. Israel ist zur Tora berufen. Diese wurde vorher allen anderen Völkern angeboten, aber nur von Israel ohne Wenn und Aber angenommen.

Das Judentum ist keine missionarische Religion.

Messiasglaube

Immer lebte im Judentum auch die Hoffnung, dass Gott in der Zukunft Israel erlösen, die Welt verwandeln und alle Trauer beenden wird. Mit Erlösung sind im Judentum verschiedenste Vorstellungen verbunden:

- Auferstehung der Toten
- Befreiung des Volkes Israel von Fremdherrschaft und Exil
- Errichtung eines (irdischen) Friedensreiches
- Harmonie in der Schöpfung
- Unsterblichkeit der Seele

„Er wird Recht schaffen zwischen den Nationen und viele Völker zurechtweisen. Dann werden sie ihre Schwerter zu Pflugscharen umschmieden und ihre Lanzen zu Winzermessern. Sie erheben nicht das Schwert, Nation gegen Nation, und sie erlernen nicht mehr den Krieg." (Jes 2,4)

2.6 Bausteine zur Ethik

Alle, die sich zum Judentum bekennen, durchglüht die Überzeugung, dass ihre Glaubenslehre ihre Sittenlehre und ihre Sittenlehre ihre Glaubenslehre ist.[16]

Das ist die Weisung

> Wiederum geschah es, dass einer aus den Völkern vor Schammai kam und zu ihm sagte: Mache mich zum Proselyten [d. h., nimm mich in das Judentum auf], unter der Bedingung, dass du mich die Weisung ganz und gar lehrst, während ich auf einem Bein stehe! Da stieß er ihn mit dem Messbrett weg, das er gerade in der Hand hatte. Er kam vor Hillel, der machte ihn zum Proselyten und sagte zu ihm: Was dir verhasst ist, das tue deinem Genossen nicht an. Das ist die Weisung ganz und gar, alles andere ist Auslegung. Geh und lerne![17]

Die Rabbinen Schammai und Hillel wirkten um den Beginn unserer Zeitrechnung.

Eine ganze Welt

> Wer ein Menschenleben vernichtet, dem rechnet es die Schrift an, als ob er eine ganze Welt vernichtet hätte; und wer ein Menschenleben aufrichtet, dem rechnet es die Schrift an, als ob er eine ganze Welt aufgerichtet hätte.[18]

[16] Vgl. Hermann Cohen (1842–1918), zitiert nach Werner Trutwin, Die Weltreligionen. Judentum, Düsseldorf: Patmos 2004, S. 56.
[17] Babylonischer Talmud, Schabbat 30b/31a.
[18] Babylonischer Talmud, Mischna San IV,6.

Die Aufgabe des Menschen

Am sechsten Tag, als Gott den Menschen erschaffen hatte, sprach er: *Bis hierher reicht mein Werk, jetzt ist es an dir, es fortzusetzen.*[19]

Nächstenliebe

Du sollst deinen Nächsten lieben wie dich selbst. Ich bin der HERR. Wenn bei dir ein Fremder in eurem Land lebt, sollt ihr ihn nicht unterdrücken. Der Fremde, der sich bei euch aufhält, soll euch wie ein Einheimischer gelten und du sollst ihn lieben wie dich selbst; denn ihr seid selbst Fremde in Ägypten gewesen. Ich bin der HERR, euer Gott.[20]

Diese Achtung, die wir dem Nebenmenschen schulden, ist nicht ein einzelnes Gebot, nicht ein Gebot unter Geboten. Sie stellt vielmehr den ganzen Inhalt der Sittlichkeit dar. Leo BAECK charakterisiert das Judentum mit zwei Ideen: dem Glauben an Gott und dem Glauben an den Menschen.

Frieden/Liebe/Tora

Rabbi Hillel: „Sei einer von den Schülern Aarons, den Frieden liebend und dem Frieden nachfolgend; sei einer, der die Mitmenschen liebt und sie der Tora nahe bringt.[21]

Gerechtigkeit statt Opfer

Ich hasse eure Feste, ich verabscheue sie und kann eure Feiern nicht riechen. Wenn ihr mir Brandopfer darbringt, ich habe kein Gefallen an euren Gaben und eure fetten Heilsopfer will ich nicht sehen. Weg mit dem Lärm deiner Lieder! Dein Harfenspiel will ich nicht hören, sondern das Recht ströme wie Wasser, die Gerechtigkeit wie ein nie versiegender Bach.[22]

Kurzformel

Im 6. Kapitel des Prophetenbuches Micha heißt es: *Es ist dir gesagt worden, Mensch, was gut ist und was der HERR von dir erwartet: Nichts anderes als dies: Recht tun, Güte lieben und achtsam mitgehen mit deinem Gott.*

2.7 Leben im Rhythmus von Fest und Feier

Das jüdische Leben wird traditionellerweise vom Rhythmus des wöchentlichen Sabbats und von den jährlichen Fasten- und Fei-

19 Aus dem Sohar, einer Grundschrift der Kabbala, zitiert aus Werner TRUTWIN, Die Weltreligionen. Judentum, Düsseldorf: Patmos 2004, S. 62.
20 Lev 19,18b.33–34.
21 Aus dem Babylonischen Talmud, Awot 1,112.
22 Am 5,21–24.

ertagen bestimmt. Der jüdische Kalender setzt den Beginn der Zeitrechnung mit der Erschaffung der Welt bzw. des Menschen fest, das ist im Jahre 3761 v. Chr.[23] Natürlich wird das heute nicht (mehr) im naturwissenschaftlichen Sinn verstanden. Der jüdische Kalender rechnet nach dem Mondjahr und gleicht dieses in einem komplizierten Schaltrhythmus an das Sonnenjahr an, sodass wir von einem Lunisolarjahr sprechen. 2017 unserer Zeit beginnt im Judentum das Jahr 5778.

Der Tag beginnt im Judentum mit Sonnenuntergang und endet mit Sonnenuntergang des nächsten Tages.

Sabbat

Die Mitte des religiösen Lebens ist der Sabbat, der wöchentlich gefeiert wird. Er beginnt mit dem Sonnenuntergang des Freitags mit Gebeten in der Synagoge und einer häuslichen Mahlfeier.

Der Sabbat erinnert an ein altes Arbeitsschutzgesetz. So wie Gott nach seinem Sechstagewerk am Sabbat ruhte, so sollen auch alle Menschen an diesem Tag von aller Arbeit frei sein. „Der Sabbat führt den Juden vor Augen, dass das Leben nicht nur aus Arbeit und Leistung besteht. Nicht nur die Reichen, sondern auch die Armen und selbst die Tiere haben Anteil an der Ruhe und Freude des Sabbat."[24] Der Sabbat steht für eine Lebenskunst, die ein Wissen davon hat, dass es ein Genug gibt. Sie weiß, dass das, was genug ist, durch ein Mehr nicht besser werden kann (nach Franz SEGBERS).

Die Pflicht zur strengen Sabbatruhe bringt in der modernen Welt auch viele Probleme. Der Staat Israel versucht eine Gratwanderung zwischen den Anforderungen der Leistungsgesellschaft und der Notwendigkeit des Abschaltens.

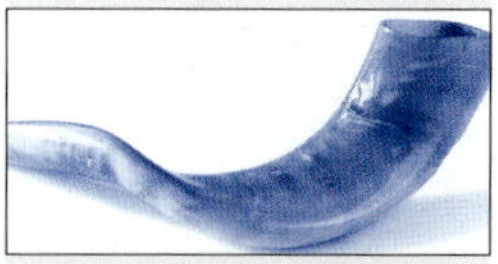

Schofar

Feste im Jahreskreis

Die jüdischen Feste berechnen sich nach dem Mond. Neben den drei großen Wallfahrtsfesten *Pesach*, *Schawuot* und *Sukkot* gibt es die „Ehrfurcht gebietenden Tage" *Rosch Haschana* und *Jom Kippur*, daneben andere Feste wie *Chanukka* und *Purim*, die nicht von der Tora gefordert sind.

- **Rosch Haschana** ist das Neujahrsfest. Das *Schofar*, das Widderhorn, ruft zur Umkehr und Erneuerung.
- **Jom Kippur** ist das Versöhnungsfest. Zwischen Neujahr und Versöhnungstag liegen zehn Tage des Fastens und der Umkehr.
- **Sukkot – Laubhüttenfest:** Nur fünf Tage nach Jom Kippur wird das neun Tage dauernde Laubhüttenfest gefeiert, ein Fest der Lebensfreude. Es ist ein Erntedankfest und erinnert an die Wüstenwanderung. Es werden „Laubhütten" errichtet.

Lulaw

In die Synagoge nimmt man einen Feststrauß mit, den *Lulaw*, bestehend aus Zweigen und dem *Etrog*, der Paradiesfrucht.

[23] Vgl. Alfred PFAFFENHOLZ, Was macht der Rabbi den ganzen Tag. Das Judentum, München: dtv 1998, S. 81ff.

[24] Vgl. Werner TRUTWIN, Die Weltreligionen. Judentum, Düsseldorf: Patmos 2004, S. 75.

Chanukkaleuchter

Schawuot (Wochenfest) ist ein Erntedankfest und das Fest der Offenbarung Gottes am Sinai. Es erinnert an den Bundesschluss, an den Dekalog und an das Geschenk der Tora.

In der neueren Zeit haben viele Gemeinden eine vergleichbare Feier für Mädchen eingeführt; sie wird zur *Bat Mizwa*, zur „Tochter der Pflicht".

- **Simchat Tora – Fest der Torafreude** wird am letzten Tag des Sukkotfestes gefeiert. Die Tora wird in der Synagoge im Laufe eines Jahres zur Gänze gelesen. An diesem Tag wird der letzte Abschnitt vorgetragen; es wird gefeiert, weil man an das Ende gekommen ist, und man beginnt gleich wieder von vorne.
- **Chanukka – Einweihungsfest** ist die Erinnerung an die Wiedereinweihung des Tempels nach dem Sieg der Makkabäer über den Syrerkönig, der den Tempel in Jerusalem dem griechischen Gott Zeus geweiht hatte. Dieses Lichterfest dauert acht Tage. An jedem Tag wird eine Kerze mehr entzündet. Es fällt in die Zeit um die Wintersonnenwende.
- **Pesach – Erinnerung an die Befreiung aus Ägypten:** Den Höhepunkt des acht Tage dauernden Festes im Frühling (Fest der ungesäuerten Brote) bildet der erste Abend, *Seder* genannt. Es ist ein Fest innerhalb der Familie.

Feste und Feiern im Lebenslauf

Für Knaben ist am achten Tag nach der Geburt die Beschneidung, für Mädchen ein Fest zur Namensgebung. Mit 13 Jahren feiert der jüdische Bub *Bar Mizwa*, er wird religionsmündig, ein „Sohn der Pflicht".
Die Hochzeit wird in der Synagoge gefeiert. Tod und Sterben eines Menschen sind von vielen Ritualen begleitet. Verstorbene werden in der Erde bestattet, Friedhöfe bestehen auf ewig.

Speisevorschriften

Speisevorschriften[25] beeinflussen das Alltagsleben gläubiger Jüdinnen und Juden entscheidend. Sie dürfen nur Speisen zu sich nehmen, die dem Religionsgesetz, der Kaschrut, entsprechen und somit „koscher" (geeignet, tauglich) sind. Von den Säugetieren gelten nur Wiederkäuer mit gespaltenen Hufen als koscher. Das schließt unter anderem das Essen von Schweinefleisch aus. Der Grund mag auch eine gesundheitliche Vorsorge sein, da Schweinefleisch leicht verderblich ist. Blutgenuss ist verboten.
Es gibt eigene Regeln für das Schlachten. Die Tiere müssen geschächtet werden, ihr Blut muss vollständig auslaufen. Dem Fleisch muss dann außerdem durch Salzen möglichst viel Blut entzogen werden. Fleisch und Milch dürfen nicht während derselben Mahlzeit zu sich genommen werden. In koscheren Restaurants wird die Einhaltung der Speisevorschriften garantiert.

[25] Vgl. Peter Landesmann, Die Juden und ihr Glaube, Frankfurt am Main – Berlin: Ullstein 1990, S. 103ff.

2.8 Antijudaismus/Antisemitismus

Jüdinnen und Juden wurden über Jahrhunderte aus religiösen, politischen, sozialen, wirtschaftlichen oder „rassischen" Motiven verfolgt. Die Verfolgungen reichten von Minderheitenfeindlichkeit, gesetzlichen Diskriminierungen über Massenmord durch aufgehetzte Mengen bis zur systematischen Ermordung in den Vernichtungslagern des Nationalsozialismus im 20. Jh.

AUFGABEN

1. Recherchieren Sie die Daten des Festkalenders in diesem Jahr.

2. Kreuzen Sie die richtige Antwort bzw. richtigen Antworten an.

1. An welchem Wochentag feiern Jüdinnen und Juden den Sabbat?
   - ○ Samstag ○ Sonntag ○ Montag
2. Wie heißt das jüdische Gebetshaus?
   - ○ Moschee ○ Synagoge ○ Tempel
3. Wie heißt die noch erhaltene Mauer des Tempels in Jerusalem?
   - ○ Tränenmauer ○ Klagemauer ○ Wundermauer
4. Was war das Ziel des Zionismus im 19. Jahrhundert?
   - ○ Förderung des Hebräischunterrichts ○ Jüdische Heimat in Palästina ○ Integration der Jüdinnen und Juden in Europa
5. Was ist der Name für die hebräische Bibel?
   - ○ Tefillin ○ Targum ○ Tenach
6. Wie heißt das jüdische Wochenfest?
   - ○ Schawuot ○ Chanukka ○ Kaddisch
7. Wie heißt das wichtigste jüdische Gebet, das morgens und abends gesprochen wird?
   - ○ Sch'ma Israel ○ Bet Knesset ○ Haggada
8. Wie heißt das Fest zur Religionsmündigkeit für Mädchen?
   - ○ Bar Kochba ○ Mikwa ○ Bat Mizwa
9. Auf welches jüdische Fest geht das christliche Osterfest zurück?
   - ○ Sukkot (Laubhüttenfest) ○ Pesach ○ Jom Kippur (Versöhnungsfest)
10. Welches ist der wichtigste Teil der jüdischen heiligen Schriften?
    - ○ Talmud ○ Mischna ○ Tora
11. Wie groß war die Zahl der Jüdinnen und Juden in Österreich um 1935?
    - ○ 100 000 ○ 200 000 ○ 500 000
12. Was ist eine Rabbinerin/ein Rabbiner?
    - ○ Lehrerin/Lehrer ○ Seelsorgerin/Seelsorger ○ Gottesdienstleiterin/Gottesdienstleiter

3. Begegnet Ihnen Antijudaismus/Antisemitismus in unserer Gesellschaft? Falls ja, in welcher Form?
   a. Religiöser Antijudaismus b. Politischer Antijudaismus
   c. Sozialer Antijudaismus d. „Rassischer" Antijudaismus
   Beschreiben Sie Ihre konkreten Wahrnehmungen.
4. Ist die (oft berechtigte) Kritik am Staat Israel auch Antijudaismus? Kennen Sie Beispiele, wo sich hinter einer solchen Kritik Antijudaismus/Antisemitismus verbirgt?

2.9 Wiederholung

Wer ist Jüdin/Jude?

Jüdin/Jude ist, wer von einer jüdischen Mutter geboren wurde oder nach der Halacha zum Judentum konvertiert ist. Halacha ist das jüdische Religionsgesetz.

Tenach, Talmud

Der Tenach ist die hebräische Bibel mit der Tora als dem bedeutendsten Teil – neben den Prophetenbüchern und Schriften. Der Talmud enthält die niedergeschriebene mündliche Überlieferung der Tora und ist eine wichtige Quelle der Religionslehre.

Was bedeutet JHWH?

Der Gottesname ist schwer zu übersetzen: *Ich bin, der ich bin*. JHWH wird nicht ausgesprochen, anstelle dessen wird der *Ewige* oder *Adonai* gesagt. In deutscher Übersetzung wird *G"tt* geschrieben. Gott wird streng monotheistisch gedacht, die Vorstellung eines dreieinigen Gottes wie im Christentum ist dem Judentum fremd.

Ist für das Judentum JESUS auch der Messias?

JESUS wird nicht als Messias gesehen. Das Kommen des Messias wird erwartet, es gibt unterschiedliche Erwartungen an den Messias.

Judentum und Nächstenliebe

Das Judentum ist wie das Christentum eine „Liebesreligion". Nächstenliebe etc. ist in der Tora enthalten. JESUS wendet sich nicht gegen die Tora, sondern gegen Vereinseitigungen in der Praxis.

Jüdischer Kalender

Der jüdische Kalender rechnet nach dem Mondjahr und gleicht dieses an das Sonnenjahr an. Die jüdischen Feste haben zwar kein fixes Datum, sie wandern jedoch nicht wie im Islam durch das Jahr.

Bedeutung des Sabbats

Neben den Gebeten in der Synagoge wird der Sabbat in der Familie begangen und gefeiert. Mit der strikten Einhaltung der Arbeitsruhe prägt er sehr stark die jüdische Alltagskultur.

Was beinhaltet koscher?

Milch- und Fleischprodukte gibt es nicht gleichzeitig bei einer Mahlzeit. Blutgenuss ist verboten, Tiere müssen geschächtet werden, damit das Blut ausfließen kann, einige Tiere dürfen nicht gegessen werden (z. B. das Schwein), darüber hinaus müssen weitere Speisegesetze der Kaschrut eingehalten werden.

3 Christentum

Das Christentum ist die größte aller Religionen. 50 % davon (etwa 1,2 Milliarden) bekennen sich zur katholischen Kirche, 37 % sind den Kirchen der Reformation inklusive den Freikirchen zuzuordnen, 12 % gehören zu den orthodoxen Kirchen.

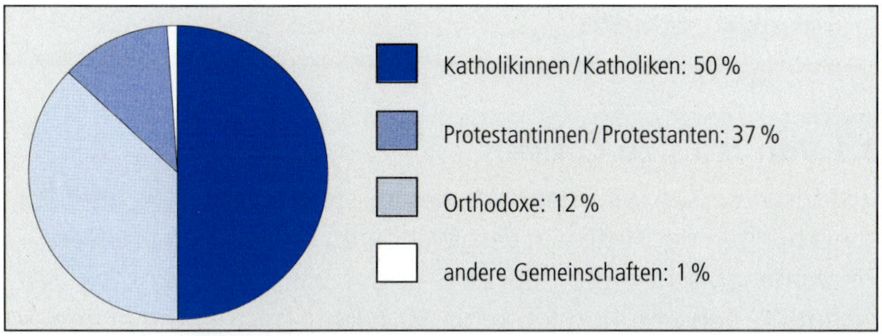

Neben der römisch-katholischen Kirche zählen die altorientalischen Kirchen (armenische Kirche, koptische Kirche etc.), die orthodoxen Kirchen (griechisch-orthodoxe Kirche, russisch-orthodoxe Kirche etc.), die Kirchen der Reformation und viele Gemeinschaften und Gemeinden zum Christentum. Obwohl oft sehr große Unterschiede in Gottesdienst, Lehre und Leben bestehen, gibt es ein gemeinsames Zentrum. Die Mitte des Christentums ist JESUS CHRISTUS. „Und Christ ist, wer auf seinem ganz persönlichen Lebensweg – und jeder Mensch hat seinen eigenen Weg – versucht, sich an diesem JESUS CHRISTUS zu orientieren."[26] Durch seinen Namen werden die so unterschiedlichen Schriften des Neuen Testaments und die so unterschiedlichen christlichen Kirchen zusammengehalten.

Das Wort *Christentum* leitet sich von JESUS CHRISTUS her, der vor zwei Jahrtausenden im Land Israel gelebt hat. JESUS CHRISTUS ist kein Doppelname, sondern ein Glaubensbekenntnis:

Das griechische Wort *Christus* ist die Übersetzung des hebräischen Wortes *Messias* und bedeutet *der Gesalbte*.

- *Joschua* (= Jesus) war ein weit verbreiteter hebräischer Name. Er bedeutet: *Gott rettet, Gott ist Heil*.
- *Christus* ist kein Name, sondern ein jüdischer Ehrentitel. Auf ihm ruhen „die Hoffnungen auf die Rettung des Volkes Israel, auf eine gerechte Welt, auf Frieden und Erlösung bei Gott".[27]
- *Jesus Christus* besagt im Glauben der Christen, dass JESUS von Nazaret mehr als eine menschliche Person ist: In ihm hat sich Gott den Menschen zugewandt, auf ihn können sie im Leben und im Tod vertrauen. Er ist für Christinnen und Christen der Erlöser, der Sohn Gottes.

[26] Hans KÜNG, Spurensuche. Die Weltreligionen auf dem Weg, München: Piper 2001, S. 232.
[27] Werner TRUTWIN, Die Weltreligionen. Christentum, Düsseldorf: Patmos 2004, S. 12.

VORKENNTNISSE AKTIVIEREN

1. Welche Bewertungen liegen Ihrem Bild vom Christentum zugrunde? Haben Sie eher ein Idealbild oder eher ein Negativbild? Womit begründen Sie Ihre Einstellung?
2. Was würde unserer Welt fehlen, wenn es das Christentum nicht gäbe?
3. Unsere Alltagskultur ist wesentlich vom Christentum geprägt. Begründen Sie diese Behauptung mit möglichst vielen Beispielen.

3.1 Von Jesus zu Christus

Jesus, der Jude

Historisch wissen wir über Jesus wenig, „jedoch mehr als über Persönlichkeiten der Antike in vergleichbaren Lebensverhältnissen".[28] Er wurde zwischen den Jahren 6 und 4 vor Beginn unserer Zeitrechnung geboren und lebte bis 30 nach Christus. Die ersten 30 Jahre verbrachte Jesus in Nazaret in Galiläa innerhalb der Familie eines Bauhandwerkers. Jesus war Jude und lebte in der Tradition seines Volkes. Er wurde wie alle jüdischen Knaben beschnitten, sprach die Sprache seines Volkes, feierte die jüdischen Feste im eigenen Haus, in der Synagoge oder in Jerusalem. Seine Mutter Maria war eine jüdische Frau und später waren seine Anhängerinnen und Anhänger Jüdinnen und Juden.[29]

Unsere Zeitrechnung geht auf Dionysius Exiguus (6. Jh.) zurück. Er hat sehr unterschiedliche Modelle der Zeitrechnung in ein System gebracht, die Geburt Jesu jedoch zu spät angesetzt.

Auch Paulus, der erste bedeutende Theologe der Christenheit, kam aus dem Judentum. Nachdem er Christ geworden war, kritisierte er das zeitgenössische Judentum stark; er hatte ein anderes Verständnis der Tora als die meisten Jüdinnen und Juden seiner Zeit, wusste aber auch, dass sich die Christinnen und Christen nicht vom Judentum lösen dürfen, weil sie sonst ihre eigenen Wurzeln abschneiden. Paulus prägt dafür das Bild vom Ölbaum:

Nicht du trägst die Wurzel, sondern die Wurzel trägt dich.

> „Wenn [...] du aber als Zweig vom wilden Ölbaum mitten unter ihnen eingepfropft wurdest und damit Anteil erhieltest an der kraftvollen Wurzel des edlen Ölbaums, so rühme dich nicht gegen die anderen Zweige! Wenn du dich aber rühmst, sollst du wissen: Nicht du trägst die Wurzel, sondern die Wurzel trägt dich!"[30]

Das Reich Gottes ist nahe: Jesus, der Messias?

Um die Zeitenwende gab es im Judentum eine Vielfalt an Messiaserwartungen und Messiasvorstellungen. Auch innerhalb des Neuen Testaments begegnet uns kein einheitliches Verständnis.

[28] Kurt Nowak, Das Christentum. Geschichte–Glaube–Ethik, München: C. H. Beck 2001, S. 13.
[29] Vgl. Jürgen Roloff, Jesus, München: C. H. Beck 2002.
[30] Röm 11,17–18.

Was veranlasste Menschen, in JESUS Züge eines Messias zu erkennen und sein Leben und sein Sterben so zu verstehen? Die letzten zwei bis drei Jahre seines Lebens zog JESUS als Wanderprediger durch seine Heimat, um eine einzige Botschaft zu verkünden:

> Die Zeit ist erfüllt, das Reich Gottes ist nahe. Kehrt um und glaubt an das Evangelium! (Mk 1,15)

Diese Botschaft erwies sich als hoch explosiv. Sie schloss Kritik an den herrschenden Autoritäten ein, denen JESUS vorwarf, dass sich die Erfüllung der Tora, des Willens Gottes, in gesetzlichen Bestimmungen verselbstständigt habe.

> Der Sabbat wurde für den Menschen gemacht, nicht der Mensch für den Sabbat. Deshalb ist der Menschensohn Herr auch über den Sabbat. (Mk 2,27f.)

Die Menschen machten in der Begegnung mit JESUS die Erfahrung des Heilwerdens, der persönlichen Annahme und der Veränderung. Die Worte und Taten JESU eröffneten den Menschen neue Perspektiven; sie erhielten die Möglichkeit, aus ihren Verstrickungen befreit zu werden und so ein neues Leben beginnen zu können.
Im Zentrum seiner Botschaft steht das Reich Gottes. JESUS bezieht dies nicht nur auf das Ende, auf Gott oder das Jenseits. Mit JESUS ist das Reich Gottes bereits angebrochen, und dieses Reich Gottes verwirklicht sich in der Nachfolge JESU, schon auf dieser Erde, schon in diesem Leben, und zwar *jetzt*.

Hinweis:
Lesen Sie dazu LUKAS 13,10–17 (JESUS heilt eine Frau, deren Rücken 18 Jahre lang verkrümmt war) und LUKAS 19,1–10 (JESUS im Haus des Zöllners ZACHÄUS).

Der Tod am Kreuz: Misserfolg und Scheitern?

Das Kreuz stellt JESU Scheitern öffentlich zur Schau. Es sollte offensichtlich zeigen, dass JESUS nicht ein Messias war, sondern ein Lügenprophet und ein Volksaufwiegler.
Die Christinnen und Christen hatten in der ersten Zeit noch eine große Scheu, das Kreuz als Zeichen der Hoffnung darzustellen. Zu den ersten überlieferten Kreuzesdarstellungen gehört daher ein Spottkreuz, das einen eselsköpfigen Gekreuzigten zeigt, der von einem Mann als Gott verehrt wird.

Der Gekreuzigte wird auferweckt: Sohn Gottes und Herr

Den Frauen und Männern wurde durch die Begegnung mit dem Auferstandenen die Gewissheit geschenkt, dass dieser JESUS doch kein Verbrecher ist, dass Gott ihn nicht fallen gelassen hat, dass er sich mit JESUS identifiziert hat, dass in JESUS Gott am Werk war. Gott ist einer von uns geworden. Immer deutlicher erkennt die rasch wachsende JESUS-Jüngerschaft, die man bald „Christen" nennt: Wenn JESUS auferstanden ist, dann hat Gott ihn nicht verflucht, dann war sein schmachvoller Tod nicht sinnlos. Dann hat Gott „das Schwache in der Welt erwählt, um das Starke zu Schanden zu machen" (1 Kor 1,27).

Der Auferstandene wird auch als *Herr* (griechisch *kyrios*) bezeichnet. Kyrios ist das Wort für Gott in der griechischen Übersetzung der hebräischen Bibel. In der Anrede *Herr* drückt sich dann aus, dass JESUS mehr ist als ein Mensch, dass uns in JESUS Gott begegnet, dass dieser JESUS Gott selbst ist, in Menschengestalt.

In der Schwäche liegt die Stärke

Für Christinnen und Christen ist der Messias nicht ein glanzvoller König, sondern der Gekreuzigte und scheinbar Machtlose.

Christinnen und Christen glauben nicht an einen Herrn, der von den Schwierigkeiten des Lebens nicht berührt wurde, sondern an den Auferweckten, der selbst gelitten hat und den Tod erfahren musste.

Ethos = Gesinnung

Dies ist auch die Grundlage für das Ethos, wo manche scheinbar selbstverständlichen Werthierarchien auf den Kopf gestellt werden, z. B. in der Bergpredigt.

3.2 Heilige Schriften

Die Bibel ist für den Leser
ein entsetzliches,
ein gefährliches Buch,
er ist gezwungen
zu sehen, wie es, in der Tiefe,
mit ihm steht, dem Sterblichen [...]
Du, der heutigen Tages die Bibel liest:
Achtung, Todesgefahr!
Oder Lebensgefahr? Beseelende Gefahr?
Begeisternde Gefahr,
seit jener Nacht der Zeiten?
Heilsame Gefahr? Heilsgefahr?[31]

Bibel kommt vom griechischen Wort *biblos* = Buch.

Die Bibel, auch Heilige Schrift genannt, ist nicht *ein* Buch, sondern eine Sammlung von Einzelschriften, vergleichbar mit einer kleinen Bibliothek.

Das Erste oder Alte Testament umfasst 46 Bücher in der Tradition der Septuaginta (katholische Kirche und orthodoxe Kirchen);

[31] Peter HANDKE, Langsam im Schatten, Frankfurt am Main: Suhrkamp 1992, S. 123f.

die aus der Reformation entstandenen Kirchen zählen so wie die hebräische Bibel 39 Bücher (Lutherbibel).
Das Erste Testament haben Christinnen und Christen sowie Jüdinnen und Juden gemeinsam. Die Christenheit hat immer an der Verbindlichkeit des Alten Testaments festgehalten. Die Themen des Ersten Testaments sind von großer Vielfalt: Glück und Leid, Angst und Hoffnung, Krieg und Frieden, Schuld und Vergebung, Hass und Liebe …
Das Neue Testament umfasst 27 Bücher: vier Evangelien, Apostelgeschichte, 21 Briefe und die Offenbarung des JOHANNES.
Die Verfasserschaft einzelner Schriften ist umstritten. Die Anordnung lässt keine Rückschlüsse auf die Entstehungszeit zu. Im Lichte der Auferstehung wurde begonnen, das Leben JESU, seine Worte und Taten auf den tieferen Sinn hin zu bedenken. Für Gottesdienst und Predigt entstand eine reiche mündliche Tradition, die durch die jeweiligen örtlichen Gegebenheiten spezielle unterschiedliche Schwerpunkte setzte. Die bleibende Bedeutung JESU wurde auch in Bekenntnisformeln gefasst. Die Taufformel (*Ich taufe dich im Namen des Vaters und des Sohnes und des Heiligen Geistes*) ist eine solche Bekenntnisformel.

Die biblischen Bücher und Texte sind sehr unterschiedlich in Umfang, sprachlicher Form und Inhalt.

Das Werden des Neuen Testaments war ein organischer Prozess, der mit der **Kanonbildung** abgeschlossen wurde.

Kanon kommt aus dem Griechischen und bezeichnet eine Sammlung von biblischen Büchern, die für gläubige Menschen maßgeblich sind.

- Das Leben JESU ist das Fundament des Neuen Testaments; seine Person, seine Botschaft, sein Tod und seine Auferstehung.
- Um 30 n. Chr. beginnt die mündliche Überlieferung der Worte und Taten JESU durch die Apostel und Jüngerinnen bzw. Jünger. Meist sind es Augenzeugenberichte.
- Um 50 n. Chr. werden erste schriftliche Aufzeichnungen ausgetauscht. Reden, Berichte und Briefe werden gesammelt. In seiner schriftlichen Form entstand das Neue Testament zwischen 50 und 120 n. Chr. Alle Bücher sind im Urtext in der griechischen Sprache geschrieben.
- Die Schriften wurden als Hilfen zur Überlieferung und zur Stärkung im Glauben gesehen. Im Laufe der Jahrzehnte wurden diese Texte als authentische Zeugnisse des Christusglaubens anerkannt.

In der Bibel spricht Gott selbst in Menschenwort zu uns. Der Fachausdruck dafür ist **Inspiration** und bedeutet, dass die Heiligen Schriften Gott zum Urheber haben, die Menschen aber sind die Verfasserinnen und Verfasser im vollen Sinn des Wortes. Dieses Verständnis gibt den Christinnen und Christen keine wortwörtliche Auslegung vor, sondern sie müssen mit speziellen Methoden den Sinn der Schrift erforschen.

AUFGABEN

Es gibt sehr viele Filme, die sich mit Jesus beschäftigen. Vielleicht haben Sie die Möglichkeit, einen gemeinsam anzusehen.

1. Wie weit stimmt die Jesus-Interpretation mit dem biblischen Jesus überein?
2. Nimmt der Film auf religiöse Gefühle gläubiger Menschen Rücksicht?
3. Diskutieren Sie die Balance von Freiheit der Kunst und Recht auf freie Religionsausübung.

Die Heilige Schrift wird in vielen Kunstrichtungen interpretiert, in der Baukunst, Musik, Malerei und im Film.

3.3 Gott

Christinnen und Christen haben ein monotheistisches Verständnis von Gott. Nicht *das Göttliche* steht im Zentrum; Christinnen und Christen suchen zu diesem Gott eine persönliche Beziehung. Was im Ersten Testament von Gott gesagt wird, gehört zum Grundbestand christlicher Rede von Gott. Im Neuen Testament lässt sich an Jesus Christus ablesen, wer Gott ist. Jesus hat nie eine Definition von Gott gegeben, aber er spricht von Gott als gutem Vater „abba". Gott steht auf der Seite der Benachteiligten, letztlich ist Gott die Liebe.

Monotheismus

Gott ist Liebe, und wer in der Liebe bleibt, bleibt in Gott, und Gott bleibt in ihm. (1 Joh 4,16b)

Diese unterschiedlichen Erfahrungen Gottes werden in der Lehre von der Trinität, der Dreieinigkeit, zusammengefasst: Gott ist einzig und gleichzeitig Gott Vater, Gott Sohn und Gott Heiliger Geist.

„Im Namen des Vaters, des Sohnes und des Heiligen Geistes" (Mt 28,19) ist die Taufformel der Kirche, es ist eine bekannte Gebetsformel und gleichzeitig ein Bekenntnis.

Gott als Person

Weil Gott sehr differenziert gedacht wird, kommt es immer wieder zu Zerrbildern: Dann wird Gott als alter Mann gedacht, als strafende Instanz oder einfach als Projektion der unerfüllten Wünsche des Menschen gesehen. Gott muss für das herhalten, was der Mensch (noch) nicht erklären kann, der evangelische Theologe Dietrich Bonhoeffer sprach vom *Lückenbüßer-Gott*, und selbstverständlich wird Gott männlich gedacht.

Gott ist die Liebe

Unsere Welt ist voll von Grausamkeit, Ungerechtigkeit und Leid. Wie kann Gott das geschehen lassen, wenn er die Macht hat, es zu verhindern? Wir können es auch so sehen, dass das meiste Leid von Menschen verursacht ist. Sollten wir nicht weiter fragen, was denn mit uns Menschen los ist? Das Christentum gibt auf das Leid keine billige Antwort. Christinnen und Christen wissen nicht die Antwort, aber sie vertrauen darauf, dass Gott gerade auch im Leid nahe ist.

In vielen Ostkirchen wird die Dreifaltigkeit Gottes mit dem Motiv der drei Engel (vgl. Gen 18) dargestellt.

Eines Nachts hatte ich einen Traum. Ich ging am Meer entlang mit meinem Herrn. Vor dem dunklen Nachthimmel erstrahlten, Streiflichtern gleich, Bilder aus meinem Leben. Und jedes Mal sah ich zwei Fußspuren im Sand, meine eigene und die meines Herrn. Als das letzte Bild vor meinen Augen vorüber gezogen war, blickte ich zurück. Ich erschrak, als ich entdeckte, dass an vielen Stellen meines Lebensweges nur eine Spur zu sehen war. Und das waren gerade die schwersten Zeiten meines Lebens. Besorgt fragte ich den Herrn: „Herr, als ich anfing, dir nachzufolgen, da hast du mir versprochen, auf allen Wegen bei mir zu sein. Aber jetzt entdecke ich, dass in den schwersten Zeiten meines Lebens nur eine Spur im Sand zu sehen ist. Warum hast du mich allein gelassen, als ich dich am meisten brauchte?" Da antwortete er: „Mein liebes Kind, ich liebe dich und werde dich nie allein lassen, erst recht nicht in Nöten und Schwierigkeiten. Dort, wo du nur eine Spur gesehen hast, da habe ich dich getragen."[32]

Beten: mit Gott kommunizieren

Christinnen und Christen können und dürfen sich immer mit allen Anliegen an Gott wenden – gemeinsam und allein, mit Worten oder ohne Worte, innerhalb und außerhalb der Gottesdienste. Im Unterschied zu anderen Religionsstiftern hat JESUS keine bestimmte Gebetsordnung erlassen, sondern schlicht zum Gebet ermutigt und gelehrt, dass jedes aufrichtige Gebet eine gute Wirkung hat. Zu den bekanntesten Gebetsworten gehört das „Vater unser".

Die Himmel erzählen die Herrlichkeit Gottes, und das Firmament kündet das Werk seiner Hände. Ein Tag sagt es dem andern, eine Nacht tut es der anderen kund, ohne Rede und ohne Worte, ungehört bleibt ihre Stimme. Doch ihre Botschaft geht in die ganze Welt hinaus, ihre Kunde bis zu den Enden der Erde. Dort hat er der Sonne ein Zelt gebaut. (Ps 19,2–5)
Von guten Mächten wunderbar geborgen, erwarten wir getrost, was kommen mag. Gott ist mit uns am Abend und am Morgen und ganz gewiss an jedem neuen Tag.[33]

Dietrich BONHOEFFER (1906–1945), evangelischer Theologe, wurde von den Nationalsozialisten als Mitglied einer politischen Widerstandsbewegung 1945 hingerichtet. „Von guten Mächten wunderbar geborgen" hat BONHOEFFER zum Jahreswechsel 1944 geschrieben, als er bereits zum Tod verurteilt war.

3.4 Der Mensch

Der Mensch ist von Gott geschaffen, wie von einem Töpfer liebevoll geformt, der Erde zugehörig (Kapitel 2 im Buch Genesis). Mann und Frau sind von gleichem Wesen, sie sind von Gott gleichwertig geschaffen, auch wenn das Bild, dass die Frau von der Rippe des Mannes gemacht wurde, eine andere Wirkungsgeschichte hatte (Gen 2).

32 Margret FISHBACK POWERS, Spuren im Sand, Gießen: Brunnen Verlag 2004, S. 2f.
33 Dietrich BONHOEFFER, Silvester 1944. Dieses Gedicht ist vielfach vertont worden, die zitierte letzte Strophe ist oft auch als Grabspruch zu sehen.

Der Mensch ist zur Erde gehörig und hinfällig.

Gedenk o Mensch, du bist vom Staub und wirst zu Staube werden, so heißt es in der Liturgie der katholischen Kirche am Aschermittwoch.[34] Gleichzeitig ist der Mensch ein Bild Gottes:

Der Mensch ist Abbild und Ebenbild Gottes.

> Gott erschuf den Menschen als sein Bild, als Bild Gottes erschuf er ihn. Männlich und weiblich erschuf er sie. (Gen 1,27)
> Was ist der Mensch, dass du seiner gedenkst, des Menschen Kind, dass du dich seiner annimmst? Du hast ihn nur wenig geringer gemacht als Gott, du hast ihn gekrönt mit Pracht und Herrlichkeit. (Ps 8,5–6)

Freiheit

- Der Mensch ist mit Freiheit ausgestattet, auch mit der Freiheit, sich gegen Gott zu stellen.

Verfallenheit an das Böse

- Der Mensch ist seinem Wesen nach mit dem Bösen verstrickt, die Glaubenslehre spricht von Erbschuld oder Erbsünde.

Erlösungsbedürftigkeit

- Wegen dieser Sündenverflochtenheit ist der Mensch erlösungsbedürftig. In der Nachfolge Jesu wird den Menschen verheißen, das Ziel zu erreichen, ein Leben bei Gott. Diese Erlösung wurde im Laufe der Geschichte unterschiedlich gesehen. Ist sie allein Gnade Gottes, ist sie allein von Gott geschenkt (Martin Luther)? Oder ist sie Anstrengung des Menschen, sind es auch die guten Werke?

Heilige sind Vorbilder.
Während Gott angebetet wird, werden Heilige, auch Maria, die Mutter Gottes, verehrt.

Heilige sind Menschen, die exemplarisch zeigen, was nach christlichem Verständnis Menschsein bedeutet. Kein Mensch allein kann das erfüllen, aber die Gesamtheit der Heiligen lässt erahnen, wozu die Menschen von Gott berufen sind. In der katholischen Kirche und in den Ostkirchen (altorientalisch und orthodox) ist die Heiligenverehrung von großer Bedeutung, nicht so in den Kirchen der Reformation.

3.5 Kirche: Einheit in der Vielfalt

Das Leben in der Nachfolge Jesu ist auf Gemeinschaft bezogen. *Kirche* meint die Christinnen und Christen eines Ortes und zugleich die Weltkirche: *Wo zwei oder drei in meinem Namen versammelt sind, da bin ich mitten unter ihnen.* (Mt 18,20)
Die Christenheit als Weltkirche ist vielfach getrennt. Ursachen der Spaltungen waren Fragen des Glaubens, kulturelle Unterschiede, politische Interessen, das Streben nach Macht und persönliche Unzulänglichkeiten. Die Begriffe *katholisch (allumfassend), ortho-*

[34] Vgl. Gotteslob. Katholisches Gebet- und Gesangbuch. Ausgabe für die Erzdiözesen Österreichs, hg. von den (Erz-)Bischöfen Deutschlands und Österreichs und dem Bischof von Bozen-Brixen, Katholische Bibelanstalt Stuttgart 2013, Nr. 265.2, S. 353.

dox (rechtgläubig) und *evangelisch (evangeliumsgemäß)* sind zur Selbstbezeichnung geworden. Die Kirchen können jedoch diese Eigenschaften nicht exklusiv für sich beanspruchen, sie sind unverzichtbare Eigenschaften der *Einen Kirche Christi*, aller Kirchen. Die einzelnen Kirchen und Konfessionen unterscheiden sich im Umgang mit Bibel und Tradition, in der Leitungsstruktur (hierarchisch oder synodal), in der Organisation und im Verständnis der Sakramente.

synodal = auf demokratischen Prinzipien beruhend

Orthodoxe Kirche

1054 kam es zur Trennung zwischen Ost und West, zwischen Konstantinopel und Rom. Es war das Ergebnis einer langen unterschiedlichen Entwicklung. In der Glaubenslehre besteht mit der katholischen Kirche große Übereinstimmung. Die orthodoxe Kirche gliedert sich in Patriarchate (Konstantinopel, Moskau etc.) und Kirchen, sie hat also eine nationalstaatliche Struktur. Der Ökumenische Patriarch von Konstantinopel ist „primus inter pares", der Erste unter Gleichen.[35]

Martin LUTHER (1483–1546)

Römisch-katholische Kirche

Sie ist die größte Kirche der Christenheit und weltweit einheitlich strukturiert. „Römisch" verweist auf ihr hierarchisches Zentrum in Rom. Der Papst steht an der Spitze der katholischen Kirche. Die Glaubenslehre ist im „Katechismus der Katholischen Kirche" dargestellt.[36]

Die **anglikanische Kirche** (1534) entstand durch den Bruch König HEINRICHS VIII. von England mit dem Papst, erst in einem zweiten Schritt übernahm die anglikanische Kirche Inhalte der Reformation.

Kirchen der Reformation (nach 1517)

Sie berufen sich einerseits auf Martin LUTHER, andererseits auf die Schweizer Reformatoren ZWINGLI und CALVIN. Die lutherischen Kirchen, geeint durch das Augsburger Bekenntnis (1530), haben sich vor allem im Norden Europas ausgebreitet. Die Prinzipien der lutherischen Reformation sind:[37]

- Nur die Gnade kann den Menschen rechtfertigen und ihm sein Heil schenken (*sola gratia*).
- Nur der Glaube kann die Antwort des Menschen auf das Heilsangebot Gottes sein, gute Werke sind eine Folge des Glaubens (*sola fide*).
- Nur die Heilige Schrift, weder Tradition noch Lehramt, ist der Maßstab für den richtigen christlichen Glauben (*sola scriptura*).

Aus den Kirchen der Reformation ist wieder eine Vielzahl christlicher Kirchen entstanden.

Die **Altkatholische Kirche** entstand 1871 aufgrund der Ablehnung von Dogmen (Unfehlbarkeit des Papstes) des 1. Vatikanischen Konzils.

[35] Literaturhinweis: Dietmar W. WINKLER/Klaus AUGUSTIN, Die Ostkirchen. Ein Leitfaden, Graz: Andreas Schnider-Verlagsatelier 1997; Werner TRUTWIN, Die Weltreligionen. Judentum, Düsseldorf: Patmos 2004, S. 161ff.

[36] Vgl. Katechismus der Katholischen Kirche, München: R. Oldenburg 1993.

[37] Vgl. Peter PAWLOWSKY, Christentum, Wien: htp 1994, S. 89.

Ökumenische Bewegung

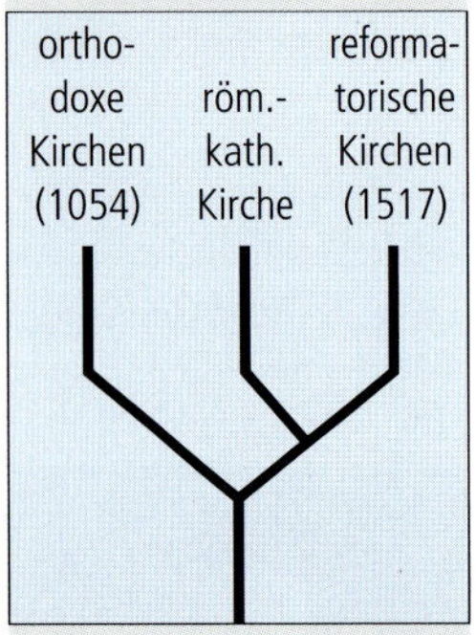

Das aus dem Griechischen stammende Wort *Ökumene* bezeichnet die ganze bewohnte Welt. „Die ökumenische Bewegung versucht, das Bewusstsein der Zusammengehörigkeit aller Christen auf der ganzen Welt zu finden. Sie hat sich als Nahziel ein besseres gegenseitiges Verständnis der Kirchen und als Fernziel eine neue Einheit der Christen gesetzt."[38] Nach jahrhundertelangen Streitigkeiten zwischen Kirchen und Konfessionen entstand im 19. Jh. zunächst innerhalb des Protestantismus die ökumenische Bewegung. 1948 wurde der Ökumenische Rat der Kirchen gegründet. Über 340 christliche Kirchen sind dort Mitglieder. In Österreich arbeiten die christlichen Kirchen vorbildlich zusammen. Ein Ergebnis dieser Zusammenarbeit ist die gemeinsame Herausgabe eines Sozialwortes:[39] www.sozialwort.at

AUFGABEN

1. Welche christlichen Kirchen und Gemeinschaften sind in Ihrer Klasse/Gruppe vertreten? Charakterisieren Sie diese in ihren Hauptanliegen.
2. Die katholische Kirche kennt eine große Zahl von Frauen- und Männerorden mit unterschiedlichen Schwerpunkten und Aufgaben. Recherchieren Sie, welche Klöster es in geografischer Nähe gibt, welchem Orden die Mönche und Nonnen jeweils angehören und welche Aufgaben sie wahrnehmen.

3.6 Bausteine zur Ethik

Für Christinnen und Christen kommt es darauf an, den Glauben an Gott zu leben. Liturgie und soziales Engagement sind keine Gegensätze, Gottesdienst und der Dienst am Menschen gehören zusammen.

Liturgie bezeichnet die Gesamtheit der religiösen Zeremonien und Riten. Sie dient der Verehrung Gottes und der Vertiefung des Glaubens der Gemeinde.

Umkehr

Jesus verkündet das Reich Gottes: *Die Zeit ist erfüllt, das Reich Gottes ist nahe. Kehrt um und glaubt an das Evangelium* (Mk 1,15):

1. Umkehr wird von den Menschen verlangt.
2. Umkehr wird von Gott immer angeboten.
3. Auch nach Verstrickungen in Schuld und Sünde ist eine Neuorientierung möglich.

Das Reich Gottes verwirklichen

Christinnen und Christen sind eingeladen, am Aufbau der Gottesherrschaft mitzuwirken, das „Paradies auf Erden" zu errichten.

[38] Werner Trutwin, Die Weltreligionen. Christentum, Düsseldorf: Patmos 2004, S. 173.

[39] Ökumenischer Rat der Kirchen in Österreich (Hg.), Sozialwort des Ökumenischen Rates der Kirchen in Österreich, Wien 2003.

Sie wissen aber, dass sie das nicht aus eigener Kraft und Fähigkeit erreichen können. Sie sind sich bewusst, dass das Reich Gottes immer auch geschenkt wird. Sie wissen auch, dass hier auf Erden das Reich Gottes nur ansatzweise verwirklicht werden kann. Die Ordnung der kommenden Gottesherrschaft am Ende der Zeiten soll jetzt schon so weit wie möglich vorweggenommen werden.

„Wenn ich in den Sprachen der Menschen und Engel redete, hätte aber die Liebe nicht, wäre ich dröhnendes Erz oder eine lärmende Pauke [...]"
Lesen Sie diesen Text von PAULUS, das sogenannte Hohelied der Liebe: 1 Kor 13,1–13

Die Tora

„Von einem grundlegenden Gegensatz zwischen JESUS und der Tora kann keine Rede sein. Die ethische Verkündigung JESU ist ihrem Wesen nach vielmehr Auslegung, Vertiefung und Weiterentwicklung der Tora."[40]

> Denkt nicht, ich sei gekommen, um das Gesetz und die Propheten aufzuheben. Ich bin nicht gekommen, um aufzuheben, sondern um zu erfüllen. (Mt 5,17)

Der Dekalog

Er ist Maßstab für ein Leben in Würde und Freiheit und bildet die Grundlage für ethische Unterweisung in Predigt und Schule. Der Dekalog gibt Themen an, die für die jeweilige Zeit aktualisiert werden müssen.

Leben aus der Liebe

JESUS wurde von einem Schriftgelehrten gefragt:

> Welches Gebot ist das erste von allen? Jesus antwortete: Das erste ist: Höre Israel, der Herr, unser Gott, ist der einzige Herr. Darum sollst du den Herrn, deinen Gott, lieben mit ganzem Herzen und ganzer Seele, mit deinem ganzen Denken und mit deiner ganzen Kraft. Als zweites kommt hinzu: Du sollst deinen Nächsten lieben wie dich selbst. Kein anderes Gebot ist größer als diese beiden. (Mk 12,28b–31)

Christ zu sein, heißt:

1. in Gott verwurzelt zu sein und Gott zu lieben;
2. die Nächste bzw. den Nächsten zu beachten, zu geben, was mein Mitmensch braucht;
3. sich selbst zu achten, nicht auf sich zu vergessen. Helfen kann nur, wer selbst nicht ausgebrannt ist.

Wer ist meine Nächste/mein Nächster?

Als JESUS danach gefragt wurde, erzählte er als Beispiel die Geschichte vom barmherzigen Samariter (Lk 10,25–37). Wer meine Nächste/mein Nächster ist, das kann ich mir nicht aussuchen, es sind all die Menschen, die mich brauchen.

[40] Jürgen ROLOFF, Jesus, München: Beck 2002, S. 98.

Feindesliebe

Ihr habt gehört, dass gesagt worden ist: Du sollst deinen Nächsten lieben und deinen Feind hassen. Ich aber sage euch: Liebt eure Feinde und betet für die, die euch verfolgen, damit ihr Kinder eures Vaters im Himmel werdet; denn er lässt seine Sonne aufgehen über Bösen und Guten, und er lässt regnen über Gerechte und Ungerechte. Wenn ihr nämlich nur die liebt, die euch lieben, welchen Lohn könnt ihr dafür erwarten? Tun das nicht auch die Zöllner? Und wenn ihr nur eure Brüder grüßt, was tut ihr damit Besonderes? Tun das nicht auch die Heiden? Seid also vollkommen, wie euer himmlischer Vater vollkommen ist! (Mt 5,43–48)

Wer kann das wirklich leben? Und wenn jemand vorgibt, das zu können, sollten wir dann nicht zu Recht misstrauisch sein? Die Forderung des Neuen Testaments ist aber ernst gemeint: Immer wieder gibt es Schwierigkeiten im Zusammenleben der Menschen. Einzelne und ganze Völker und Nationen werden zu Feindinnen und Feinden. Die Forderung JESU verlangt anzuerkennen, dass auch „meine Feindin/mein Feind" ein Kind Gottes ist und ein von Gott geliebter Mensch. Ich darf mich nicht zur Richterin bzw. zum Richter über Gott aufspielen, ich darf die Spirale der Gewalt nicht weiterdrehen.

Seligpreisungen und die Bergpredigt

Wer hat Macht? – Der die Feindinnen bzw. Feinde besiegt? Die/der Stärkere? JESUS fragt: *Sind wirklich jene Menschen stark, die ihren Erfolg ohne Rücksicht auf Verluste erzielen, oder sind es nicht jene, die ein reines Herz haben? Sind wirklich jene Menschen stark, die nicht trauern können und dürfen? Sind wirklich jene Menschen stark, die im Konflikt ihre Gegner besiegen?* Der größte Teil der Konflikte kann gar nicht gewaltsam gelöst werden. Wenn in Beziehungen Gewalt angewendet wird (und die meisten Konflikte gibt es von Mensch zu Mensch), so mag es vielleicht eine Siegerin oder einen Sieger geben, aber die Beziehung ist dadurch auch zerstört. JESUS hinterfragt dieses Gehabe von Stärke und bietet eine Alternative an: *Die sanften Kräfte sind es, die das Leben tragen.*

Goldene Regel

Alles, was ihr wollt, dass euch die Menschen tun, das tut auch ihnen! Darin besteht das Gesetz und die Propheten. (Mt 7,12)

Sozialethik

Individualethik und Sozialethik stehen in einem Spannungsverhältnis. In den älteren Traditionen lag das Schwergewicht auf der Individualethik, auf der Lebensführung der/des Einzelnen. In den letzten Jahrhunderten ist die Sozialethik zu einem festen Bestandteil fast aller christlichen Kirchen geworden.

- Christliche Sozialethik gibt dem Menschen Vorrang vor dem Kapital und hat eine kritische Funktion gerade in einer Zeit, in der die Gesetzlichkeiten des Marktes immer mehr Einfluss gewinnen.
- Christliche Sozialethik will über die eigene Person hinaussehen und sich für den Wert und die Würde aller Menschen einsetzen, auch für unsere Mitgeschöpfe, die Tiere.
- Christliche Soziallehre versucht auch, global zu denken: Sie hat eine weltweite Gerechtigkeit zum Ziel.

Gemeinsamkeit im Gebet

> Vater unser im Himmel. Geheiligt werde dein Name. Dein Reich komme. Dein Wille geschehe, wie im Himmel, so auf Erden. Unser tägliches Brot gib uns heute. Und vergib uns unsere Schuld, wie auch wir vergeben unseren Schuldigern. Und führe uns nicht in Versuchung, sondern erlöse uns von dem Bösen. Denn dein ist das Reich und die Kraft und die Herrlichkeit in Ewigkeit. Amen.

3.7 Rituale, Sakramente, Feste

Die Religionen, so auch das Christentum, begleiten das Leben der Menschen von der Geburt bis zum Tod, in den Lebenshöhepunkten und im Alltag. Sonntags wird in einem Dankgottesdienst (Eucharistie, Abendmahl oder Wortgottesfeier) Jesu Tod und Auferstehung gefeiert. In Sakramenten und Ritualen werden die Höhepunkte und Wendepunkte des Lebens vom Glauben her gedeutet, begleitet und/oder bewältigt:

- Geburt – Taufe
- Erwachsenwerden – Firmung, Konfirmation
- Schuldigwerden und Vergebung – Buße, Beichte
- Ehe – Trauung
- Krankheit und Tod – Krankensalbung, Begräbnis
- Beauftragung zum Dienst in der Kirche

Christlicher Glaube erschöpft sich nicht allein in Ethik, und die Ethik kann nicht an die Stelle des Glaubens treten.

Sakramente sind Zeichen der Nähe Gottes. Das Verständnis darüber im Detail variiert in den unterschiedlichen Bekenntnissen.

Das Hauptfest der Christinnen und Christen ist Ostern, wo Tod und Auferstehung Jesu bedacht und gefeiert werden. Jeder Sonntag ist ein kleines Osterfest. Zwei Festkreise prägen das Kirchenjahr:

1. Der Weihnachtsfestkreis: Er beginnt mit dem Advent als Vorbereitungszeit. Die Feier der Geburt Jesu ist kein historisches Datum. Das Christentum übernahm das Datum vom Fest des *Sol invictus, der unbesiegten Sonne* und deutete es neu: *Christus ist für die Menschen das Licht.*
2. Der Osterfestkreis: Die Fastenzeit ist die Vorbereitungszeit, sie entspricht der Sehnsucht des Menschen nach einem Rhythmus von Zurückhaltung und Üppigkeit. Zu Ostern wird Jesu Leiden, sein Tod und die Überwindung des Todes in der Auferstehung bedacht und gefeiert. 50 Tage nach Ostern erinnern sich die Christinnen und Christen an die Geistsendung im Pfingstfest.

Auch den Ablauf eines Jahres prägen in unserem Kulturkreis die christlichen Feste.

Darüber hinaus gibt es in den einzelnen Kirchen unterschiedliche Festtraditionen; die orthodoxen Kirchen und die katholische Kirche sind u. a. geprägt von den Marienfesten und den Gedenktagen der Heiligen.

AUFGABEN

1. Recherchieren Sie die Daten des Festkalenders in diesem Jahr.

2. Kreuzen Sie die richtige Antwort bzw. die richtigen Antworten an.

1. Wofür kann das Kreuz ein Symbol sein?
   ○ Verbindung von Himmel und Erde ○ Tod und Auferstehung JESU ○ Strafe für ein Verbrechen
2. Wie wird der Leiter einer Diözese in der Evangelischen Kirche genannt?
   ○ Generalsekretär ○ Bischof ○ Superintendent
3. Was bedeutet Advent?
   ○ Lichterglanz ○ Ankunft ○ Geheimnis
4. Wie heißt in der katholischen Kirche der Sonntag vor Ostern?
   ○ Palmsonntag ○ Ewigkeitssonntag ○ Weißer Sonntag
5. Welches Fest feiert die Evangelische Kirche am 31. Oktober?
   ○ Geburtstag Martin LUTHERS ○ Allerheiligen ○ Reformationstag
6. Was ist der Ökumenische Rat der Kirchen?
   ○ Eine Kirche ○ Eine Gemeinschaft von Kirchen ○ Leitungsgremium einer Kirche
7. Wie wird das Oberhaupt der russisch-orthodoxen Kirche bezeichnet?
   ○ Patriarch ○ Papst ○ Erzbischof
8. Welcher römische Kaiser herrschte zur Zeit der Geburt JESU?
   ○ Julius CÄSAR ○ NERO ○ AUGUSTUS
9. Ist JESUS im Jahr Null der christlichen Zeitrechnung geboren?
   ○ Ja ○ Nein ○ Das weiß man nicht
10. Welches Gebet verbindet die Christinnen und Christen aller Traditionen?
   ○ Das Glaubensbekenntnis ○ Der Rosenkranz ○ Das Vaterunser
11. Wie heißt der christliche Begriff für die Dreieinigkeit Gottes?
   ○ Trentino ○ Trinität ○ Trinidad
12. Wie heißen die Gemeinschaften, in denen Christinnen und Christen Gott in besonderer Weise dienen?
   ○ Orden ○ Oratorien ○ Logen
13. Wer ist der Verfasser des Apostolischen Glaubensbekenntnisses?
   ○ PETRUS ○ PAULUS ○ AUGUSTINUS

3. Die katholische Kirche ist hierarchisch und zentralistisch strukturiert, die Kirchen der Reformation sind demokratisch und dezentral. Benennen Sie die Vorteile und die Nachteile der jeweiligen Kirchenstruktur.

3.8 Wiederholung

JESUS CHRISTUS ist die Mitte, das Zentrum des Christentums. JESUS ist ein hebräischer Name und bedeutet „Gott rettet". CHRISTUS ist kein Name, sondern ein Ehrentitel und gibt das hebräische Wort für *Messias* wieder. JESUS CHRISTUS ist also kein Doppelname, sondern ein Glaubensbekenntnis. JESUS war Jude und lebte in dieser Religion wie seine Familie und die Menschen um ihn herum.

Was oder wer ist das Verbindende der zahlreichen christlichen Kirchen und Gemeinschaften?

Seine Anhängerinnen und Anhänger machten die Erfahrung, dass dieser JESUS nicht im Tod geblieben ist, sondern lebt, er wurde von Gott auferweckt. Das hat ihnen Mut gemacht. In der Schwäche liegt Stärke, im Kreuz liegt Hoffnung.

Jesus wurde zum Tod verurteilt und gekreuzigt. Warum war das nicht Scheitern und Ende?

Zur Heiligen Schrift (= Bibel) gehören das Alte Testament und das Neue Testament. Sie hat Gott zum Urheber, die Menschen aber sind die Verfasser im vollen Sinn des Wortes. Der Fachausdruck dafür ist Inspiration. Die Bibel wird also nicht wortwörtlich ausgelegt, sondern ihr Sinn wird erforscht.

Was meinen Christinnen und Christen, wenn sie von der Heiligen Schrift sprechen?

Das Neue Testament (NT) umfasst 27 Einzelschriften, davon vier Evangelien. Inhalte sind das Leben JESU, seine Botschaft, sein Tod und seine Auferstehung in der Deutung der ersten christlichen Gemeinden. Die Entstehungszeit liegt zwischen 50 und 120 n. Chr. Die Entstehung des NT war ein organischer Prozess.

Wie kann man das Neue Testament charakterisieren?

Gott wird als Schöpfer wahrgenommen (Gott Vater), Gott begegnet den Gläubigen in JESUS CHRISTUS, ja in allen Menschen (Gott Sohn), Gott wirkt in dieser Welt (Gott Heiliger Geist). Das Christentum versteht sich monotheistisch, Gott wird jedoch als dreieiniger (dreifaltiger) Gott gesehen. Gott ist Liebe. Gott wird nicht als unbestimmte göttliche Macht, sondern personal gesehen.

Das Gottesbild im Christentum

Der Mensch ist einerseits zur Erde gehörig und hinfällig, andererseits als Gott ähnlich, Abbild und Ebenbild Gottes. Der Mensch ist mit Freiheit ausgestattet, das macht ihn auch verantwortlich für sein Tun und schuldfähig. Der Mensch ist erlösungsbedürftig.

Wie wird der Mensch gesehen?

Die Ökumene ist das Bemühen um die Einheit der Kirchen. Das gemeinsame Ziel ist eine Einheit in Vielfalt.

Was versteht man unter Ökumene und was ist das Ziel der Bemühungen?

JESUS fordert zur Umkehr auf. Es geht darum, jetzt und heute das Reich Gottes zu verwirklichen. Das wird auf Erden nicht zur Gänze gelingen. JESUS hebt die Tora nicht auf, er legt sie aus und vertieft sie. Leben aus der Kraft der Liebe. Nächstenliebe. Feindesliebe und Gewaltverzicht. Goldene Regel. Eigene Anstrengung und Gnade (= Beschenktwerden von Gott). Individualethik und Sozialethik.

Was sind die wichtigsten Anliegen im christlichen Ethos?

Mohammedaner sollte man nicht sagen, denn es erweckt den Eindruck, als würden den Muslime MOHAMMED als Gott verehren.

Der Begriff *Islamisten* ist im Zusammenhang mit dem politischen Islam negativ besetzt.

4 Islam

Islam meint die Hingabe an den Willen Gottes und bezeichnet die jüngste der drei großen monotheistischen Weltreligionen: Judentum, Christentum und Islam. Wer diese Hingabe zeigt, ist ein *Muslim (Moslem)* oder eine *Muslima*.
Das Wort *Islam* wird von Muslimen oft mit der Sprachwurzel *slm (Frieden)* in Verbindung gebracht. Islam heißt dann: *Dort, wo Frieden herrscht.* Muslime bekennen sich dazu.
In einer Broschüre für nichtmuslimische Kinder wird Islam mit *Das Friedenmachen* übersetzt. „Gemeint ist besonders der Frieden mit Gott, aber auch der Frieden mit sich selbst, mit anderen Menschen und mit Gottes Schöpfung, also der Welt überhaupt."[41]

VORKENNTNISSE AKTIVIEREN

1. Erarbeiten Sie in Gruppen einen Fragenkatalog zum Thema Islam und übernehmen Sie Verantwortung dafür, dass zum Schluss der Unterrichtseinheit alle Fragen geklärt und/oder beantwortet sind.
2. Beobachten Sie, wenn möglich, bereits vor dem Einstieg in das Thema eine Woche lang die Medienberichterstattung zum Thema Islam. Machen Sie sich Notizen über Ihre Eindrücke und sammeln Sie Printbeiträge. Clustern Sie Ihre Wahrnehmungen nach folgenden Inhalten:

Religion	Kultur	Politik	Terror

3. Finden Sie heraus, wo es in der Umgebung Ihrer Schule und Ihres Wohnortes die nächstgelegene Moschee oder den nächstgelegenen Gebetsraum gibt. Falls es Muslime in Ihrer Klasse/Ihrer Gruppe gibt, ersuchen Sie diese, die genannten Orte näher zu beschreiben. Vielleicht haben Sie auch die Möglichkeit, im Rahmen eines Lehrausganges oder einer Exkursion eine Moschee zu besuchen.

4.1 Annäherung

Ein häufig verwendetes Grußwort ist *Salam aleikum* – Friede auf euch.

Ca. 1,6 Milliarden Menschen verschiedenster Kulturen und Nationalitäten sind Muslime. Die größte muslimische Gemeinschaft befindet sich in Indonesien.

[41] Broschüre „ISLAM" Was ist das?; für den Inhalt verantwortlich Andrea SALEH und Aminah H. HUBER, Initiative muslimischer Österreicherinnen für mehr Verständnis und Toleranz, mit freundlicher Unterstützung des Wiener Integrationsfonds, o.J., o.O., S. 5.

In Österreich sind Muslime seit 1912 als Religionsgesellschaft gesetzlich anerkannt. Seit 2001 wird das Religionsbekenntnis statistisch nicht mehr erhoben.[42]
Der Österreichische Integrationsfonds gab 2009 insgesamt 515 914 Menschen muslimischen Glaubens an, 2017 ca. 700 000.[43] Es muss jedoch „im Hinterkopf behalten werden, dass damit keine klar umrissene, homogene und nach außen scharf abgrenzbare gesellschaftliche Gruppe bezeichnet wird."[44]
Wir hören vom Islam oft in einem negativen Kontext: Zwangsverheiratung, Ehrenmorde, 11. September 2001 (9/11), Selbstmordattentate, Dschihad, Taliban, Islamischer Staat. Die Sorgen und Ängste, die der Islam dadurch hervorruft, lassen seine Gottverbundenheit, seinen Glaubenshorizont und sein Ethos häufig in den Hintergrund treten.
Ziel dieser Beschäftigung ist es, den Islam als Religion wahrzunehmen und unterscheiden zu lernen, was einer terroristischen Aktivität, einem politischen Konflikt, einer kulturellen Tradition oder einer religiösen Ausdrucksform zuzuordnen ist.

> Es ist ungerecht, eine Religionsgemeinschaft mit ihrem extremen Rand zu identifizieren, und es ist verletzend, Angehörige dieser Religion einem Generalverdacht auszusetzen.

4.2 Muhammad und die Ausbreitung des Islam

Muhammad (oder auch: Mohammed)[45] wurde im Jahre 570 geboren. Sehr früh verlor er seine Eltern. Bald heiratete er seine Arbeitgeberin Chadidscha, die ihn bis an ihr Lebensende tatkräftig unterstützte. Im Alter von 40 Jahren hatte Muhammad in einer Höhle am Berg Hira ein Berufungserlebnis; ab nun wusste er sich von Gott beauftragt zu predigen. Viele Jahre hindurch empfing Muhammad Offenbarungen, nämlich den Koran. In seiner Heimatstadt Mekka wurden der Prophet und seine Anhänger bald verfolgt. Im Jahre 622 kam es zur erzwungenen Auswanderung

Muhammad
Immer wenn Muslime den Namen des Propheten aussprechen, fügen sie bei:
Friede sei mit ihm
(a. s.: *alaihis – salam*)
Oder sie sagen:
Allah Segen und Heil auf ihm
(s. a. s: *salla – llahu alaihi wa sallam*)

Der Anfang der islamischen Zeitrechnung ist das Jahr der Hidschra 622 n. Chr.

42 Vgl. die Broschüre „Entdecke den Islam! Die Fibel Nr. G01", deutsche Fassung von Ahmet von Denffer, Transcom International 1999.
43 Vgl. Susanne Heine/Rüdiger Lohlker/Richard Potz, Muslime in Österreich, Innsbruck: Tyrolia 2012, S. 19f.; Die Presse vom 14. 4. 2017, http://diepresse.com/home/panorama/religion/5200926/Islam-legt-in-Oesterreich-stark-zu (14. 4. 2017).
44 Ednan Aslan/Erol Yildiz (Projektleitung), Muslimische Alltagspraxis in Österreich, Februar 2014, https://iis.univie.ac.at/fileadmin/user_upload/p_iis/muslimische_alltagspraxis_in_oesterreich.projektbericht.pdf (17. 8. 2015).
45 Vgl. Annemarie Schimmel, Der Islam. Eine Einführung, Stuttgart: Reclam 1990, S. 7ff.; Annemarie Schimmel, Das islamische Jahr. Zeiten und Feste, München: Beck 2001.

Durch den Mondkalender kommt es jährlich zu einer Verschiebung von elf Tagen. Die Feste im Jahreskreis rücken jährlich elf Tage nach vorne im Kalender.

nach Jathrib (= Medina), die zur Stadt des Propheten wurde. Dieses Ereignis wird *Hidschra* genannt und ist der Beginn der islamischen Zeitrechnung. Acht Jahre später kam MUHAMMAD nach Mekka zurück, 632 starb er dann.
Die Offenbarungen aus den letzten Jahren haben den Akzent, dass jedes Werk im Namen Gottes begonnen und in Verantwortung vor Gott ausgeführt werden soll. Der Mensch steht unmittelbar vor Gott. Priester und Vermittler gibt es nicht.
Aus islamischer Sicht überragt MUHAMMAD alle bisherigen Propheten und ist das Vorbild der Muslime. Im Koran hat er Gottes letztes Wort empfangen und den Islam der ganzen Welt geschenkt.
Nach dem Tod MUHAMMADS im Jahre 632 verstärkten sich die Spannungen mit dem Byzantinischen Reich und dem Perserreich, die weite Teile des Orients beherrschten. Bald eroberten Muslime Gebiete des heutigen Syriens und Persiens, Ägyptens und Nordafrikas, im Westen kamen sie bis nach Spanien, im Osten bis zum Indus. Während ihrer kulturellen Blütezeit in Spanien gaben die Muslime das in arabischer Sprache bewahrte Erbe der Antike an Europa weiter.

4.3 Der Koran

Vor der Rezitation einer Sure wird die *Basmala* (= Anrufungsformel) gesprochen:

Im Namen Gottes des Barmherzigen, des Erbarmers.

Der Koran wird nicht einfach gelesen, sondern rezitiert. Es gibt eine eigene **Koranlesekunst**.

Die wichtigste Grundlage des Islam ist der Koran. Er ist die heilige Schrift der Muslime. Als Wort Gottes ist er nach muslimischer Auffassung unerschaffen und ewig. Sein Ursprung liegt direkt bei Allah.
Der Koran wurde dem Propheten MUHAMMAD im 7. Jh. durch den Erzengel GABRIEL in Arabisch in einfacher rhythmischer Reimprosa offenbart. Jede Übersetzung gilt bereits als Interpretation. Es soll die ursprüngliche, *natürliche* Religion, die ABRAHAM gelebt hat und die durch das Judentum und Christentum im Laufe der Zeit verfälscht wurde, wiederhergestellt werden.
Der Koran (vom Arabischen *al-qur'an* für *Lesung, Wiederholung, Vortrag*) gliedert sich in 114 Suren; jede Sure ist in Verse (= Ayas) unterteilt.[46] Muslime pflegen einen sehr respektvollen Umgang mit dem Koran.

[46] Vgl. Hartmut BOBZIN, Der Koran. Eine Einführung, München: Beck 2001.

Die zeitlich früheren Suren sind im Allgemeinen die kürzeren und finden sich gegen Ende des Buches, die jüngeren und längeren Suren hingegen im vorderen Teil. Jede Sure hat einen Namen. Die erste Sure, die Eröffnende, wird besonders geschätzt und sehr oft gebetet.
Es ist nicht möglich, den reichen Inhalt des Koran auf kurze Formeln zu bringen. Fünf wiederkehrende Themen lassen sich benennen:

- die Einzigartigkeit und Barmherzigkeit Gottes,
- die Pflichten der Muslime,
- biblische Gestalten wie ADAM, NOAH, ABRAHAM, MOSE, JESUS und MARIA,
- Gericht, Hölle, Paradies,
- MUHAMMAD.[47]

Eine *Hafiza* / ein *Hafiz* ist eine Person, die / der den Koran auswendig kann.

4.4 Fünf Pflichten – die Säulen des Islam

Für den Islam stehen Fragen der Lebensführung im Zentrum der Religion. Muslime leben aus der Überzeugung, dass das Bekenntnis zu Gott zur lebensbestimmenden Praxis werden soll. Aus Gehorsam gegenüber Gott erfüllen Muslime ihre Pflichten. Die Säulen des Islam, die fünf Pflichten, haben gemeinschaftsbildende Kraft. Wo immer Muslime Gottes Einheit bekennen, nach Mekka gewandt beten, von ihrem Hab und Gut den Armen einen Teil abgeben, im Monat Ramadan fasten und nach Mekka pilgern, dort ist der Islam als Gemeinschaft lebendig. Durch diese Praxis wird die Umma begründet.

Kalligrafie heißt die Kunst des schönen Schreibens. Im Islam wird Gott nie im Bild dargestellt. So entstand die islamische Schriftkunst.

Die *Umma* ist die Gemeinschaft der gläubigen Muslime in aller Welt.

Das Glaubensbekenntnis: Schahada

Das Glaubensbekenntnis aller Muslime lautet: „Ich bezeuge, dass es keinen Gott gibt außer dem einen Gott und ich bezeuge, dass MUHAMMAD sein Diener und Gesandter ist." Wer dies öffentlich bekennt, hat damit den Islam angenommen. Neugeborenen und Sterbenden wird die Schahada ins Ohr geflüstert. Die Glaubenslehre (Credo), die von allen Rechtsschulen vertreten wird, lautet:

La ilaha illa 'Llah Muhammad rasul Allah.
Ich bezeuge, dass es keine Gottheit gibt außer Gott und dass MUHAMMAD der Gesandte Gottes ist.

> Ich glaube an Allah, an seine Engel, an seine Offenbarungsbücher, an seine Gesandten und Propheten, an die göttliche Vorsehung, an die Auferstehung nach dem Tode und an den Jüngsten Tag.

[47] Stefan SCHLAGER, Christen und Muhammad. Eine Entdeckungsreise: Gemeinsamkeiten, Unterschiede, Annäherungen, Behelfsdienst der Diözese Linz 2002, S. 42.

Das Pflichtgebet: Salat

Fünf Mal am Tag wird ein Ritualgebet verrichtet. Die Gebetszeiten sind vor Sonnenaufgang, zu Mittag, am Nachmittag, nach Sonnenuntergang und nach Einbruch der Nacht. Das Gebet bedeutet eine unmittelbare Verbundenheit zwischen den Betenden und Gott. Das Gebet wird in arabischer Sprache gesprochen und beinhaltet auch Verse aus dem Koran. Sure 1, die Öffnende, die Fatiha, ist immer dabei. Sie ist das wichtigste und das am meisten gesprochene Gebet im Islam.

> Im Namen Allahs, des Erbarmers, des Barmherzigen!
> Lob sei Allah, dem Weltenherrn,
> dem Erbarmer, dem Barmherzigen.
> Dem König am Tag des Gerichts!
> Dir dienen wir und zu Dir rufen um Hilfe wir;
> Leite uns den rechten Pfad,
> den Pfad derer, denen Du gnädig bist,
> nicht derer, denen Du zürnst, und nicht der Irrenden.[48]

Das Gebet kann allein oder in Gemeinschaft verrichtet werden. Das Mittagsgebet am Freitag, dem wöchentlichen Feiertag der Muslime, soll nach Möglichkeit in der Moschee stattfinden. Zunächst wird zum Gebet gerufen, dann erfolgt die Waschung. Der Imam leitet das Gebet. Die Gebetsrichtung ist Mekka. Die Körperhaltungen sind eine Kombination von Stehen, Beugen des Oberkörpers, Sich-auf-den-Boden-Werfen und Sitzen. Frauen und Männer beten getrennt, Frauen häufig zu Hause.

Das Almosengeben: Zakat

Zakat ist eine Pflichtabgabe, die jedem obliegt, der einen bestimmten Mindestbetrag besitzt. Es gilt als Grundregel, dass jeder erwachsene, gesunde Muslim jährlich etwa 2,5 % seines Besitzes und Gewinns aus Handwerk, Industrie und Handel bzw. 10 % des Gewinns aus Ernte und Viehbesitz zahlen soll. Arme sind davon befreit.

Das Fasten: Saum

Während des gesamten Ramadan darf vom Morgengrauen, wenn man einen schwarzen Faden von einem weißen unterscheiden kann, bis zum Sonnenuntergang nicht gegessen, getrunken und geraucht werden. Sexuelle Enthaltsamkeit gehört ebenso dazu.

[48] Koran, Sure 1, Die Öffnende, zitiert nach: Der Koran. Aus dem Arabischen übersetzt von Max Henning. Einleitung und Anmerkungen von Annemarie Schimmel, Stuttgart: Reclam 2001, S. 27.

Das Fasten erinnert Muslime an die erste Offenbarung, die MUHAMMAD empfing, und ist ein Zeichen religiöser Treue, das Vergebung der Sünden bewirkt. Der Ramadan wird mit dem dreitägigen Fest des Fastenbrechens (*Id al-Fitr*) beendet. Es ist ein freudiges Fest mit gegenseitigen Besuchen und mit Geschenken.

Die Pilgerfahrt nach Mekka: Hadsch

Sie ist für diejenigen Pflicht, die dazu körperlich und finanziell in der Lage sind. Die Wallfahrerinnen und Wallfahrer tragen in Mekka einfache Gewänder, die bestehende Unterschiede aufheben, sodass alle vor Gott gleich dastehen. Alle werden sich bewusst, dass sie zur weltumspannenden Gemeinschaft des Islam, zur Umma, gehören. Die Wallfahrt selbst besteht in Mekka aus verschiedenen Riten (Umrunden der Kaaba, Steinigung des Satans etc.) und endet mit dem Opferfest, das alle Muslime zur selben Zeit feiern. Die Riten der Wallfahrt sollen die Hingabe des Menschen an Gott bekräftigen und erfahrbar machen.

Kaaba in Mekka

4.5 Die Scharia

Von großer Bedeutung ist die Rechtswissenschaft mit ihren verschiedenen Schulen. Sie versucht, die göttlichen Beurteilungen der menschlichen Handlungen zu ergründen. Dazu gehören kultische Pflichten, Bekleidungs- und Ernährungsgebote, vertragliche Regelungen sowie auch gewisse strafrechtliche Bestimmungen. Diese göttlichen Beurteilungen werden von den Gelehrten „Scharia" genannt. Sie ist die Gesamtheit der Regeln der islamischen Religion. Das Wort bedeutet „Weg zur Wasserstelle/Weg zur Tränke", es ist der Weg zu einem gottergebenen sozialen Leben. Bei der Scharia handelt es sich also nicht um ein normiertes und fixiertes Gesetzbuch. Den Gelehrten kommt die Aufgabe zu, Entscheidungen auf Anfrage zu treffen.
Es gibt eine rege muslimische Diskussion, wie das islamische Recht verstanden werden müsse. Problematisch ist es, wenn „Scharia" zum Symbol im politischen Machtkampf wird.[49]

[49] Vgl. Susanne HEINE/Rüdiger LOHLKER/Richard POTZ, Muslime in Österreich, Innsbruck: Tyrolia 2012, S. 198f.

4.6 Einheit und Vielfalt

Die **Sunniten** sind mit etwas mehr als 90 % die größte Gruppe und nennen sich nach der *Sunna*, dem Herkommen, dem Brauch. Sie anerkennen die ersten Nachfolger MUHAMMADS als rechtgeleitete Kalifen und lehnen die Forderungen der Partei ALIS, des Schwiegersohnes von MUHAMMAD, ab.

Die **Schiiten**: Die Partei (= Schia) ALIS, des Schwiegersohnes von MUHAMMAD, wollte nur direkte Nachkommen des Propheten als Kalifen anerkennen. ALI wurde schließlich als vierter Kalif eingesetzt. Nach seiner Ermordung unterlag sein Sohn HUSSAIN im Streit um die Nachfolge in der Schlacht bei Kerbala. HUSSAIN und seine Anhänger wurden getötet. Er wird von den Schiiten als Märtyrer verehrt. Das Aschurafest zur Erinnerung an seinen Tod ist für Schiiten ein großer Trauertag.

Das Aschurafest der Schiiten, z. B. am:
1. 10. 2017
20. 9. 2018

Die meisten Schiiten leben im Iran (Staatsreligion); große Gruppen leben im Irak, in Indien und in Pakistan; in vielen Ländern gibt es Minderheiten.

Die Bezeichnung **Aleviten**[50] wird für eine Vielzahl von Gruppierungen mit islamischer Tradition verwendet. Diese Vielfalt zeigt sich in Österreich darin, dass die Alevitische Glaubensgemeinschaft (ALEVI) gesetzlich anerkannt ist, die Alt-Alevitische Glaubensgemeinschaft ist eine eingetragene Bekenntnisgemeinschaft, wieder andere sind gar nicht anerkannt. In Österreich ist die Zahl der Aleviten relativ hoch. Die Alevitische Glaubensgemeinschaft beansprucht, alle 60 000 – 80 000 Personen zu vertreten.

Seinen Ursprung hat der Alevismus im schiitischen Islam und in sufischen Richtungen. Im Laufe der Geschichte kam es oft zu Spannungen und zu Verfolgungen.

Im Alevismus ist ALI bedeutsam, der gegenüber MUHAMMAD aufgewertet ist. Die fünf Säulen werden nicht als verbindlich angesehen. Der Gottesdienst findet in einem Cem-Haus (Versammlungsort) statt. Das religiöse Wissen und die religiöse Praxis werden überwiegend mündlich weitergegeben. Besonders betont wird die Gleichstellung von Frauen und Männern, allerdings wirken dem auch immer wieder patriarchale Traditionen entgegen.

4.7 Dimensionen des Islam

Innerhalb des Islam als Ganzes gibt es eine große Pluralität. Das „religiöse Universum" besteht aus verschiedenen Strömungen.[51]

[50] Vgl. Muslime in Österreich, S. 198f.
[51] Vgl. Jürgen Wasim FREMBGEN, Nahrung für die Seele. Welten des Islam, Staatliches Museum für Völkerkunde: München 2003, S. 19–45.

Orthodoxer Gesetzesislam

Diese Dimension kann mit „Schriftfrömmigkeit" und „Gelehrtenislam" stichwortartig charakterisiert werden. Sie stellt den Mainstream des Islam dar. In dem von Schriftgelehrten *(Ulama)*, Theologen und Juristen formulierten Islam geht es um die Richtigkeit des Handelns. Religion erscheint so vor allem als ein System von Recht, Moral und Ethik.[52] Diese Richtung ist vor allem eine Religion der Moschee und der damit verbundenen Koranschulen. Zu den wichtigsten Einrichtungen religiöser Gelehrsamkeit zählen die al-Azhar Universität in Kairo, die Qarawiyyin in Fes und die schiitischen Hochschulen in Qum im Iran.

Politischer Islam

Den Anhängerinnen und Anhängern der Bewegungen des politischen Islam geht es um die Verwirklichung einer angeblichen authentischen islamischen Ordnung. Islamismus ist eine moderne, ideologisierte Strömung mit dem Ziel, politische Macht zu gewinnen, auf demokratischem oder auf nichtdemokratischem Wege. Islamismus ist nicht zwingend gewaltsam, kann es jedoch sein. Die Frühzeit des Islam, die Zeit der Altvorderen, wird als Ideal gesehen. Islamisierung dient als Gegenbegriff zur Verwestlichung und soll eine Entwestlichung herbeiführen.[53]

Der Dschihadismus befürwortet die Führung eines gewaltsamen Dschihad, die Mitglieder der dschihadistischen Subkultur verstehen sich überhaupt erst dadurch als Muslime.[54] Für ihre Gräueltaten geben sie theologische Begründungen und Rechtfertigungen aus der Geschichte.
Der internationale Dschihadismus bedient sich professionell des Internets und hat 2013 durch die Errichtung des sogenannten Islamischen Staates (IS) und 2014 durch die Ausrufung des Kalifats in Syrien/Irak eine sichtbare Struktur geschaffen.
Der Dschihadismus ist als Subkultur zu verstehen und übt auf viele Menschen in ihrer Entwurzelung und in ihrer Suche nach Identität eine gewisse Faszination aus. Es sollte vermieden werden, in diesen Gruppen *den* Islam zu sehen, obwohl immer wieder theologisch argumentiert wird.

In den Medien kommt häufig der Begriff „Salafismus" vor. Salafismus ist im religiösen Sinn eine „Rückwendung zur islamischen Frühzeit". Die Zeit der „Altvorderen" wird als Ideal gesehen. Der zeitgenössische dschihadistische Salafismus, dem ein Teil der Salafisten folgt, ist militant, gewaltbereit und mit dem Terrorismus in Verbindung zu bringen.

52 Jürgen Wasim Frembgen, Nahrung für die Seele. Welten des Islam, Staatliches Museum für Völkerkunde: München 2003, S. 32.
53 Vgl. zu diesem Thema Tilman Seidensticker, Islamismus, C. H. Beck Wissen, besonders S. 9ff.
54 Vgl. Rüdiger Lohlker, Dschihadismus – eine religiös legitimierte Subkultur der Moderne, in: Religionen unterwegs 21 (2015), S. 4–9 und 16.

Sufi-Tradition

Ein anderes Gesicht des Islam bietet der Sufismus, die Mystik, zu dessen Konzept praktische Toleranz, Liberalität, Humanismus und Frieden gehören. Der Sufismus ist vor allem am Individuum und an der Verinnerlichung interessiert. Spirituelle Führer stehen Gott besonders nahe, sie werden als „Gottesfreunde" bezeichnet und zu Lebzeiten oder nach ihrem Tod als Heilige verehrt.
Ab dem 12. Jh. gründeten diese Seelenführer Bruderschaften oder Orden, deren Mitglieder bis heute aus unterschiedlichsten sozialen Schichten kommen, überwiegend Männer, aber auch Frauen.
„Auf der Suche nach spiritueller Wahrheit (haqiqat) beschreiten die Gottesfreunde den mystischen Pfad zu Gott, den sie schließlich im Zustand der Verzückung und Ekstase im eigenen Herzen finden."[55]

Tanzender Derwisch

Volksislam

Die in den Volkskulturen verwurzelte und gefühlsbetonte Religiosität ist auch eine Facette des Islam, die vor allem in der bäuerlichen Bevölkerung, bei den Nomaden und den unterprivilegierten Schichten der Stadtbevölkerung sichtbar wird. Der Volksislam ist in lokale Kontexte eingebunden und basiert weitgehend auf Mündlichkeit in den überlieferten Traditionen.
Sein Gottesbild ist das eines gnädigen und barmherzigen Gottes. Persönliche Frömmigkeit steht im Vordergrund. Bedeutend ist die Verehrung der Heiligen, deren Segenskraft (*baraka*) die Menschen schützt und ihnen Heil bringt. Daher unternehmen die Gläubigen Wallfahrten zu Heiligengräbern oder sie besuchen lebende Heilige, um zu beten, Gelübde abzulegen etc. Der Glaube an Dämonen und Geister sowie magische Praktiken (Amulettwesen, „böser Blick") zählen zu den Erscheinungsformen des Volksislam. In seiner synkretistischen Form ist der Volksislam ein Bestandteil lokaler Alltagskultur, besonders in den Ländern Marokko, Ägypten, Sudan, Afghanistan und Pakistan.

synkretistisch = verschiedene Ansichten vermischend

4.8 Bausteine zur Ethik

Nach islamischem Verständnis sind alle Handlungen eines Menschen von Bedeutung und die Scharia ist die Gesamtheit aller Vorschriften Allahs, die sich auf das Handeln des Menschen beziehen. Die Handlungen werden in fünf Kategorien eingeteilt:

[55] FREMBGEN, Nahrung für die Seele. Welten des Islam, Staatliches Museum für Völkerkunde: München 2003, S. 32.

verpflichtend, empfohlen, gleichgültig/neutral, unerwünscht und verboten. Wenn etwas verboten ist, so ist es *haram*. Was erlaubt ist, ist *halal*. Wenn z. B. in einem Supermarkt das Fleisch als *halal* gekennzeichnet ist, so entspricht es den Speisevorschriften des Islam.

Ist alles vorherbestimmt oder gibt es die Willensfreiheit? Aus dem Koran kann man an vielen Stellen die Prädestination herauslesen, da der Wille Gottes unbedingt und uneingeschränkt ist. Gott ist die einzige Ursache allen Geschehens im Leben eines Menschen: *„Wen Allah will, leitet er irre, und wen er will, den führt er auf einen rechten Pfad."* (Sure 6,39)

Prädestination = Vorherbestimmung

Der Koran betont auch die Willensfreiheit des Menschen. Denn das Gute, das ihm geschieht, kommt von Gott, das Böse aber ist das, was er selbst getan hat bzw. die Strafe für seine schlechten Taten: *„Was immer Gutes dir widerfährt, ist von Allah, und was immer Böses dir widerfährt, ist von dir selber."* (Sure 4,79) Es herrscht also eine gewisse Spannung zwischen Vorherbestimmung und menschlicher Willensfreiheit. *„Es geschieht nichts außerhalb des Willens von Gott, aber es gibt menschliche Handlungen, mit denen Er nicht zufrieden ist."*[56]

Wenn wir nach Gemeinsamkeiten mit dem Christentum fragen, so tun wir dies vor dem beschriebenen Hintergrund. Wir entdecken z. B., dass der jüdisch-christliche Dekalog fast zur Gänze im Koran, in der Sure 17, 22–38 als islamischer Pflichtenkodex enthalten ist.[57]

„Im Namen des barmherzigen und gnädigen Gottes.
Setz nicht dem einen Gott einen anderen Gott zur Seite.
Und dein Herr hat bestimmt,
dass ihr ihm allein dienen sollt.
Und zu den Eltern sollst du gut sein.
Und gib dem Verwandten, was ihm zusteht,
ebenso dem Armen und dem, der unterwegs ist.
Und tötet nicht eure Kinder aus Furcht vor Verarmung.
Und tötet niemand, den Gott zu töten verboten hat.
Und lasst euch nicht auf Unzucht ein.
Und tastet das Vermögen der Waisen nicht an.
Und erfüllt die Verpflichtung, die ihr eingeht.
Und gebt, wenn ihr zumesst,
volles Maß und wägt mit der richtigen Waage.
Und geh nicht einer Sache nach, von der du kein Wissen hast.
Und schreite nicht ausgelassen auf der Erde einher."

[56] DerIslam.at, Gratismagazin der Islamischen Glaubensgemeinschaft in Österreich, Nr. 1/12, S. 6.
[57] Zitiert nach SCHLAGER, S. 39.

4.9 Speisevorschriften, Kalender, Feste und Moschee

Speisevorschriften und Schächten

Der Islam kennt eine Reihe von Speisevorschriften, unter anderem ist der Verzehr von Schweinefleisch und der Genuss von Alkohol verboten. Das Fleisch von Tieren, die schon vor der Schlachtung verendet waren, Blut und Fleisch, über das bei der Schlachtung ein anderes Wesen als Gott angerufen worden ist, das also Götzen geopfert worden ist, gilt als unrein und darf nicht gegessen werden. Tiere werden im Islam wie auch im Judentum geschächtet, das heißt, dass die Kehle des Tieres ohne Betäubung mit einem scharfen Messer durchschnitten wird und dass alles Blut ausfließt.[58]

2017
Beginn des Ramadan:
27. 5. 2017
Fastenendefest:
25.–27. 6. 2017
Opferfest:
1.–4. 9. 2017

2018
Beginn des Ramadan:
16. 5. 2018
Fastenendefest:
15.–17. 6. 2018
Opferfest:
21.–24. 8. 2018

Zeitrechnung

Der Beginn der islamischen Zeitrechnung ist das Jahr der Hidschra 622 n. Chr. Die Zeitmessung erfolgt nach dem Mondkalender. Das Mondjahr ist elf Tage kürzer als das Sonnenjahr, deshalb rücken die Feste im Jahreskreis jährlich nach vorne. Am 2. Oktober 2016 begann das Jahr 1438 islamischer Zeitrechnung = n. H. (nach der Hidschra). Am 21. September 2017 beginnt das Jahr 1439 n. H.
Im islamischen Jahr gibt es nur zwei durch den Koran gebotene Feste: das Fest des Fastenbrechens am Ende des Monats Ramadan (*Id al-Fitr*) und das Opferfest (*Id al-Adha*). Das Opferfest erinnert an Abraham. Es wird ein Schaf geschlachtet und der Großteil des Fleisches an Bedürftige verteilt.

Moschee

In einer Moschee versammeln sich die Gläubigen zum öffentlichen und privaten Gebet. Im Hof oder in den Vorräumen befindet sich ein Brunnen oder Fließwasser, wo die notwendigen Waschungen vorgenommen werden können. Die Richtung des Gebetes wird durch die Gebetsnische, den *Mihrab*, angezeigt. Auch eine Kanzel für die Predigt beim Mittagsgebet am Freitag gehört zur Ausstattung. Bilderschmuck darf es nicht geben. Die Schrift (Kalligrafie), Arabesken und geometrische Figuren dienen zur Ausschmückung.

[58] Vgl. Jusuf Al-Qaradwi, Erlaubtes und Verbotenes im Islam, München: SKD Bavaria Verlag 1989, S. 42ff.; Mathias Rohe, Der Islam – Alltagskonflikte und Lösungen. Rechtliche Perspektiven, Freiburg, Basel, Wien: Herder 2001, S. 174ff.

AUFGABEN

1. Recherchieren Sie die Daten des Festkalenders in diesem Jahr.
2. Kreuzen Sie die richtige Antwort bzw. die richtigen Antworten an.

1. Wozu dient ein Minarett?
   ○ Zur Orientierung ○ Zur Machtdemonstration ○ Zum Gebetsruf
2. Wessen Worte gibt der Koran wieder?
   ○ Muhammads ○ Allahs ○ Ibarahims
3. Womit erfolgt die Vorbereitung auf das Gebet?
   ○ Waschungen ○ Gesang ○ Fasten
4. Was ist die Gebetsrichtung der Musliminnen und Muslime?
   ○ Mekka ○ Norden ○ Jerusalem
5. Was ist der Ramadan?
   ○ Heiliger Ort ○ Vorbeter ○ Fastenmonat
6. Was ist ein Symbol im Islam?
   ○ Rad ○ Mondsichel ○ Stern
7. Was bedeutet *halal*?
   ○ Erlaubt ○ Verboten ○ Heilig
8. JESUS gilt im Islam als
   ○ Sohn Gottes ○ Prophet ○ Gegner Allahs
9. Was ist der Haddsch?
   ○ Ein Gebet ○ Meteorit in Mekka ○ Wallfahrt nach Mekka
10. In welcher Religion hat ABRAHAM eine große Bedeutung?
    ○ Judentum ○ Christentum ○ Islam
11. Mit welchem Ereignis beginnt die islamische Zeitrechnung?
    ○ Haddsch ○ Vertreibung Muhammads aus Mekka ○ Hidschra
12. Was ist keine islamische Glaubensrichtung?
    ○ Sunniten ○ Schiiten ○ Aleviten
13. Wie wird man Muslim?
    ○ Beschneidung ○ Von muslimischer Mutter geboren ○ Taufe
14. Wer die Wallfahrt nach Mekka gemacht hat, ist ein …
    ○ Muezzin ○ Imam ○ Haddschi
15. Das Heilige Buch des Islam heißt
    ○ Bibel ○ Koran ○ Talmud

3. Kopftuch und Schleier[59]

Der Islam kennt Bekleidungsvorschriften für Frauen und Männer. Die Diskussion darüber wird auf das Kopftuch/den Schleier der Frau reduziert. Manchmal ergeben sich Probleme dadurch, auch Benachteiligungen am Arbeitsplatz kommen vor. Suchen Sie nach einem Konsens in der Klasse, der die Religionsfreiheit berücksichtigt. Beachten Sie in der Meinungsbildung und Diskussion folgende Hinweise und Feststellungen:

a. Noch vor einigen Jahrzehnten war es auch bei Christinnen üblich, in der Öffentlichkeit ein Kopftuch zu tragen.
b. Suchen Sie die Grundlagen im Koran und vergleichen Sie, wenn möglich, mehrere Übersetzungen: Sure 24, 30f., Sure 33, 53, 55, 59.
c. Machen Sie sich die verschiedenen Formen bewusst: Kopftuch, Schleier, Tschador, Burka.
d. Besuchen Sie die Webseite der Islamischen Glaubensgemeinschaft in Österreich: www.derislam.at.
e. Das Kopftuch ist „nicht Symbol, sondern Teil der muslimischen Glaubenspraxis" (www.derislam.at).
f. Das Tragen des Kopftuches sollte ein äußeres Zeichen für eine innere Beziehung zum Glauben sein und darf nicht erzwungen werden.[60] Das Kopftuchtragen ist eine sehr persönliche Entscheidung.

4. Dschihad[61]

Handelt es sich beim Dschihad um einen militanten Kampf gegen Andersgläubige oder um das Bemühen für ein gottgefälliges Leben? Die Deutung als „Heiliger Krieg" greift zu kurz.[62] Die Belegstellen im Koran sind nicht einheitlich. Mehrheitlich wird der Dschihad als Anstrengung interpretiert, ein gottgefälliges Leben als Muslim zu führen, er wird als Anstrengung gegen die Versuchungen der Triebseele verstanden. Im Sufismus wird diese Bemühung als großer Dschihad bezeichnet. Die Mehrzahl der Quellen bezieht sich auf einen Dschihad-Begriff in diesem Sinne. Auch ein gewaltloser Kampf gegen Ungerechtigkeit, wie ihn z. B. Mahatma GANDHI geführt hat, kann als Dschihad bezeichnet werden.

Es gibt auch das Verständnis des Dschihad im militärischen Sinne, welcher ein Kampf gegen die äußeren Feinde ist, in erster Linie zur Verteidigung. Dieser Dschihad braucht einen legitimen Grund, was auch immer das im Einzelfall heißen mag. „Heiliger Krieg" ist kein Wort aus dem Koran, und der Islam hat diesen Begriff auch nicht geprägt, so steht es auf der Webseite der Islamischen Glaubensgemeinschaft in Österreich.

59 Vgl. Mathias ROHE, Der Islam – Alltagskonflikte und Lösungen. Rechtliche Perspektiven, Freiburg, Basel, Wien: Herder 2001, S. 134ff.; Fatwa der Islamischen Glaubensgemeinschaft in Österreich, „Stellung der Verhüllung im Islam" vom 16.2.2017, http://www.derislam.at/?c=content&p=beitragdet&v=beitraege&cssid=Stellungnahmen&navid=1180&par=50&bid=53 (6. 4. 2017).

60 Vgl. Tariq RAMADAN, Der Islam und der Westen. Von der Konfrontation zum Dialog der Zivilisationen, Köln: MSV-Verlag 2000, S. 96–99.

61 Vgl. Lutherisches Kirchenamt der Vereinigten Evangelisch-Lutherischen Kirche Deutschlands und Kirchenamt der Evangelischen Kirche in Deutschland (Hg.), Was jeder vom Islam wissen muss, Gütersloh: Gütersloher Verlagshaus 1996, S. 94f.

62 Vgl. Rüdiger LOHLKER, Dschihadismus.

Im Dschihadismus, wie er sich z. B. im sogenannten Islamischen Staat (IS) äußert, ist der gewaltsame Dschihad ein zentrales Merkmal der Identität. Mit hohem Aufwand wird versucht, die islamischen Traditionen so zu interpretieren, dass alle möglichen Formen der Gewalt gerechtfertigt werden.

Diskutieren Sie folgende Fragen:

a. Leider gibt es auch religiös motivierte gewaltbereite Muslime – und deren Zahl steigt. Was sind Ihrer Meinung nach die Ursachen dafür?
b. Es ist ungerecht, gegenüber dem Islam einen Generalverdacht auszusprechen. Woher kommt die Versuchung zu diesem Denken?
c. Wie können Nichtmuslime mit Muslimen zusammenarbeiten, um gemeinsam jede Form der Gewalt wirksam zu unterbinden?

5. Der Islam im zukünftigen Europa

Eine Aufgabe für speziell Interessierte!

Im Juni 2003 fand in Graz eine Konferenz der Leiter islamischer Zentren und Imame in Europa statt. Im Schlussdokument sind wichtige Punkte verankert: Absage an Terrorismus und Gewalt, Anerkennung von Demokratie, Pluralismus und Menschenrechten, Mann und Frau als gleichwertige Partner etc. Weiters fanden 2006 und 2010 Europäische Imame-Konferenzen in Wien statt. Die entsprechenden Schlusserklärungen finden Sie auf www.derislam.at.

a. Lesen Sie die entsprechenden Schlusserklärungen.
b. Was ist Ihre Haltung zum Islam in Europa und welche Kräfte werden durch diese Position bestärkt?
c. Benennen Sie, was Ihrer Meinung nach offen ist, wo es noch verstärkte Bemühungen braucht, damit das Zusammenleben gut gelingt. Geben Sie konkrete Anregungen, die hilfreich sein könnten.
d. Suchen Sie die Begegnung in der Klasse, in der Nachbarschaft, bei Veranstaltungen und Festen, lernen Sie Menschen kennen, laden Sie Gesprächspartnerinnen und Gesprächspartner in den Unterricht ein. *Alles Leben ist wirkliche Begegnung.* (Martin BUBER)

6. Vergleich der Religionen

Vergleichen Sie die drei monotheistischen Weltreligionen *Judentum – Christentum – Islam* unter folgenden Gesichtspunkten:

- Gründer
- Gottesbild
- Menschenbild
- Heilige Schriften
- Gruppierungen und Strömungen
- Bausteine zur Ethik
- Feste im Jahreskreis
- Speisevorschriften
- Dekalog

4.10 Wiederholung

Was bedeutet Islam?

Islam bedeutet Hingabe an den Willen Gottes. Muslima/Muslim wird man durch die Annahme des Glaubensbekenntnisses.

Wer ist der Begründer des Islam?

MUHAMMAD. Er wurde 570 auf der Arabischen Halbinsel geboren. Berufungserlebnis. Er empfängt Offenbarungen. 622 Vertreibung von Mekka nach Medina. Tod 532.

Was ist der Koran?

Der Koran ist die Heilige Schrift der Muslime, von Allah an MUHAMMAD geoffenbart. Er besteht aus 114 Suren (= Kapitel).

Pflichten

Die fünf Pflichten im Islam sind Glaubensbekenntnis, Gebet, Fasten, Armensteuer, Wallfahrt.

Scharia

Scharia ist die Gesamtheit der Regeln für die islamische Religion, nicht systematisch zusammengefasst.

Sunniten und Schiiten

Sunniten und Schiiten sind die Hauptrichtungen im Islam, die Sunniten sind der Mainstream mit etwa 90 %. Die Schiiten treten in der Anfangszeit für einen Verwandten als Nachfolger MUHAMMADS ein (Partei/Schia Alis). In der Folgezeit kamen weitere Unterschiede hinzu.

Aleviten

Der Alevismus hat seinen Ursprung im schiitischen Islam und ist in sich selbst wieder vielfältig. Die Unterschiede zum Islam sind beträchtlich, sodass sich ein Teil der Aleviten als Gläubige einer eigenen Religion versteht.

Dimensionen des Islam

Neben verschiedenen kulturellen Ausprägungen gibt es auch sehr unterschiedliche Zugänge, wie der Islam interpretiert und gelebt wird: orthodoxer Gesetzesislam, politischer Islam, Sufi-Tradition (Mystik), Volksislam.

Halal und haram

Nach islamischem Verständnis ist jede Handlung des Menschen einer Kategorie zuzuordnen; sie ist entweder geboten, erlaubt, neutral, unerwünscht oder verboten.

Wichtige Feste

Der Koran gebietet nur zwei Feste: das Fastenendefest *(Id al-Fitr)* und das Opferfest *(Id al-Adha)*. Der gesamte Monat Ramadan ist Fastenzeit. Den ganzen Tag darf nichts gegessen und getrunken werden.

Moschee

Die Menschen versammeln sich besonders zum Freitagsgebet in der Moschee. Meist gibt es ein Minarett für den Gebetsruf, Wasser für die Waschungen, die *Qibla* kennzeichnet die Gebetsrichtung.

Kalligrafie

Kalligrafie ist die Schönschreibkunst. Im Islam sind bildliche Darstellungen von Gott und den Menschen verboten, die Moscheen sind vielfach mit Koranversen verziert.